国家出版基金项目
NATIONAL PUBLICATION FOUNDATION

国别商务环境研究系列丛书（第三批）

总主编　蓝庆新

捷克商务环境

韩　晶　孙雅雯　编著

对外经济贸易大学出版社
中国·北京

图书在版编目（CIP）数据

捷克商务环境 / 韩晶，孙雅雯编著. —北京：对外经济贸易大学出版社，2023.3

（国别商务环境研究系列丛书. 第三批）

ISBN 978-7-5663-2495-5

Ⅰ. ①捷… Ⅱ. ①韩…②孙… Ⅲ. ①国际商务–经济环境–研究–捷克 Ⅳ. ①F735.24

中国国家版本馆 CIP 数据核字（2023）第 060732 号

捷克商务环境

韩 晶 孙雅雯 **编著**

责任编辑： 史伟明

对 外 经 济 贸 易 大 学 出 版 社

北京市朝阳区惠新东街 10 号 邮政编码：100029

邮购电话：010－64492338 发行部电话：010－64492342

网址：http://www.uibep.com E-mail：uibep@126.com

三河市少明印务有限公司印装 新华书店经销

成品尺寸：170mm×230mm 17 印张 314 千字

2023 年 3 月北京第 1 版 2023 年 3 月第 1 次印刷

ISBN 978-7-5663-2495-5

印数：0 001－2 000 册 定价：69.00 元

序　言

捷克共和国位于欧洲中部，东部毗邻斯洛伐克，南部与奥地利接壤，北部与东北部和波兰相邻，西部和西北部则与德国邻接。捷克共和国土地肥沃，种植业发达，小麦、大麦等粮食作物占据主导地位。捷克共和国也是欧洲最大的啤酒花生产国，以其传统的啤酒酿造工艺闻名于世。除此以外，捷克共和国还有较为丰富的森林、煤矿、天然气等自然资源。工业是捷克共和国的传统优势产业，捷克共和国的船舶、汽车、电力机车等机械加工制造业，以及纺织、化学、玻璃行业较为发达。捷克共和国旅游业发展较为繁荣，拥有多处世界文化遗产、自然遗产、国家森林公园等优质旅游景点，以及布拉格、克鲁姆洛夫、卡洛维伐利等主要旅游城市。

1992年底，捷克和斯洛伐克联邦共和国解体，1993年1月1日起，捷克和斯洛伐克成为两个独立国家。2004年，捷克共和国加入经合组织及欧盟，2007年12月成为申根公约会员国。加入欧盟后，捷克共和国加大力度进行结构性改革，通过提高增值税、收紧社会福利、加快私有化及大型企业重组、改善金融部门并利用欧盟财政资金，有效促进了其国内经济增长。近年来，捷克共和国经济发展较为稳定，宏观经济指标平稳向好，国际主要信用评级机构认为捷克共和国是一个非常可靠的经济体，其在所有中欧和东欧国家中获得的总评级最高，也高于部分欧元区国家。尽管2020年新冠肺炎疫情严重冲击了捷克共和国的经济，但随着积极财政政策和宽松货币政策的实施，加之国内需求的恢复和出口的拉动，捷克共和国经济已于2020年底开始缓慢复苏。

中捷关系发展有深厚的历史基础。1949年10月6日，捷克和斯洛伐克联邦共和国与中国建交，1993年，捷克共和国成为独立主权国家后，中方即予以承认并与之建立了大使级外交关系。2016年3月，中捷两国元首签署《中华人民共和国和捷克共和国关于建立战略伙伴关系的联合声明》。在这之后，中捷双边关系发展迅速，政治互信不断加强，经贸合作活力迸发，人文交流日益活跃。作为“一带一路”重要沿线国家和“17+1 合作”领跑者之一，捷克共和国与中国在多个领域有着巨大的合作潜力和广阔的发展前景。新冠肺炎疫情发生以来，中捷守望相助，共同努力，体现了同舟共济的精神，诠释了人类命运共同体的理念，也在携手抗击疫情的过程中进一步增进了双方的友谊与合作。期待未来中捷双方通力合作，共同开创中捷战略伙伴关系新局面。

本书从捷克共和国的法律环境、贸易环境、投资环境、金融环境、社会文化环境等多个方面，深入剖析捷克共和国的发展现状，探究捷克共和国未来发展趋势，以便为中国政府、企业、协会与捷克共和国开展投资贸易合作提供必要的信息和决策帮助，加强两国经济互动，努力开拓中捷合作共赢新格局。

目　　录

第 1 章
捷克共和国概况

1.1 捷克共和国的疆界

1.1.1 地理环境

捷克共和国（The Czech Republic）位于欧洲中部，与 4 个国家相邻：东部毗

伏尔塔瓦河

邻斯洛伐克，南部与奥地利接壤，北部与东北部和波兰相邻，西部和西北部则与德国邻接。它包括历史悠久的波希米亚高地（Bohemia）、摩拉维亚地区（Moravia）以及西里西亚地区（Silesia）南端，统称为捷克大地（Czech Lands）。捷克共和国前身为捷克和斯洛伐克联邦共和国，1992 年，捷克和斯洛伐克联邦共和国解体，1993 年 1 月 1 日起，捷克共和国和斯洛伐克共和国成为两个独立的主权国家。捷克共和国地处世界时区的东一区，比格林尼治时间早 1 个小时、比北京时间晚 7 个小时。捷克共和国每年从 3 月最后一个星期日至 10 月的最后一个星期日实行夏时制，届时与北京的时差为 5 个小时。

1. 地形地貌

捷克共和国大部分位于北纬 48° 到 51° 以及东经 12° 到 19° 之间，总国土面积达到 78 867 平方公里，其中陆地面积 77 247 平方公里、水域面积 1 620 平方公里。其整体地势北高南低，地处三面隆起的四边形盆地，地形以丘陵为主。其西南部是舒马瓦山脉（Šumava Mountains），西部是贝龙卡河高地（Berounka River Highlands），西北部通过厄尔士山脉（Ore Mountains）与德国接壤，西部大部分是低山；东北部通过苏台德山脉（Sudeten Mountain）与波兰接壤，东部是奥得河低地（Odra River Lowland），东南部是波希米亚—摩拉维亚高地（Bohemian-Moravian Highlands），东部以丘陵地区为主。捷克共和国最低点位于北面的易北河（Elbe River），海拔仅 117 米，最高点位于东北部苏台德山脉的斯涅日卡山（Mount Sněžka），海拔为 1 602 米。捷克共和国境内大部分地区海拔在 500 米以下。

2. 气候

捷克共和国属温带气候，介于海洋性气候和大陆性气候之间。全年日均最低温度为 3℃，日均最高温度为 12℃，年均总降水量为 383 毫米，平均相对湿度在 60%到 80%之间，全年平均降水天数为 61 天。境内大部分地区夏季凉爽且降水较多，平均气温在 20℃左右；冬季寒冷且湿润多雪，平均气温在 0℃左右。一年中最热且降水最多的月份是 7 月，日均最高温度可达到 24℃，日均最低温度为 12℃，月均降水量可达到 74 毫米；最冷的月份是 1 月，日均最高温度为 0℃，日均最低温度为 −5℃，月均降水量仅为 25 毫米。全年均有零星降水，主要降水集中在 5—8 月，夏季易发生雷暴、冰雹、龙卷风等强对流天气。

此外，捷克共和国境内不同区域的气温与降水差异较大，地形是造成这种差异的最主要原因。就气温而言，捷克共和国东北部苏台德山脉的斯涅日卡山（Mount Sněžka）最高点，年平均温度为－0.4℃，而南摩拉维亚（South Moravian）的低地地区，年平均温度高达 10℃。就降水而言，波希米亚中部盆地年降水量仅为 450 毫米，而北部克尔科诺谢山（Karkonosze Moutain）迎风坡可达到 1 500 毫米以上。

3. 水文分布

捷克共和国位于中欧流域的源头区，境内水系发达、河流密布、水资源丰富，但缺乏天然湖泊，大多数湖泊是在封闭的河谷中形成的人工湖。

伏尔塔瓦河（Vltava River）是捷克共和国境内最长的河流。其源出波希米亚地区西南部，在捷克共和国境内流向由东南转向北，穿越波希米亚地区，在距布拉格北部约 29 公里处的梅尔尼克（Mělník）注入易北河。伏尔塔瓦河上游流经波希米亚森林；中游为布杰约维采（Budějovice），是一片广阔的湖区；下游水势湍急，多急流和锯齿状曲流河，建有许多大型水电站。其主要支流为卢日尼河（Lužnice River）、萨札瓦河（Sázava River）、奥塔瓦河（Otava River）和贝龙卡河（Berounka River）。伏尔塔瓦河全长 435 公里，流域面积 28 093 平方公里，占总国土面积的 35.6%。易北河是捷克共和国的第二长河流，也是最具标志性的河流之一。其发源于捷克和波兰边境附近的克尔科诺谢山（Karkonosze Moutain）南麓，在捷克共和国境内流向由南转向西，穿过波希米亚地区的西北部，汇集伊泽拉河（Jizera River）、伏尔塔瓦河和奥热河（Ohře River），向北流入德国并最终汇入北海。其全长 727 公里，有 367 公里在捷克共和国境内，所占水域面积达到 4.99 万平方公里，占捷克共和国总国土面积的 63.3%。此外，捷克共和国境内还有摩拉瓦河（Morava River，境内长度 284 公里，流域面积 2.67 万平方公里）、奥热河（Ohře River，境内长度 256 公里，流域面积 5 614 平方公里）、贝龙卡河（Berounka River，境内长度 246 公里，流域面积 8 823 平方公里）、萨札瓦河（Sázava River，境内长度 225 公里，流域面积 4 350 平方公里）、塔亚河（Thaya River，境内长度 209 公里，流域面积 1.341 9 万平方公里）、伊赫拉瓦河（Jihlava River，境内长度 185 公里，流域面积 3 117 平方公里）、斯夫拉特卡河（Svratka River，境内长度 174 公里，流域面积 7 119 平方公里）、伊泽拉河（Jizera River，境内长度 164 公里，流域面积 2 193 平方公里）等。

捷克共和国境内还有许多大小湖泊，水资源和地下水资源丰富，占地面积超过 1 公顷的湖泊有 9 个。其中，普莱什内湖（Plešné）是捷克共和国境内第一大湖，位于境内舒马瓦山脉（Šumava Mountains）最东端，占地约 748 公顷，深约

183 米。拉卡湖（Laka）是境内面积第二大湖泊，其同样位于舒马瓦山脉（Šumava Mountains），占地约 253 公顷，深约 39 米。黑湖（Černé）是捷克共和国境内最大、最深的天然湖泊，位于波希米亚森林中，面积为 184 公顷，水深 406 米。卡门科韦湖（Kamencové）是捷克共和国霍穆托夫市（Chomutov）的第一大人造湖，因采矿于 18 世纪形成，占地 163 公顷，深约 33 米。克拉托维湖（Čertovo）为喀斯特湖，位于捷克共和国比尔森地区（Plzeňském）克拉托维县（Klatovy），其面积为 103 公顷，水深 33 米。奥德利湖（Odlezly）位于北比尔森地区（Plzeň-sever），面积为 45 公顷，水深 67 米。此外，还有位于克拉托维县（Klatovy）、占地面积 37 公顷的普拉西尔斯克湖（Prášilské），位于普拉哈季采城（Prachatice）、占地面积为 13 公顷的查卢普斯克湖（Chalupské），以及位于北比尔森地区（Plzeň-sever）、占地面积为 2 公顷的赫姆尼克湖（Hromnické）。

普莱什内湖

4. 环境

森林是捷克共和国景观的标志性特征，境内森林密布、环境优美。捷克共和国共有四个国家公园，分别是舒马瓦国家公园（Šumava NP）、克尔科诺谢国家公园（Krkonoše NP）、波希米亚瑞士国家公园（České Švýcarsko NP）和迪耶河畔国家公园（Podyjí NP），此外还有 25 个景观保护区。森林树种多样，包括橡树、山毛榉、云杉、针叶林、矮松、低矮灌木及苔原植被，林线海拔约 1 400

米。此外，野生动物种类繁多，其中大型哺乳动物包括熊、狼、猞猁和野猫，较小的哺乳动物如土拨鼠、水獭、貂和水貂，以及鹰、秃鹰、鱼鹰、鹳、鹰鸮、鹧鸪等野禽。

舒马瓦国家公园

克尔科诺谢国家公园

布拉格城

1.1.2 人口、民族宗教、语言

1. 人口

2020 年，捷克共和国人口约为 1 070 万人，人口出生率为 0.10%，人口死亡率为 0.11%，人口自然增长率为－0.53%。2000—2020 年，捷克共和国的平均年人口增长率为 0.2%，但人口自然增长率经历了先增长、后下降的变化趋势，由 2000 年的－0.217%上涨到 2009 年的 0.49%，又下滑到 2020 年的－0.53%。捷克共和国人口结构呈纺锤形。其中，0～14 岁的少年人口占总人口数的 16%，15～64 岁的青壮年人口占总人口数的 64%，65 岁以上的老年人口占总人口数的 20%。2020 年，捷克共和国人口性别比为 96.98%，女性人口总数为 54.3 万人，男性人口总数为 52.7 万人，女性人口数略高于男性。2020 年，捷克共和国总生育率为 1.67%，较 2000 年的 1.12%有了明显提升。2020 年，捷克共和国老年赡养率达到 31.4%，与 2000 年的 19.8%相比增长明显。2020 年，捷克共和国人口密度为 138.65 人/平方公里，较 2000 年的 133.21 人/平方公里有显著增长。

2. 民族

捷克共和国中，捷克民族人口占总人口的 94.2%。捷克民族在历史上有三个分支，分别是：波希米亚分支、摩拉维亚分支和西里西亚分支，其中波希米亚分支占总人口的 90.4%，摩拉维亚分支占 3.7%，西里西亚分支占 0.1%。捷克共和国境内，除捷克族外，还有斯洛伐克族，其占比为 1.9%，波兰人占 0.5%，德意志族占 0.4%，匈牙利族占 0.1%，罗姆人占 0.1%，其他少数民族占 2.8%。

3. 语言

捷克语是捷克共和国的官方国家语言，大多数捷克人将捷克语作为第一语言。捷克语与斯洛伐克语可以互通，并与波兰语、索布语等都属于印欧语系斯拉夫语族西斯拉夫语支。捷克语的起源可以追溯到 13 世纪后期至 14 世纪，在 16 世纪后期使用范围最为广泛，并通过波兰语甚至影响到波兰以东的俄语国家，成为斯洛伐克地区的行政语言和文化语言。后来，文艺复兴促使主动使用捷克语的人数激增，捷克语成为社会生活语言。1918 年，奥匈帝国瓦解，独立的捷克和斯洛伐克共和国成立，捷克语成为该国的官方语言。

捷克共和国官方少数民族语言为德语、波兰语、匈牙利语、乌克兰语、越南语和白俄罗斯语，后两者于 2013 年被捷克共和国正式承认为少数民族语言，确认了其族群在法庭、公共场所及电视和广播电台中使用这些语言的权利。捷克共和国于 2000 年签署了《欧洲区域或少数民族语言宪章》。除了官方少数民族语言外，捷克共和国还使用罗姆语、斯洛伐克语和克罗地亚语。

1.1.3 国旗、国徽、国歌、国庆

1. 国旗

捷克共和国的国旗呈长方形，长宽之比为 3∶2。旗面由蓝、白、红三色组成。左侧为蓝色等腰三角形。右侧是两个相等的梯形，上白下红。蓝、白、红三色是斯拉夫民族喜欢的传统颜色。白色代表神圣和纯洁，象征着人民对和平与光明的追求；红色象征勇敢和不畏困难的精神，象征人民为国家的独立解放和繁荣富强而奉献的鲜血与取得的胜利；蓝色来自原来的摩拉维亚和斯洛伐克省徽章的颜色。

2. 国徽

捷克共和国的国徽分大小两种。大国徽为方形盾徽，盾面分四部分：左上方和右下方为红底上白色的双尾狮，狮子头戴金冠，爪为金黄色，前爪腾起，代表波希米亚；右上方为蓝底上红白色相间的鹰，代表摩拉维亚；左下方为黄底上头戴金冠的黑鹰，爪为红色，胸前绘有白色月牙，十字形和三叶形饰物分别位于月牙中央和两端，代表西里西亚。捷克共和国包括历史上的波希米亚、摩拉维亚和西里西亚地区，这枚盾徽形象地揭示了捷克共和国的历史渊源。小国徽为盾形，盾面为红色，上有一头戴金冠、爪为金黄色、前爪腾起的双尾狮。

3. 国歌

捷克共和国国歌是捷克爱国歌曲《我的家在哪儿》，该歌出自 1834 年捷克作曲家夫兰蒂舍克・杨・什克劳普（1801—1862）为捷克剧作家约瑟夫・卡叶坦・蒂

尔（1808—1856）的闹剧《锥子节》所作的配剧音乐。《我的家在哪儿》歌词大意是：何处是我家？何处是我家？牧草地上河水汹汹，峭壁之间松涛萧萧，鲜花绽放的花园！胜似人间的天堂，那就是美丽的祖国，捷克大地，我的家！捷克大地，我的家！何处是我家？何处是我家？在这天堂般的土地上，我们精神刚正不屈，聪慧、创新又好客！蔑视挫折有力量，那就是捷克的血统，在我们之间，在我家。在我们之间，在我家。

4. 国庆

第一次世界大战后，奥匈帝国瓦解。1918 年 10 月 28 日，捷克斯洛伐克共和国成立。1993 年 1 月 1 日，捷克和斯洛伐克成为两个主权独立的国家。但捷克共和国仍沿用原捷克斯洛伐克共和国的国庆日 10 月 28 日作为本国的国庆日。

1.1.4 行政区划

捷克共和国自 2000 年 1 月 1 日起正式施行新的行政区划，全国划分为波希米亚、摩拉维亚和西里西亚三个地区，下辖 13 个州（Kraj）和布拉格直辖市共 14 个一级行政区。13 个州包括：中波希米亚州（Středočeský Kraj）、南波希米亚州（Jihočeský Kraj）、比尔森州（PlzeŇsky Kraj）、卡罗维发利州（Karlovarsky Kraj）、乌斯季州（ÚStecky Kraj）、利贝雷茨州（Liberecky Kraj）、赫拉德茨—克拉洛韦州（KrÁLovÉHradecky Kraj）、帕尔杜比采州（Pardubicky Kraj）、维索基纳州（Kraj Vysočina）、南摩拉维亚州（Jihomoravsky Kraj）、奥洛穆茨州（Olomoucky Kraj）、兹林州（ZlÍNsky Kraj）和摩拉维亚—西里西亚州（Moravskoslezsky Kraj）。

目前，捷克共和国在一级行政区下下设 77 个二级行政区（县）和 6 244 个三级行政区（一般城市）。其具体的行政区划情况如表 1.1 所示。

表 1.1　　捷克共和国行政区划情况

一级行政区 州（Kraj）	二级行政区 县（Okres）	面积 （平方公里）	三级行政区 数量（个）
布拉格直辖市 （Hlavní město Praha）	Prague	496	1
卡罗维发利州 （Karlovarský kraj）	Cheb	933	39
	Karlovy Vary	1 628	55
	Sokolov	753	38

续表

一级行政区 州（Kraj）	二级行政区 县（Okres）	面积 （平方公里）	三级行政区 数量（个）
中波希米亚州 （Středočeský kraj）	Benešov	1 524	115
	Beroun	662	85
	Kladno	692	100
	Kolín	846	100
	Kutná Hora	917	88
	Mělník	712	70
	Mladá Boleslav	1 058	123
	Nymburk	876	87
	Praha-východ（East）	584	91
	Praha-západ（West）	586	80
	Příbram	1 628	120
	Rakovník	930	84
赫拉德茨—克拉洛韦州 （Královéhradecký kraj）	Hradec Králové	875	101
	Jičín	887	111
	Náchod	851	78
	Rychnov nad Kněžnou	998	83
	Trutnov	1 147	75
利贝雷茨州 （Liberecky kraj）	Česká Lípa	1 137	59
	Jablonec nad Nisou	402	34
	Liberec	925	57
	Semily	699	65
摩拉维亚—西里西亚州 （Moravskoslezský kraj）	Bruntál	1 658	67
	Frýdek-Místek	1 273	72

续表

一级行政区 州（Kraj）	二级行政区 县（Okres）	面积 （平方公里）	三级行政区 数量（个）
摩拉维亚—西里西亚州 （Moravskoslezský kraj）	Karviná	347	17
	Nový Jičín	918	53
	Opava	1 144	77
	Ostrava	214	13
奥洛穆茨州 （Olomoucký kraj）	Jeseník	719	24
	Olomouc	1 451	92
	Přerov	884	104
	Prostějov	770	96
	Šumperk	1 316	78
帕尔杜比采州 （Pardubický kraj）	Chrudim	1 030	113
	Pardubice	889	115
	Svitavy	1 335	113
	Ústí nad Orlicí	1 265	111
比尔森州 （Plzeňský kraj）	Domažlice	1 140	86
	Klatovy	1 939	95
	Plzeň-city	125	15
	Plzeň-jih （South）	1 080	90
	Plzeň-sever （North）	1 323	98
	Rokycany	575	68
	Tachov	1 379	51
南波希米亚州 （Jihočeský kraj）	České Budějovice	1 625	107
	Český Krumlov	1 615	46
	Jindřichův Hradec	1 944	106
	Písek	1 138	76

续表

一级行政区 州（Kraj）	二级行政区 县（Okres）	面积 （平方公里）	三级行政区 数量（个）
南波希米亚州 （Jihočeský kraj）	Prachatice	1 375	65
	Strakonice	1 032	112
	Tábor	1 327	111
南摩拉维亚州 （Jihomoravský kraj）	Blansko	943	130
	Břeclav	1 173	69
	Brno	230	1
	Brno-venkov	1 108	137
	Hodonín	1 086	81
	Vyškov	889	81
	Znojmo	1 637	148
乌斯季州 （Ústecký kraj）	Chomutov	935	44
	Děčín	909	52
	Litoměřice	1 032	105
	Louny	1 118	70
	Most	467	26
	Teplice	469	34
	Ústí nad Labem	405	23
维索基纳州 （Vysočina）	Havlíčkův Brod	1 265	120
	Jihlava	1 180	121
	Pelhřimov	1 290	120
	Třebíč	1 518	173
	Žďár nad Sázavou	1 672	195
兹林州 （Zlínský kraj）	Kroměříž	799	80
	Uherské Hradiště	991	78
	Vsetín	1 143	59
	Zlín	1 030	87

布拉格是捷克共和国的首都和最大的城市，面积为485平方公里。其位于该国的中波希米亚州、伏尔塔瓦河流域，地处欧洲大陆的中心，距离柏林、维也纳等其他国家的主要城市较近，地理位置优越。布拉格地形起伏明显，最低点海拔190米，最高点海拔380米。布拉格属于典型的温带大陆性气候。冬季寒冷干燥，夏季温暖潮湿。年降水量500毫米左右，全年平均气温7.9度。2020年，布拉格的人口数为130.6万。布拉格也是捷克共和国最大的经济中心。其产业发展以工业为主，主要是机械制造行业，主要产品有运输机械、机床、电机、矿山机械、建筑机械、农机等，以及化工、纺织、皮革、印刷、食品加工等行业。工业主要分布于城市的西南郊和东南郊。此外，布拉格历史悠久，自13世纪成为捷克王朝的第一座王城算起，至今已有700多年的历史。13世纪至15世纪，布拉格是中欧重要的经济、政治和文化中心。城市依山傍水，环境优美，古迹众多，国家重点保护的历史文物达2 000多处。布拉格号称欧洲最美丽的城市之一，也是全球第一个整座城市被指定为世界文化遗产的城市，布拉格也是一座著名的旅游城市。

1.1.5 自然资源

捷克共和国拥有不同类型的自然资源，如耕地、森林、石油、天然气，以及煤矿、铅矿、锌矿、铀矿、金矿、锡矿、石墨矿、高岭土矿等金属和非金属矿产等。

耕地资源方面，2018年捷克共和国耕地面积为248.4万公顷，占国土面积的比重为32.18%。其主要粮食作物包括小麦、玉米、大麦、黑麦和燕麦，其他重要作物包括马铃薯、甜菜、苹果和油菜籽等。同时，捷克共和国也是欧洲最大的啤酒花生产国，以其传统酿造工艺而闻名于世。2018年，各种作物种植面积占比情况为：排名第一的是小麦，其种植面积占耕地面积的比重达到33%，是捷克共和国种植面积最大的作物；排名第二和第三的分别是饲料作物和油菜籽，其种植面积占比分别为19%和17%；然后是大麦，其种植面积占比为13%；马铃薯等根类作物、玉米、燕麦、黑小麦、黑麦和豆类作物的种植面积较少，占比分别为4%、3%、2%、2%、1%和1%；此外还有5%的其他作物。

森林资源方面，捷克共和国的森林资源是其主要的自然资源之一，近年来其森林面积及其占地面积比重均呈现稳步上升趋势。2018年，捷克共和国的森林占地面积比重为34.63%，约为267.3万公顷。其中可用木材约为197万公顷，木材蓄积量为6.4亿立方米，主要树种有云杉、松树、落叶松、橡木等，政府鼓励外资进入木材采伐和加工工业。2018年，捷克共采伐木材2 570万立方米，被砍伐树木品种为：占比高达 87.2%的云杉、4.4%的松树、2.5%的榉木等。2019 年，捷克原木出口约 72 亿美元，比上一年增加约 17 亿美元。2019 年，中国自捷克共和国进口原木数量为 150 万立方米，进口金额约 1.5 亿美元，较上一年的约 2 834 万美元有了大幅增长。中国成为继奥地利、德国等传统市场后，捷克共和国的第三大木材出口国。捷克共和国大部分森林资源是自然再生的，例如历史悠久的波希米亚森林，该地人口稀少，形成了没有人为干扰的原始森林生态系统。此外，捷克共和国大部分森林位于舒马瓦国家公园（Šumava NP）和保护区内，其为联合国教科文组织生物圈保护区。然而，近年来，捷克共和国的森林资源面临着众多挑战，包括干旱、风暴、虫害、高温等，这些因素极大地影响了林木生长，并对捷克森林资源的可持续利用和发展带来威胁。

油气资源方面，捷克共和国拥有少量石油和天然气。就石油资源而言，捷克共和国的石油资源大多位于维也纳盆地（Vienna Basin）和摩拉维亚地区的喀尔巴阡山脉前渊部分（Carpathian Foredeep）。就石油资源而言，截至 2020 年，捷克共和国拥有已探明的石油储量 1 500 万桶，但其日均石油消费量约为 17.3 万桶，而其石油生产量约为日均 1 840 桶，这使得捷克共和国高度依赖石油进口以维持其消费水平。2019 年，其石油进口量约为日均 15.6 万桶。

就天然气资源而言，捷克共和国的天然气资源大多位于南摩拉维亚（South Moravian）的喀尔巴阡山脉前渊部分，以及北摩拉维亚（North Moravian）地区两个位置。在过去的 20 年中，捷克共和国的天然气储量稳定在 0.14 万亿立方英尺左右。2000 年，捷克共和国天然气消费量为 3 261.7 亿立方英尺，之后呈下滑趋势，特别是 2019—2020 年，由 3 067 亿立方英尺下降到 2 077.6 亿立方英尺，下滑幅度达到 32.3%。2000—2020 年，捷克共和国的天然气产量大幅波动，2000 年为 71.3 亿立方英尺，2012 年达到最大值 92.9 亿立方英尺，2020 年下降到近年来的最低值，为 51.7 亿立方英尺。相较于石油资源，尽管捷克共和国的天然气资源储量更为丰富，但每年仍需进口大量天然气。2001—2020 年呈波动下降趋势，自 2000 年的 3 252.2 亿立方英尺减少了 17.6%。2020 年，捷克共和国进口天然气 2 680.5 亿立方英尺。此外，自 2015 年起，捷克共和国的天然气出口量一直为 0。

矿产资源方面，捷克共和国拥有煤矿、铅矿、锌矿、铀矿、金矿、锡矿、石墨矿、高岭土矿等多种不同类型的金属和非金属矿产。捷克共和国的煤炭资源较为丰富，煤炭品种齐全，是该国唯一的重要本土能源。煤炭种类有优质炼焦煤、烟煤、褐煤等不同类型。捷克共和国已探明的剩余可采烟煤储量为 15.19 亿吨，其中可采储量为 1.81 亿吨。已探明的剩余可采褐煤储量为 23.62 亿吨，其中可采储量为 8.71 亿吨。此外还有大量的概算储量和可能储量。例如，沥青分别有 59.99 亿吨概算储量和 88.21 亿吨可能储量，褐煤分别有 26.63 亿吨概算储量和 45.23 亿吨可能储量。褐煤是该国煤炭资源的主要类型，其主产于波希米亚西北部，硬煤则主产于摩拉维亚北部。2019 年，捷克共和国可采煤总量为 32.26 亿吨，这一数字自 2011 年以来持续下滑，由 42.13 亿吨下降了 23.4%。2019 年，捷克共和国煤炭一次消费量为 4 999.6 万吨，相比于 2000 年的 6 827.3 万吨，降幅达到 26.8%。与此同时，近年来，捷克共和国原煤产量不断下降，2019 年，捷克共和国的原煤产量为 4 508.8 万吨，这一数字相比于 2000 年的 7 182.9 万吨下降了 37.2%，降幅十分显著。此外，还有大量煤炭被出口至斯洛伐克、波兰、奥地利和匈牙利等国家。捷克共和国原煤出口量从 2000 年的 953.9 万短吨逐渐下降，2019 年为 240.7 万吨，下降幅度达到 74.8%。捷克共和国的金属矿石储量十分有限。铅和锌等矿产资源分布在波希米亚地区的库特纳霍拉（Kutná Hora）、普日布拉姆（Příbram）以及东北部的赫鲁比耶塞尼克（Hrubý Jeseník）山脉附近。铀矿资源分布在波希米亚北部的普日布拉姆（Pří bram）附近和哈姆尔附近。金矿资源位于布拉格以南、波希米亚中部的莫克尔斯科（Mokrsko）地区。此外，波希米亚的矿石山脉还出产少量锡，石墨矿资源分布在南波希米亚州（Jihočeský Kraj）的布杰约维采（České Budějovice）附近，高岭土矿资源则分布在比尔森（Plzeň）和卡罗维发利州（Karlovarsky Kraj）附近区域。

1.1.6 发展历史

公元前 4 世纪，如今捷克共和国领土上的土著居民为凯尔特人。凯尔特人的 Boii 部落为其命名为波希米亚（Boiohaemum）。公元 100 年左右，凯尔特人被日耳曼部落取代，后来在公元 6 世纪被斯拉夫民族所取代。863 年，拜占庭基督教传教士康斯坦丁和美多迪乌斯来到了如今捷克共和国的摩拉维亚地区，并在那里引入了斯拉夫礼仪。但罗马天主教会在波希米亚和摩拉维亚的历史进程中产生了较大影响。始于公元 9 世纪的普雷米斯利德（Přemyslid）王朝统治期间，捷克国家逐渐发展，但在公元 950 年，日耳曼人使波希米亚成为罗马帝国的一部分。公元 14 世纪被称为捷克人的黄金时代。在查理四世的统治下，波希米亚变得富有和强大。1355 年，查尔斯四世被选为圣罗马皇帝。罗马帝国统治了这片土地多年，直到 19 世纪奥地利人和哈布斯堡帝国接管了控制权。19 世纪初，捷克以纺织业、制糖业和钢铁业为代表的工业蓬勃发展。在语言学家约瑟夫 · 多布罗夫斯基（Josef Dobrovský）和历史学家弗兰基谢克 · 帕拉茨基（František Palacký）等多位领军人物的推广下，人们对捷克文化和历史的兴趣也不断增长。捷克作曲家安东宁 · 德沃夏克（Antonin Dvorak）也在同一时期创作了著名的歌剧、协奏曲和交响曲。

第一次世界大战后，奥匈帝国解体，这为捷克斯洛伐克独立国家的建立扫清了道路，捷克斯洛伐克于1918年10月28日成立。捷克斯洛伐克的第一任总统是托马斯·加里格·马萨里克。1938年9月，英、法同德、意签订《慕尼黑协定》，捷克斯洛伐克被迫将苏台德地区和与奥地利接壤的南部地区割让给德国。1939年3月，德国占领捷克斯洛伐克全境，捷克和摩拉维亚成为德国的保护国。1945年4月，以共产党为主要领导者的捷克斯洛伐克民族阵线联合政府成立。5月9日，布拉格民众起义，在苏联红军帮助下解放了捷克斯洛伐克全境。第二次世界大战后，捷克斯洛伐克共和国在苏联的影响下，建立了人民政权，走上了社会主义道路。1948年5月9日，捷克斯洛伐克人民民主共和国成立，哥特瓦尔当选为总统。1960年7月11日，改国名为捷克斯洛伐克社会主义共和国，杜布切克出任捷共第一书记，并开始了一系列改革。

20世纪60年代后期，捷克斯洛伐克虽进行经济体制改革，取得了一些成效，但经济管理体制落后，引发社会矛盾，西方国家借机推波助澜，以致社会上出现了反社会主义、反苏思潮。1968年，终于发生了被西方称之为所谓“布拉格之春”的政治事件。当时的总统亚历山大·杜布切克（Alexander Dubček）旨在通过经济部分分权和民主化，赋予捷克斯洛伐克公民额外的权利，并放宽对媒体、言论和旅行的限制。但1968年8月，华沙公约组织成员苏、波、匈、保、民主德国5国出兵侵入捷克斯洛伐克以压制改革，改革被迫终止。1969年4月，胡萨克出任捷共第一书记，1975年任总统。

1989年11月17日至12月29日发生所谓“天鹅绒革命”。由学生和“持不同政见者”领导的、反对捷克斯洛伐克共产党的大规模示威活动导致捷克斯洛伐克发生剧烈的社会动荡。捷克斯洛伐克的政党统治随后转变为议会共和制。“天鹅绒革命”领导人、作家哈韦尔当选临时总统，捷共失去执政党地位。1990年3月，改国名为捷克斯洛伐克联邦共和国，4月改称捷克和斯洛伐克联邦共和国。1992年6月，举行首次自由选举，公民民主党和争取民主斯洛伐克运动分别在捷克、斯洛伐克执政。11月，两个共和国领导人经过谈判，同意捷克和斯洛伐克分离，联邦议会通过了联邦解体法。同年，联邦解体。1993年1月1日，捷克共和国成为独立的主权国家。在分离时，联邦的资产以二比一的比例分配给捷克人。前联邦的公民身份也根据新的国籍法进行分割，分割后立即有大量斯洛伐克人开始申请捷克公民身份。瓦茨拉夫·哈韦尔于1月20日当选为捷克共和国总统。

此后，捷克共和国加入了经合组织（1994年）、北约（1999年）和欧盟（2004

年）。在 2007 年 12 月 21 日成为申根协定成员国。如今，捷克共和国是一个多元化的多党议会“民主国家”，总统是国家元首，总理是政府首脑。议会由众议院（200 名成员）和参议院（81 名成员）组成。

就捷克共和国与中国的关系而言，1993 年 1 月 1 日，中国承认捷克共和国为独立国家并与其建立大使级外交关系。中捷建交以来一直保持着良好的关系，捷克共和国在涉藏、涉台问题上信守一个中国原则。2016 年 3 月 29 日，中华人民共和国和捷克共和国发表了《中华人民共和国和捷克共和国关于建立战略伙伴关系的联合声明》。

1.2 捷克共和国政治概况

1.2.1 政治体制

二战后，捷克斯洛伐克的政治制度与其他中东欧国家一样，都受到苏联政治体制的影响。1989 年 11 月所谓“天鹅绒革命”以后，整个国家面临着建立民主政治制度的艰巨任务。早在 1992 年 12 月 31 日捷克斯洛伐克解体之前，其国内就已建立了多个政党。《捷克共和国宪法》在 1993 年 1 月 1 日生效，其宪法将捷克定义为一个主权、单一、民主的法治国家，以尊重人类和公民的权利与自由为基础。

如今捷克共和国是一个单一议会制宪政共和国，实行议会民主制，总统是国家元首，总理是政府首脑。内阁由总理、副总理和各部部长组成。中央国家权力划分为三权，议会行使立法权；国家元首、政府行使行政权；一般管辖法院（民事和刑事）、行政法院和宪法法院行使司法权。

捷克共和国议会为两院制，上议院为参议院，下议院为众议院，两院都是直接选举产生的。议会位于布拉格的马拉斯特拉纳，是捷克共和国的立法机构。议会行使的职权包括：持有和通过法案，有权修改宪法，批准重要的国际协定；如有必要，议会可宣战，批准外国军队驻扎在捷克共和国，或将捷克军队派遣到国外。其中，参议院由 81 名议员组成，任期 6 年。参议院的所在地是布拉格马拉斯特拉纳的瓦伦斯坦宫。参议院议员通过两轮选举制度在单一席位选区选出。如果没有候选人在第一轮投票中获得多数票，那么在两位得票最高的候选人之间进行第二轮投票。参议院议员选举是错开的，即每两年就有三分之一的议席要选举一次。参议院议员候选人不需要是政党的候选人。众议院由 200 名议员组成，任期 4 年。众议院所在地是布拉格马拉斯特拉纳的图恩宫。捷克共和国每一个有选举权的21岁以上公民都有资格当选。在宪法规定的情况下，总统可以解散众议院。内阁对众议院负责。

捷克共和国司法系统由宪法法院、最高法院和最高行政法院组成。最高法律文件是《捷克共和国宪法》，宪法和宪法制度的一个重要部分是"基本权利和基本自由宪章"。最高法院、最高行政法院和宪法法院都设在布尔诺。

捷克共和国法律体系属于"大陆"法律体系，其法律制度的特点如下：主要领域的法律和程序法为成文法（民事和刑事法典，刑法典、民事和行政诉讼法典等）；法律渊源体系是分层次的，法律体系内形成法律效力金字塔结构；只有成文法（立法机关制定的）被认为是法律渊源。捷克共和国的法律结构及其效力如下。

① 宪法和宪法法律（包括基本权利和基本自由宪章）；

② 议会批准的国际条约；

③ 国会通过的法律；

④ 由上级法律产生的立法（由政府和部委采纳）；

⑤ 自律性实体的立法性法规（区域性的行业性的）的法案。

自捷克加入欧盟以来，欧洲法律及其立法来源也成为捷克法律秩序的一部分。从传统的大陆法观点来看，判例法不是被承认的法律渊源。但在实际中，法院的判决，特别是最高法院和宪法法院的判决，很大程度上影响了法律制度。

捷克共和国实行多党制。1993—2013年，最大的两个政党是左翼的捷克社会民主党（ČSSD）和右翼的公民民主党（ODS）。但2014年新政党ANO 2011崛起，此后领导了两届内阁。

政府委员会的咨询和工作机构主要包括：国家安全委员会、政府立法会、罗姆人社区事务部际委员会、政府人权理事会、政府少数民族理事会、研究与发展理事会、政府禁毒政策协调委员会、政府残障人士委员会、政府人权专员、男女机会平等政府理事会、欧盟专门委员会、捷克共和国长期能源需求评估独立小组。

1.2.2 国家政党

捷克共和国的议会政党如下。

（1）ANO 2011

ANO 2011是捷克共和国的一个民粹主义政党。该党由捷克共和国亿万富翁企业家、Agrofert集团和Mafra Media Group的所有者、曾任捷克总理的安德烈·巴比什（Andrej Babiš）创立。"ANO"在捷克语中是"是"的意思。安德烈·巴比什（Andrej Babiš）提出，ANO 2011 的目标是消除国家腐败，废除政客豁免权，减少失业并改善交通基础设施。同时，他还反对捷克共和国采用欧元，反对进一步的欧洲一体化和“布鲁塞尔官僚作风”。但巴比什后来表示，一旦捷克共和国预算平衡，他愿意采用欧元。他还呼吁与德国建立更紧密的关系，并表示捷克共和国已经准备好签署财政契约条约。在税收政策等一些领域，巴比什提出取消个体户部分免税；他还提出了将学校教师工资提高 2.5%的建议。在医疗领域，巴比什批评了公共医疗保险公司的巨额开支，并认为 ANO 2011 是“一个具有社会同情心的右翼政党”。ANO 2011 在 2017 年立法选举前采取了欧洲怀疑论的立场，如反对采用欧元、反对深化欧洲一体化和移民配额。该党在竞选后采取了更亲欧盟的立场，这一立场被称为“欧元机会主义”。ANO 2011 拥有高度集中的组织结构，主席位于核心权力地位，代表 ANO 2011 党独立行事。最高机构是国民议会，至少每两年召开一次会议。主席团由主席领导。区域议会可以选举自己的主席，但必须得到主席团的批准才能就职。政治与社会研究所（Institute for Political and Society）是隶属于 ANO 2011 的智库。在 2017 年的捷克议会选举中，ANO 2011 获得了 200 个议会席位中的 78 席，成为本次选举的最大赢家。

（2）捷克社会民主党（ČSSD）

捷克社会民主党是捷克最大的左翼社会民主政党，是社会党国际、进步联盟和欧洲社会党的成员，起源于奥地利社会民主党捷克斯洛伐克党（Sociálně Demokratickástrana Českoslovanskáv Rakousku），该党是 1878 年 4 月 7 日在奥匈帝国成立的一个政治团体，是奥地利社会民主党的一个地区分支。第一次世界大战结束、奥匈帝国解体后，该党成为捷克斯洛伐克共和国的主要政党之一，其成员在是否加入共产国际的问题上意见分歧严重。1921 年该党分裂，一部分成员组成了新的捷克斯洛伐克共产党。纳粹德国占领捷克斯洛伐克期间，该党被正式废除。1945 年，捷克斯洛伐克重建后，该党恢复了战前的结构，成为国民阵线的成员，国民阵线组成了一个新的执政联盟。1948 年，捷克斯洛伐克共产党获得议会多数席位后，捷克社会民主党并入共产党。自 1993 年 1 月 1 日以来，捷克社会民主党一直是捷克共和国的主要政党之一，直到 2017 年 10 月，它一直是众议院席位最多的两个政党之一。该党支持混合经济、强大的福利国家和累进税，支持为工业发展提供负担得起的能源，并支持在对国民经济有利的情况下建设核电站。该党从更广泛的角度界定捷克共和国的国家利益，即捷克的国家利益是欧洲一体化的成功延续。该党支持深化欧洲一体化，并认为捷克共和国应该在有利的情况下加入欧元区。该党将捷克共和国定义为欧洲文明国家的一部分。

（3）公民民主党（ODS）

公民民主党（ODS）是捷克共和国的自由保守党和欧洲怀疑论党，党内还有多个意识形态派别，包括民族保守派、民族自由派、新保守派和基督教社会保守派（前基督教民主党）。公民民主党（ODS）成立于 1991 年，由瓦克拉夫·克劳斯（Václav Klaus）仿效英国保守党（British Conservatory Party）所成立。该党在 1992 年的立法选举中获胜，在捷克共和国成立后的大部分时间里一直执政。公民民主党的政党理念与英国保守党、瑞典温和派以及欧洲其他自由保守党的理念非常接近。党的纲领的基本原则是低税收、公共财政和无债务的未来、支持有子女的家庭、有针对性的社会制度、减少官僚主义、改善商业条件、促进跨大西洋联系、拒绝民粹主义。尽管该党在捷克共和国批准《里斯本条约》时掌权，但其支持维护捷克对欧盟的主权和完整，呼吁对欧盟进行根本性改革。在英国脱欧后，该党领导人皮特·菲亚拉（Petr Fiala）表示，捷克共和国“应该重新考虑其在欧盟的存在”，并为该国谈判新的条件。此外，该党反对移民，支持“移民使用捷克语、了解捷克历史，适应当地习俗和文化”的强制性措施。该党还反对欧盟强制移民配额，主张捷克共和国对自己的边界管制拥有主权，反对欧盟强迫各国在未充分审查、未有序处理和融合的情况下接纳移民，认为这将对国家安全构成威胁，并且不利于社会凝聚力和欧洲本土文化发展。该党认为，所有国家都应有权决定自己的移民政策。该党还支持守法公民拥有和携带枪支。

（4）捷克海盗党（Piráti）

捷克海盗党（Piráti）是捷克共和国的一个自由进步政党，成立于 2009 年。捷克海盗党成立时是一个由学生推动的草根运动，致力于政治透明、民权和直接民主，该党最初受到瑞典海盗党的启发，与大多数其他海盗党一样，是一个关注互联网自由的单一议题党。后来该党制定了一系列广泛的社会政策。该党的目标是反腐败和游说、增加透明度、预防避税、通过电子政务简化国家官僚机构、支持中小企业、资助地方发展、促进环境保护立法、保护消费者权益并增强发展的可持续性。该党还致力于改革版权、金融市场和银行业、跨国公司税收等方面的法律。该党提议进行游说登记和游说法改革，解决跨国公司避税问题，限制资本外流，征收银行税，加强捷克国家银行的权威，防止导致金融危机和金融犯罪的金融投机，反对任何纳税人资助的银行救助。该党支持取消化石燃料补贴，对可再生能源和核能的科学研发给予支持，加强产品全生命周期的可持续管理，促进可持续公共交通及可持续城市规划和城市发展。该党在农业政策方面提出，支持小农和社区农场，反对补贴集约农业和大型农业企业；通过促进作物的生物多样性、森林和土地管理，来解决农业对环境的影响，反对补贴造成土地退化和各种不可持续的环境影响的单一作物；通过支持当地产品和季节性农产品产销的基础设施来简化生产者—消费者链。虽然该党是一个亲欧盟的政党，但它的目标是通过权力下放来解决欧盟存在的民主赤字问题。捷克海盗党是一个中间派到中间偏左的进步“自由党”，与“保守党”形成对比。该党领导层表示，他们认为左右派政治派别的划分方式已经过时。该党将其立场描述为在捷克政治背景下的经济中间派和社会自由派。

（5）自由与直接民主党（SPD）

自由与直接民主党（SPD）是捷克共和国一个顽固的欧洲怀疑论党。该党于2015年5月由冈村富雄（Tomio Okamura）和拉迪姆·菲亚拉（Radim Fiala）创立。自由和直接民主党是以欧洲议会欧洲怀疑论者政治团体“欧洲自由和直接民主”命名的。该党在其党的纲领中把自己描述为“爱国民主运动”。该党反对捷克加入欧盟，并呼吁捷克共和国退出欧盟。该党还希望推行更严格的移民政策，并反对多元文化。该党强烈反对非法移民和欧盟的移民配额政策。该党还支持引入直接民主制度，鼓励公民参政；希望保护隐私权，免受国家监督，并支持降低增值税。

（6）波希米亚和摩拉维亚共产党（KSČM）

波希米亚和摩拉维亚共产党（KSČM）是捷克共和国的共产党。2016年，该党拥有42 994名成员，是欧洲联合左翼—北欧绿色左翼集团的成员党。该党是中东欧少数几个没有放弃共产主义名号的前执政党之一。在所谓“天鹅绒革命”后的二十年间，该党在政治上被孤立，并被指责为极端主义，但目前该党已经向捷克社会民主党靠拢。2012年地区选举后，该党开始与捷克社会民主党在10个地区联合执政。该党从未加入行政部门的执政联盟，但为巴比什的第二届内阁提供议会支持。

（7）TOP 09党

TOP 09党的名字来源于Tradice Odpovědnost Prosperita，意思是“传统责任繁荣”，是捷克共和国的一个自由保守党，由玛尔格塔·贝卡洛娃·亚当莫娃（Markéta Pekarová Adamová）领导。该党于2009年6月11日由离开基督教和民主联盟捷克斯洛伐克人民党的米罗斯拉夫·卡鲁塞克（Miroslav Kalosek）创立。卡雷尔·施瓦岑贝格（Karel Schwarzenberg）是该党的第一任领导人。该党以支持财政保守主义而闻名，并且亲欧盟，强烈支持欧洲一体化。民主主义和保守主义形成了该党的基本共同点。该党被划分为两个意识形态派别：社会保守派和社会自由派。

（8）市长和独立党（STAN）

市长和独立党（STAN）是捷克共和国的一个自由政党，成立于2004年，并于2009年转型。在2009年当选的第一任领导人彼得加季克和副总统斯坦尼斯拉夫波尔恰克的领导下，该党开始与自由保守党TOP 09在各个政治层面进行合作。2013年，上述合作实际上被缩减到议会层面，即仅在众议院和参议院进行。该党的首要任务包括：良好的管理、高质量的教育、环境保护和遗产保护。在推行辅助原则时，该党鼓励地方主义、权力下放、减少官僚作风和打击腐败，推动欧洲一体化、高质量的教育、科学投资、以自由市场原则为驱动力的国有经济。

1.2.3 国家元首

捷克共和国总统由直接投票选举产生，任期五年，最多可连任两届。总统是国家元首，拥有《捷克共和国宪法》第54至66条规定的有限行政权力，具体如下。

共和国总统为国家元首；共和国总统由议会两院联席会议选举产生；共和国总统不对因执行职务而产生的行为负责。共和国总统通过正式宣誓就职，其任期为五年，自正式宣誓之日起开始执行职务。选举应在现任总统任期的最后三十天内进行，如果共和国总统职位空缺，选举应在三十天内进行。任何有资格当选为参议院议员的公民都可以当选为共和国总统；任何人不得连任共和国总统两次以上。总统候选人的提名可由不少于十名众议员或十名参议员提出；获得全体代表绝对多数票和全体参议员绝对多数票的候选人当选共和国总统；如果没有候选人赢得所有代表和参议员的绝对多数票，第二轮选举应在十四天内举行；在众议院中得票最多的候选人和在参议院中得票最多的候选人应进入第二轮选举；如果在众议院中获得相同最高票数的候选人多于一人，或者在参议院中获得相同最高票数的候选人多于一人，则两院对这类候选人的票数相加，得票最多的候选人应晋级第二轮；获得出席众议员绝对多数票和出席参议员绝对多数票的候选人当选；如果在第二轮选举中也没有候选人当选，则第三轮选举应在十四天内举行，第三轮选举中的候选人应获得出席众议员和参议员的绝对多数票；如果在第三轮选举中仍没有候选人当选，则应举行新的选举。共和国总统应在议会两院联席会议上宣誓就职，由众议院议长主持。共和国总统的誓词如下：“我发誓效忠捷克共和国。我发誓遵守宪法和法律。我以我的名誉起誓，我将尽我所能，为了全体人民的利益履行我的职责。”如果共和国总统拒绝宣誓或有保留地宣誓，他将被视为未当选。

共和国总统可将辞职书交给众议院议长，辞去总统职务。共和国总统任命、罢免总理和其他政府成员，并接受其辞职；罢免政府并接受其辞职；召集众议院会议；解散众议院；授权总统已接受或召回的政府暂时执行其职务，直至新政府任命；任命宪法法院大法官、首席大法官和助理首席大法官；从最高法院法官中任命最高法院首席法官和助理首席法官；赦免、减轻法院的处罚，已经提起刑事诉讼的，责令不提起刑事诉讼，中止刑事诉讼，免除刑罚；有权将已颁布的法律退还议会，但宪法法案除外；签署已颁布的法律；任命最高人民检察院检察长、副检察长；任命捷克国家银行董事会成员。

共和国总统应代表国家；谈判和批准国际条约；他可将国际条约的谈判委托给政府，或在政府同意的情况下委托给其个别成员；担任武装部队总司令；接待外交使团团长；任命和召回外交使团团长；召集众议院和参议院的选举；任命和提拔将军；授予国家勋章；任命法官。如果法律有规定，共和国总统也有权行使宪法未明确规定的权力。共和国总统做出的决定必须由总理或其授权的政府成员会签，由政府负责。

共和国总统有权出席议会两院及其委员会的会议。每当他要求发言时，都应让他发言。共和国总统有权出席政府会议，要求政府及其成员提出报告，并与政府或其成员讨论其职权范围内的问题。共和国总统不得因犯罪或其他行政违法行为而被拘留、受到起诉。共和国总统可能在宪法法院根据参议院的诉讼以叛国罪被起诉。起诉可能使他失去总统职位和重新获得总统职位的资格。对共和国总统在执行职务时犯下的刑事罪行的刑事起诉应永远排除。若共和国总统职位空缺，新总统尚未当选或宣誓就职，共和国总统因严重原因不能执行公务，如果众议院和参议院通过了这项决议，按照《捷克共和国宪法》第 63 条的规定执行总统职责。在总理执行共和国总统规定的职责时，应委托众议院议长执行第 62 条 a)、b)、c)、d)、e）和 k）款规定的共和国总统的职务；如果共和国总统在众议院解散时已被撤职，则这些职责应由参议院主席执行。

1.2.4 军事外交

捷克共和国武装部队是捷克共和国的军队，根据国际义务和集体防御条约负责捷克共和国国防。捷克共和国武装部队支持国内外维和、救援和人道主义行动。捷克共和国武装部队包括总参谋部、陆军、空军和支援部队。宪法赋予议会使用武装部队的所有实质性宪法权力，宪法允许总统在军队方面做的唯一具体的事情就是任命军队的将领，但必须由总理签字。捷克共和国军队是在 1993 年 1 月 1 日捷克和斯洛伐克联邦共和国解体、其武装部队分裂后组建的。1993 年，捷克军队为9万人。1997年，人数减少到6.5万人左右，仅下辖有11个战斗旅和一支空军部队。在1999年华盛顿峰会上，捷克共和国加入了北约。2004年，军队进行了现代化改造，取消了义务兵役制，军人人数大约只有2.3万。目前军队有现役和预备役部队。志愿者需要完成义务兵役（已于2004年结束）或参加为期6周的训练。预备役军人一年最多服役三周，在非军事危机期间可以被征召服役两周，并不在国外服役。捷克共和国是联合国和欧洲安全与合作组织的成员国。自1993年以来，捷克共和国武装部队为许多维和任务和人道主义行动做出了贡献，包括在波斯尼亚、阿富汗、科索沃、阿尔巴尼亚、土耳其、巴基斯坦的国际部队、稳定部队和欧盟部队以及在伊拉克的联军等。

捷克共和国是欧盟（EU）、经济合作与发展组织（OECD）、北大西洋公约组织（NATO）、联合国（UN）的成员。捷克共和国与全球191个国家建立了外交关系，其中大约一半的国家在捷克首都布拉格设有常驻大使馆。1948—1989年，捷克斯洛伐克的外交政策一直追随苏联的外交政策。自捷克斯洛伐克解体以来，捷克共和国将重新融入西方机构作为其主要外交目标。随着捷克共和国加入北约、欧盟，并在2009年上半年担任欧盟轮值主席国，这一目标得以实现并取得了巨大成功。

中捷关系方面，1949年10月6日，捷克斯洛伐克与中华人民共和国正式建交。1993年，捷克共和国建立并继承了捷克斯洛伐克条约。20世纪90年代以来，中捷两国双边经贸关系迅速发展。2009年5月20日，中国和捷克共和国庆祝建交60周年，中捷就改善双边贸易、环境保护和建立互信进行了会谈。2014年10月，中华人民共和国主席习近平在北京会见了捷克总统米洛·泽曼，2016年3月28日至30日，习近平主席应泽曼总统的邀请访问了捷克共和国，两国签署了战略伙伴关系协定。近年来，中捷关系在坚持一个中国原则基础上取得长足发展，为两国和两国人民带来实实在在的利益。新冠疫情发生后，两国同舟共济、守望相助，为中捷关系注入了新动力。

捷美关系方面，1993年捷克共和国独立，捷克共和国和美国正式建交。捷克共和国逐渐成为美国的亲密经济伙伴和正式军事盟友，近年来，两国在反恐、文化交流等领域的合作日益广泛，双边关系得到了长足发展。美国将捷克共和国视为区域合作伙伴，加强双方在阿富汗、伊拉克、叙利亚问题以及打击ISIS方面的合作。

捷俄关系方面，2013年，捷俄关系发生了积极变化。2013年3月起担任捷克共和国总统的米洛什·泽曼，被称为“欧盟对克里姆林宫最友好的领导人之一”。但2014年乌克兰危机爆发后，受欧盟与俄罗斯及北约与俄罗斯之间政治和军事紧张局势的影响，捷克共和国参与了对俄罗斯的经济制裁。2018年，围绕谢尔盖·斯克里帕尔中毒事件，捷克共和国支持英方立场，驱逐了3名俄方外交官。2021年，捷克指责俄罗斯情报部门要对2014年捷克东部地区弹药库爆炸事件负责，并因此驱逐了18名俄罗斯外交官。由于俄罗斯未能积极回应捷克要求将工作人员送回捷克共和国驻莫斯科大使馆的请求，捷克外交部宣布减少并限制俄罗斯驻布拉格大使馆的工作人员数量，俄罗斯大使馆工作人员被要求在2021年5月31日前离开捷克共和国。

1.3 捷克共和国经济概况

1.3.1 经济发展史

捷克是欧洲大陆最早的工业化国家之一，其工业传统可以追溯到19世纪，当时波希米亚王国的土地是奥匈帝国的经济和工业中心地带。捷克斯洛伐克克朗诞生于1919年4月，与奥匈货币的比例为1∶1，成为欧洲最稳定的货币之一。1918—1938年，捷克斯洛伐克共和国是世界上最发达的10个国家之一（仅次于美国、加拿大、澳大利亚、瑞士、阿根廷、英国、法国、瑞典和比利时）。然而，1938年的慕尼黑协定和随后的纳粹德国占领对其经济造成了灾难性的破坏。纳粹德国占领后，捷克经济被迫屈从于德国的经济利益。

1989年所谓的“天鹅绒革命”为捷克进行政治经济改革提供了契机。1991年1月，国际货币基金组织（IMF）“大爆炸式”的休克疗法之后，捷克经济复苏的迹象开始出现。自由化导致95%的价格管制被取消，失业率降低，国际收支状况好转，汇率逐渐稳定，其出口也从苏联和东欧市场转向西欧市场。此外，捷克外债相对较低，通胀率一直高于其他国家10%，而且政府一直保持着适度的预算赤字。政府的两个优先事项是严格的财政政策和为外来投资创造良好的环境。为了刺激经济和吸引外国投资，捷克政府改革了管理投资的法律和行政结构。随着苏联的解体，这个高度依赖对苏联出口的国家不得不在经济政策上进行根本性的转变，对现有的银行和电信设施进行重组，并调整商业法律和惯例，以符合西方的标准。为了减少对单一经贸合作伙伴的依赖，捷克历届政府都欢迎欧洲之外的国家的投资，以抵消西欧，尤其是强大邻国德国的经济影响。捷克共和国是第一个获得国际信贷机构投资级信用评级的东欧原社会主义国家，在创造稳定的投资环境方面取得的进展得到了国际认可。捷克共和国致力于通过凭证私有化制度将大多数国有重工业私有化。在这一制度下，每个公民都有机会以适中的价格购买国有公司股份。截至 1998 年，80%以上的企业由私人所有。如今，捷克已成为世界上人均拥有股份最多的国家之一。

1997 年，全球金融危机打破了捷克共和国作为东欧原社会主义国家中最稳定繁荣的国家之一的形象。企业重组的拖延和未能建立一个运作良好的资本市场是主要原因，另一个因素是经常账户赤字，其占 GDP 的比例接近 8%，这最终导致 1997 年 5 月份，捷克共和国发生货币危机。捷克政府启动振兴计划，优先事项包括加快立法与欧盟规范的趋同、重组企业、向外国公司出售资产，以及银行和公用事业私有化。2000—2005 年，捷克对欧盟（主要是德国）的出口以及国内外投资的强劲复苏促进了捷克经济的增长。随着利率下降、消费和抵押贷款增加，内需在支撑经济增长方面发挥着越来越重要的作用，加之欧盟对捷克产品需求的增加，经常账户赤字占 GDP 的比重开始下降，通货膨胀也得到控制。2004 年，捷克共和国加入欧盟，为其结构性改革提供了进一步的动力和方向。2004 年初，政府通过了提高增值税和收紧社会福利资格的法案，国有电信公司 Český Telecom 于 2005 年私有化。此外，捷克进一步重组大型企业，改善金融部门，有效利用欧盟财政资金，从而促进了经济复苏。

2007—2010 年，全球金融危机对捷克国内信贷市场的影响较小。由于捷克银行业十分谨慎，加之捷克的公共债务水平较低，且绝大多数家庭债务是以捷克当地货币计价的，因此捷克未受到美元货币供应量萎缩的影响。但捷克共和国作为一个出口大国，西欧经济衰退引发连锁反应，导致捷克经济也出现下滑。2009 年，捷克国内生产总值下降了 4.7%。2008—2012 年，捷克共和国的国家预算赤字创下历史之最，公共债务增长了 18.9%。为此，捷克政府提高了增值税，2012—2013 年，基本增值税从 20%增加到 21%，减征增值税从 14%增加到 15%，小企业销售额相应下降了 21%。2013 年，为了增加出口和就业，捷克国家银行实施了有争议的货币措施。2015 年，捷克共和国经济增长 5.4%，成为欧盟增长最快的经济体之一。

2017 年成为近年来捷克共和国经济发展较为强劲的一年，其经济复苏主要由强劲的国内需求推动。捷克国内劳动力市场接近充分就业，通胀率大约实现了捷克国家银行设定的 2%的目标，外部通货紧缩压力消退，宏观经济指标较为积极。金融业保持了适当的资本化、流动性和弹性，低利率促进了投资增长，并且捷克家庭的负债远低于欧洲平均水平。国际主要信用评级机构认为捷克共和国是一个非常可靠的经济体，可能享有“国内外投资者的可观利益”。穆迪将捷克经济列为

A1，标准普尔将其列为 AA，惠誉将其列为 A+。捷克共和国在所有中欧和东欧国家中获得的总评级最高，也高于部分欧元区国家。

2020 年，新冠疫情冲击了捷克经济的基本面，内需、税收和出口均呈现不同程度的下滑。第一波疫情在 4 月份得到有效控制，此后，2020 年秋季的病例和死亡人数迅速上升，政府再次宣布进入紧急状态，并重新实行封锁。疫情导致捷克国内生产总值急剧下降，经济复苏陷入停滞。经济对外部需求的高度依赖和全球价值链一体化加剧了疫情对经济的影响。在疫情暴发前，捷克经济已经出现放缓迹象，主要体现在：企业创新和研发投入薄弱，出口驱动型经济易受到外部冲击，地方政府服务效率低下和资金不足问题突出，加之工人退休时间较早、人口老龄化和劳动人口下降对就业率和经济增长产生消极影响，慷慨的社会福利和有限的儿童保育也阻碍了有年幼子女的妇女重返工作岗位。多重因素导致实际工资不断下降，国内需求对经济活动的贡献十分有限。

为应对疫情，捷克国家银行迅速采取行动，放松货币政策。捷克国家银行在 2020 年 3—5 月，将政策利率从 2.25%降至 0.25%，以支持银行信贷；修正了《中央银行法》，为量化宽松的货币政策铺平了道路；通过扩大合格抵押品的范围，将抵押品提供的流动性期限延长等措施，支持流动性。较低的公共债务为扩大财政支持提供了充足空间，政府采取扩张财政政策来支持经济，推出了保留工作计划、向自营职业者支付福利金、为照顾子女的工人提供收入支助和递延税款，此外还启动了一项 COVID 贷款和担保方案，以提高公司资金的流动性，特别是中小企业资金的流动性，此外还提供押后租金及贷款还款的服务。经过一系列扩张性财政及货币政策的刺激，2020 年第四季度，捷克经济增长了 0.6%。出口在 2020 年第四季发挥了重要作用，同比增长 6.6%。此外，政府消费大幅增加，比上一季度增加了 5%以上。但第二轮疫情和新的封锁限制对居民消费产生了影响，居民消费环比下降超过 4%，固定投资也再次小幅下降。尽管如此，净出口对季度增长贡献了约 1%，出口支撑了经济扩张。未来的政策重点须转向促进工人再培训和求职，同时允许必要的资源跨部门重新分配。

综合来看，就捷克的国内生产总值来看，1993—2012 年，其名义 GDP 经历了明显增长。1993—2000 年，由于全球金融危机的影响，其现价 GDP 由 1993 年的 408.67 亿美元增长至 1996 年的 673.88 亿美元。此后略有波动，并在 2001 年恢复至 678.08 亿美元的相近水平。此后，2001—2008 年捷克经济快速扩张，名义 GDP 增长至 2 368.16 亿美元。但 2008 年，全球金融危机致使其名义 GDP 再次下滑，2009 年仅为 2 074.34 亿美元，此后经济复苏动力不足，2015 年降到

1 880.33 亿美元的谷值。此后经济稳步发展，名义 GDP 增长至 2019 年 2 524.98 亿美元的峰值。但在疫情冲击下，2020 年名义 GDP 仅为 2 453.39 亿美元，2021 年经济复苏势头较为强劲，实现了 2 823.41 亿美元的最高值。名义 GDP 增长率在国际金融危机和疫情冲击下均为负值，例如 1997 年、2009 年和 2020 年分别为 –7.73%、–12.41%和 –2.84%，其他年份也偶有负值出现，但总体来看，名义 GDP 增长率在大部分年份均为正值，体现出 1993 年以来捷克经济的稳步增长（如表 1.2 所示）。

就其实际 GDP 增长情况来看，不变价 GDP 在 1993—2021 年间大致经历了三个阶段的增长。第一阶段是 1993 年至 1996 年，由 1 057.15 亿美元增长至 1 208.05 亿美元，特别是 1995 年 GDP 增长率达到 6.50%，是 1997 年全球金融危机之前的繁荣时期。此后捷克经济遭受外部冲击，1997 年实际 GDP 为 1 201.79 亿美元，1997 年、1998 年连续两年 GDP 增长率为负。此后，捷克实际 GDP 开始稳步增长，2005 年、2006 年连续两年 GDP 增长率超过 6%，2008 年实际 GDP 达到 1 770.25 亿美元。自 2009 年开始，经济受全球金融危机冲击，出现了较明显的衰退，2009 年 GDP 增长率仅为 –4.66%，此后经济虽略有复苏，但 2012 年、2013 年 GDP 增长率为负，2015 年开始才又进入较为明显的稳步增长阶段，当年实际 GDP 为 1 880.33，增长率为 5.39%。2019 年，捷克实际 GDP 为 2 155.95 亿美元，增长率达到 3.03%，但此后受疫情冲击，2020 年实际 GDP 增长下滑 5.80%，仅为 2 030.95 亿美元。2021 年经济复苏略有成效，但仍未及疫情前水平，实际 GDP 为 2 098.84 亿美元，当年 GDP 增长率为 3.34%（如图 1.1、图 1.2 所示）。

表 1.2　　1993—2021 年捷克共和国名义 GDP 及实际 GDP 情况

年份	GDP（现价，亿美元）	GDP（2015 年不变价，亿美元）	GDP 增长率（%，现价美元）	GDP 增长率（%，2015 年不变价美元）
1993 年	408.67	1 057.15	/	/
1994 年	478.50	1 087.91	17.09%	2.91%
1995 年	601.47	1 158.63	25.70%	6.50%
1996 年	673.88	1 208.05	12.04%	4.27%
1997 年	621.80	1 201.79	–7.73%	–0.52%
1998 年	668.07	1 197.50	7.44%	–0.36%

续表

年份	GDP（现价，亿美元）	GDP（2015 年不变价，亿美元）	GDP 增长率（%，现价美元）	GDP 增长率（%，2015 年不变价美元）
1999 年	651.73	1 214.08	-2.45%	1.38%
2000 年	618.28	1 262.65	-5.13%	4.00%
2001 年	678.08	1 301.08	9.67%	3.04%
2002 年	821.96	1 321.50	21.22%	1.57%
2003 年	1 000.90	1 368.86	21.77%	3.58%
2004 年	1 198.14	1 434.76	19.71%	4.81%
2005 年	1 371.43	1 529.48	14.46%	6.60%
2006 年	1 562.64	1 632.98	13.94%	6.77%
2007 年	1 901.84	1 723.94	21.71%	5.57%
2008 年	2 368.16	1 770.25	24.52%	2.69%
2009 年	2 074.34	1 687.80	-12.41%	-4.66%
2010 年	2 090.70	1 728.90	0.79%	2.43%
2011 年	2 295.63	1 759.34	9.80%	1.76%
2012 年	2 088.58	1 745.53	-9.02%	-0.79%
2013 年	2 116.86	1 744.72	1.35%	-0.05%
2014 年	2 093.59	1 784.19	-1.10%	2.26%
2015 年	1 880.33	1 880.33	-10.19%	5.39%
2016 年	1 962.72	1 928.04	4.38%	2.54%
2017 年	2 186.29	2 027.69	11.39%	5.17%
2018 年	2 489.50	2 092.55	13.87%	3.20%
2019 年	2 524.98	2 155.95	1.43%	3.03%
2020 年	2 453.39	2 030.95	-2.84%	-5.80%
2021 年	2 823.41	2 098.84	15.08%	3.34%

资料来源：Wold Bank 数据库。

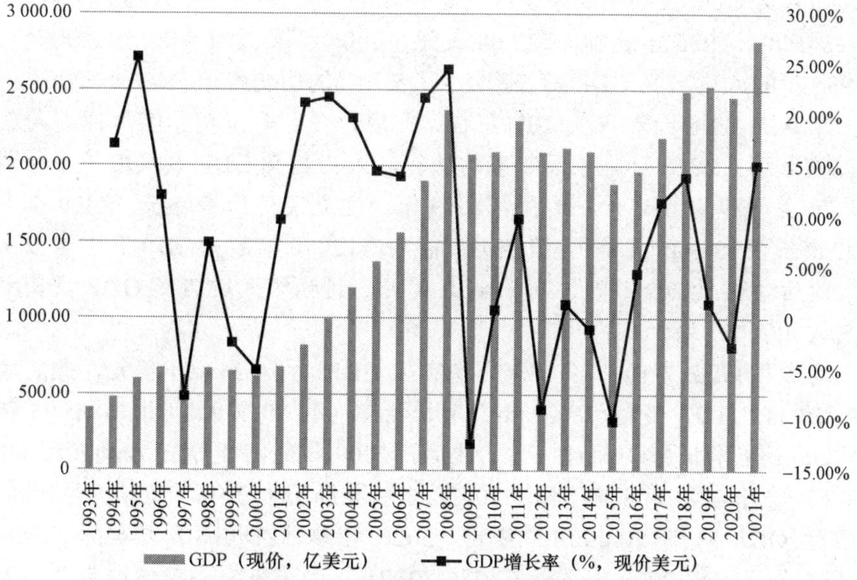

图 1.1　1993—2021 年捷克共和国名义 GDP 情况

资料来源：Wold Bank 数据库。

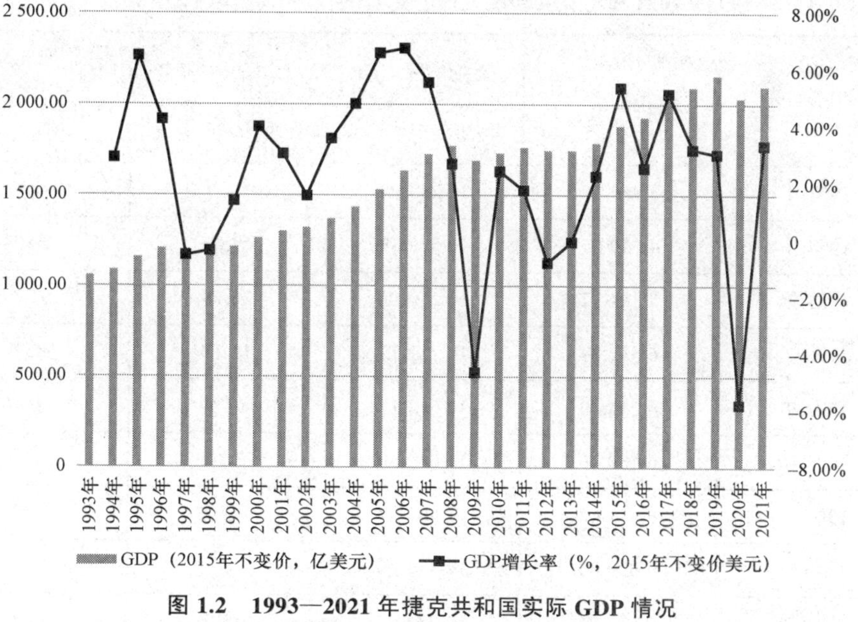

图 1.2　1993—2021 年捷克共和国实际 GDP 情况

资料来源：Wold Bank 数据库。

人均名义 GDP 及其增长率也经历了相似的变动，1993 年人均名义 GDP 仅为 3 956.18 美元，1996 年达到 6 532.84 美元，2008 年又猛增至 22 804.58 美元，期间，1995 年的人均名义 GDP 增长率达到 25.78%的历史峰值。2002—2004 年以及 2007—2008 年的增长率均在 20%左右。此后，受金融危机影响，捷克人均名义 GDP 略有起伏，2015 年陷入近年来的低谷，人均名义 GDP 及其增长率分别仅为 17 829.70 美元和－10.36%。此后至 2019 年，捷克经济稳步增长，2019 年人均名义 GDP 增长至 23 660.15 美元，但经历疫情冲击，2020 年名义 GDP 下滑至 22 933.50 美元，此后增长至 2021 年的 26 378.50 美元，且当年人均名义 GDP 增长率达到 15.02%（如表 1.3 所示）。

人均实际 GDP 方面，1993 年人均实际 GDP 为 10 233.94 美元，此后增长至 1996 年的 11 711.32 美元，2008 年又增长至 17 046.89 美元。期间，1995 年以及 2005—2006 年增长率均超过 6%。此后，2009 年经济下滑，人均实际 GDP 为 16 160.62 美元，较 2008 年下滑 5.20%，之后又经历了 2019 年的短暂繁荣时期，人均实际 GDP 达到 20 202.15 美元，2020 年疫情冲击下人均实际 GDP 仅为 18 984.64 美元，较 2019 年下滑 6.03%。2021 年尚未恢复到疫情前水平，人均实际 GDP 仅为 19 608.99 美元（如图 1.3、图 1.4 所示）。

表 1.3　1993—2021 年捷克共和国人均名义 GDP 及人均实际 GDP 情况

年份	人均名义 GDP（现价，美元）	人均实际 GDP（2015 年不变价，美元）	人均名义 GDP 增长率（%，现价美元）	人均实际 GDP 增长率（%，2015 年不变价美元）
1993 年	3 956.18	10 233.94	/	/
1994 年	4 630.55	10 527.88	17.05	2.87
1995 年	5 824.12	11 219.15	25.78	6.57
1996 年	6 532.84	11 711.32	12.17	4.39
1997 年	6 034.49	11 663.17	－7.63	－0.41
1998 年	6 489.70	11 632.60	7.54	－0.26
1999 年	6 337.42	11 805.67	－2.35	1.49
2000 年	6 029.04	12 312.50	－4.87	4.29
2001 年	6 637.04	12 734.92	10.08	3.43

续表

年份	人均名义 GDP（现价，美元）	人均实际 GDP（2015 年不变价，美元）	人均名义 GDP 增长率（%，现价美元）	人均实际 GDP 增长率（%，2015 年不变价美元）
2002 年	8 060.87	12 959.82	21.45	1.77
2003 年	9 818.57	13 428.10	21.81	3.61
2004 年	11 749.85	14 070.28	19.67	4.78
2005 年	13 430.67	14 978.41	14.31	6.45
2006 年	15 261.80	15 948.75	13.63	6.48
2007 年	18 466.55	16 739.18	21.00	4.96
2008 年	22 804.58	17 046.89	23.49	1.84
2009 年	19 861.70	16 160.62	−12.90	−5.20
2010 年	19 960.07	16 505.95	0.50	2.14
2011 年	21 871.27	16 761.83	9.58	1.55
2012 年	19 870.80	16 606.99	−9.15	−0.92
2013 年	20 133.17	16 593.86	1.32	−0.08
2014 年	19 890.92	16 951.38	−1.20	2.15
2015 年	17 829.70	17 829.70	−10.36	5.18
2016 年	18 575.23	18 247.01	4.18	2.34
2017 年	20 636.20	19 139.24	11.10	4.89
2018 年	23 419.74	19 685.49	13.49	2.85
2019 年	23 660.15	20 202.15	1.03	2.62
2020 年	22 933.50	18 984.64	−3.07	−6.03
2021 年	26 378.50	19 608.99	15.02	3.29

资料来源：Wold Bank 数据库。

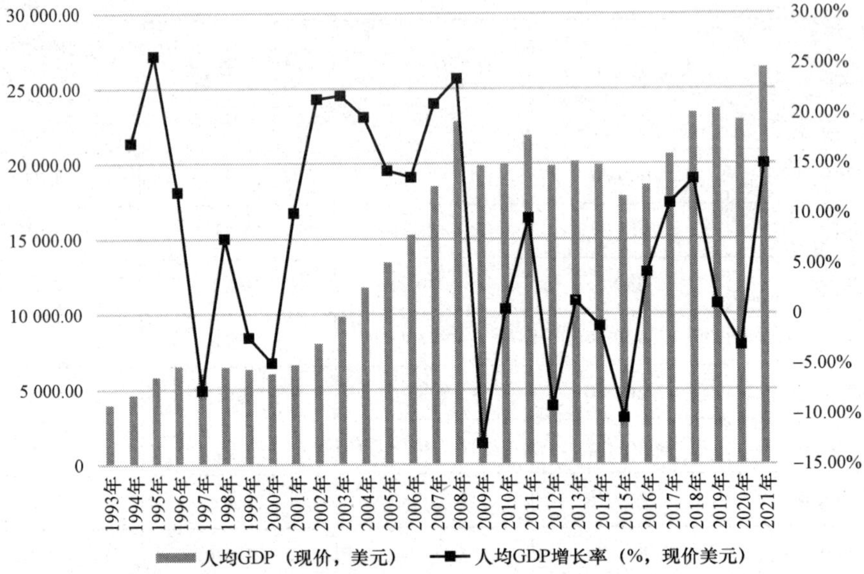

图 1.3　1993—2021 年捷克共和国人均名义 GDP 情况

资料来源：Wold Bank 数据库。

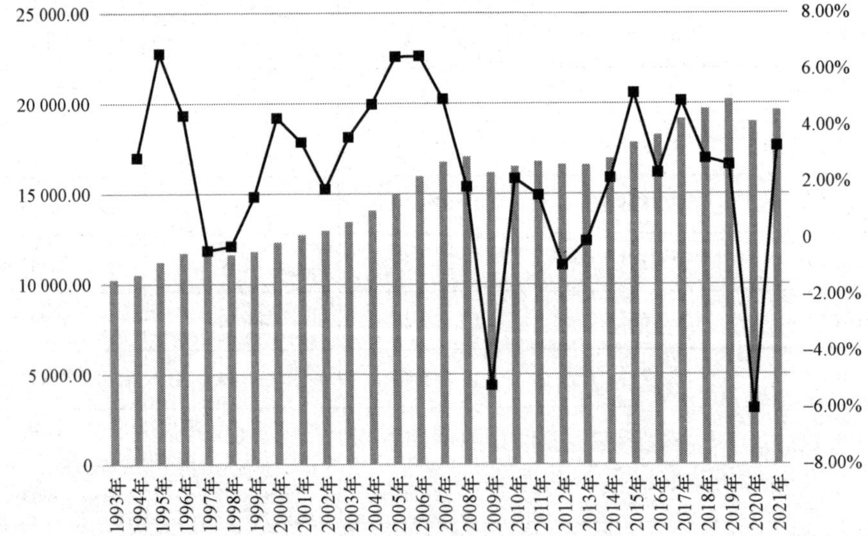

图 1.4　1993—2021 年捷克共和国人均实际 GDP 情况

资料来源：Wold Bank 数据库。

1.3.2 第一产业发展情况

农业、林业及渔业是捷克共和国国民经济的传统产业之一，其产值占 GDP 比重约为 2%～4%，近年来该比重一直呈下降趋势，2021 年第一产业产值占 GDP 比重达到 2%。第一产业产值呈现稳定增长趋势，由 1995 年的 1 856.90 百万欧元增长至 2021 年的 4 396.90 百万欧元，尽管期间略有波动起伏，在 2008 年实现了 3 111.50 百万欧元的峰值，又在 2010 年跌入谷底，当年第一产业产值仅为 2 432.90 百万欧元，此后又稳步增长，于 2021 年实现了 4 396.90 百万欧元的最高值（如表 1.4 所示）。

具体来看，农作物和动物生产、狩猎及相关服务活动行业是捷克第一产业的主要细分行业，除 2010 年和 2011 年之外，其产值占比一直保持在 70%以上，并自 2018 年以来超过 80%，2021 年实现了 83.5%的占比。林业和伐木业是第二大细分行业，1995—2021 年的产值占比在 20%～30%之间波动，但近年来呈现明显下滑趋势，2018 年林业和伐木业产值为 741.2 百万欧元，占比为 18.1%，此后产值占比一直下滑，2021 年仅为 16.1%。相比较而言，捷克的渔业和水产养殖业并不发达，其产值保持在 20 百万欧元左右，产值占比也在 1%左右，且近年来呈现不断下滑趋势，1995 年产值占比为 1.2%，2021 年这一比重仅为 0.4%（如图 1.5 至图 1.7）。

表 1.4　1995—2021 年捷克共和国第一产业及其细分行业产值情况

年份	第一产业（农业、林业和渔业）		农作物和动物生产、狩猎及相关服务活动行业		林业和伐木业		渔业和水产养殖业	
	产值（百万欧元）	占 GDP 比重（%）	产值（百万欧元）	占第一产业产值比重（%）	产值（百万欧元）	占第一产业产值比重（%）	产值（百万欧元）	占第一产业产值比重（%）
1995 年	1 856.90	4.4	1 459.00	78.6	375	20.2	22.9	1.2
1996 年	2 067.60	4.3	1 655.00	80.0	389.2	18.8	23.4	1.1
1997 年	1 914.10	3.8	1 518.00	79.3	374.5	19.6	21.7	1.1
1998 年	2 098.00	3.8	1 645.80	78.4	430.4	20.5	21.9	1.0
1999 年	1 965.40	3.5	1 497.50	76.2	448.4	22.8	19.5	1.0
2000 年	2 178.90	3.6	1 663.80	76.4	497.8	22.8	17.3	0.8

续表

年份	第一产业（农业、林业和渔业）		农作物和动物生产、狩猎及相关服务活动行业		林业和伐木业		渔业和水产养殖业	
	产值（百万欧元）	占 GDP 比重（%）	产值（百万欧元）	占第一产业产值比重（%）	产值（百万欧元）	占第一产业产值比重（%）	产值（百万欧元）	占第一产业产值比重（%）
2001 年	2 425.20	3.5	1 867.30	77.0	541.1	22.3	16.9	0.7
2002 年	2 323.40	2.9	1 718.40	74.0	585.1	25.2	19.8	0.9
2003 年	2 163.30	2.7	1 598.10	73.9	547.6	25.3	17.6	0.8
2004 年	2 332.20	2.7	1 722.80	73.9	592.8	25.4	16.5	0.7
2005 年	2 520.40	2.5	1 818.50	72.2	680.1	27.0	21.8	0.9
2006 年	2 697.10	2.4	1 940.50	71.9	731.8	27.1	24.8	0.9
2007 年	2 903.60	2.3	2 150.10	74.0	736.4	25.4	17.1	0.6
2008 年	3 111.50	2.1	2 336.40	75.1	756.6	24.3	18.6	0.6
2009 年	2 627.90	1.9	1 918.00	73.0	690.7	26.3	19.2	0.7
2010 年	2 432.90	1.7	1 633.40	67.1	775.8	31.9	23.7	1.0
2011 年	3 275.20	2.2	2 211.20	67.5	1 035.50	31.6	28.4	0.9
2012 年	3 660.10	2.5	2 587.70	70.7	1 046.30	28.6	26.1	0.7
2013 年	3 770.90	2.6	2 703.20	71.7	1 042.30	27.6	25.4	0.7
2014 年	3 808.90	2.7	2 812.00	73.8	975.6	25.6	21.4	0.6
2015 年	3 749.30	2.5	2 735.50	73.0	990.4	26.4	23.4	0.6
2016 年	3 703.20	2.3	2 753.90	74.4	924.5	25.0	24.9	0.7
2017 年	3 994.50	2.3	2 995.00	75.0	972.2	24.3	27.3	0.7
2018 年	4 084.90	2.1	3 318.60	81.2	741.2	18.1	25.1	0.6
2019 年	4 198.30	2.1	3 506.00	83.5	665.6	15.9	26.7	0.6
2020 年	4 231.10	2.2	3 504.40	82.8	703.1	16.6	23.5	0.6
2021 年	4 396.90	2.0	3 673.00	83.5	706	16.1	17.9	0.4

资料来源：Eurostat。

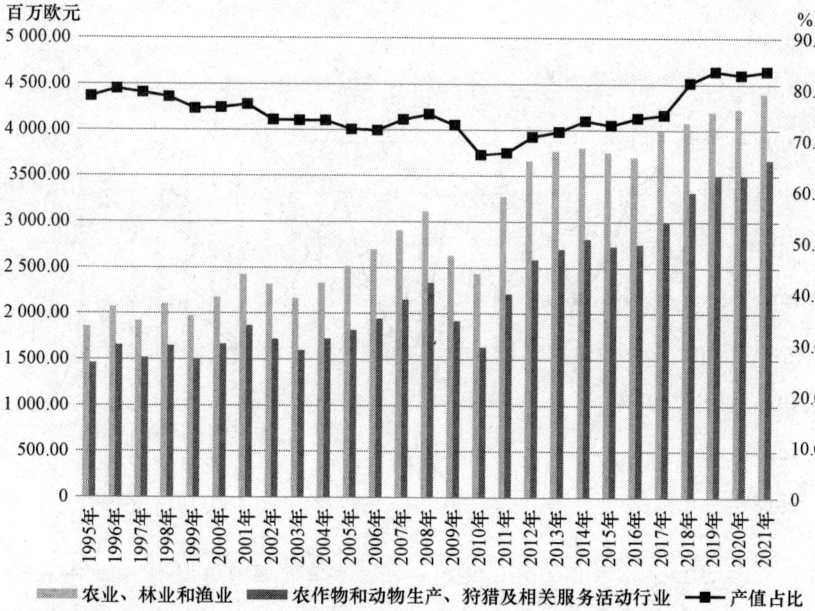

图 1.5　1995—2021 年捷克共和国第一产业及其细分行业产值情况（一）

资料来源：Eurostat。

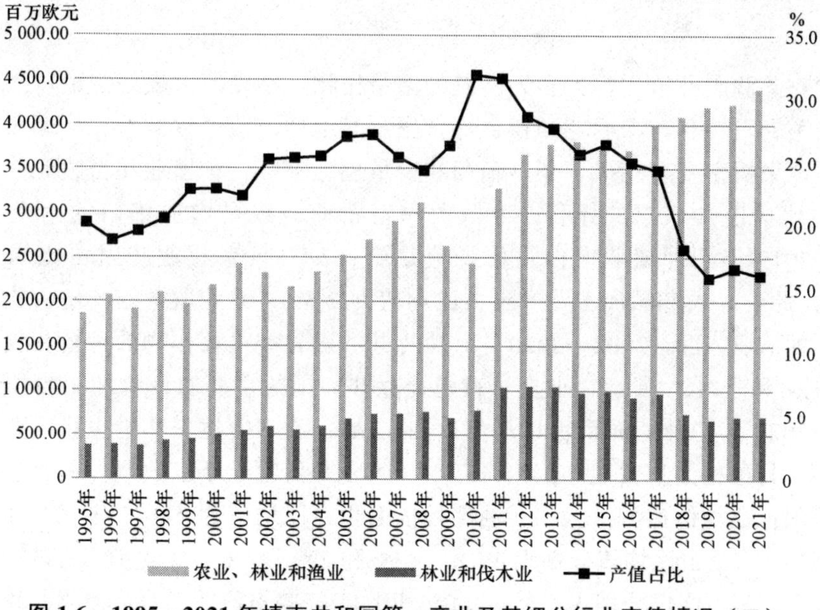

图 1.6　1995—2021 年捷克共和国第一产业及其细分行业产值情况（二）

资料来源：Eurostat。

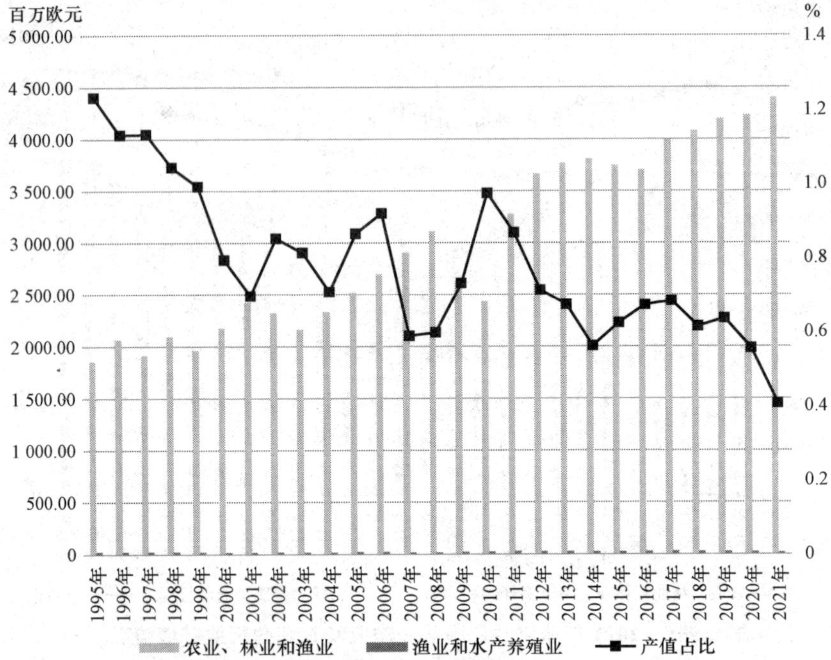

图 1.7　1995—2021 年捷克共和国第一产业及其细分行业产值情况（三）

资料来源：Eurostat。

捷克共和国种植作物大多为传统的温带作物，小麦、大麦、黑麦、玉米、甜菜、油菜、马铃薯、啤酒花和亚麻等占据主导地位，蔬菜以黄瓜、花椰菜、胡萝卜为主，果树主要有苹果、梨、葡萄和少量桃、杏等。种植业和畜牧业在农业的产出占比情况如表 1.5 所示。种植业和畜牧业一直是农业部门的两个支柱，2002—2019 年，种植业产出占比均值达到 52.1%，畜牧业产出占比均值达到 44.1%，此外，农产品加工业产出占比均值为 2.6%，农业服务业产出占比最低为 1.2%。种植业方面，2002—2020 年，捷克共和国各类主要作物的种植和收获情况如表 1.6 和表 1.7 所示。小麦一直是捷克共和国的主要农作物和粮食作物，其 2002—2020 年的种植面积占比均值达到 32.4%。此外，饲料作物也是重要的农作物之一，其种植面积占比均值为 18.4%。大麦是仅次于小麦的重要粮食作物，其种植面积占比均值达到 16.1%。油菜种植面积占比均值为 14%，玉米、甜菜和燕麦紧随其后，其占比均值分别为 3.6%、2.5%和 2%。黑麦、豆类和土豆的种植面积相对较少，其占比仅分别为 1.3%、1.2%和 1.1%。就畜牧业而言，捷克共和国的畜牧业大多为饲养牛、猪、羊和家禽等。捷克共和国主要农畜存栏数如表 1.8 所示。

表 1.5　2002—2019 年捷克共和国农业各行业产出占比情况（以 2000 年欧元不变价计算）

单位：%

年份	种植业	畜牧业	农业服务业	农产品加工
2002 年	48.6	48.4	0.8	2.2
2003 年	45.3	51.3	1.2	2.2
2004 年	53.5	43.1	1.1	2.3
2005 年	51.5	44.3	1.1	3.2
2006 年	48.8	47.3	1.2	2.7
2007 年	50.2	46.7	1.2	2.0
2008 年	51.9	44.8	1.3	2.0
2009 年	52.7	44.2	1.2	1.9
2010 年	51.8	44.8	1.4	2.0
2011 年	55.7	40.9	1.3	2.2
2012 年	52.8	43.7	1.4	2.0
2013 年	54.7	42.0	1.2	2.1
2014 年	57.0	39.7	1.2	2.0
2015 年	52.6	42.9	1.2	3.3
2016 年	55.2	40.3	1.3	3.3
2017 年	52.5	42.6	1.5	3.4
2018 年	50.5	44.4	1.5	3.6
2019 年	51.7	43.4	1.5	3.5
均值	52.1	44.1	1.2	2.6

资料来源：捷克统计局。

表 1.6　2002—2020 年捷克共和国主要作物种植面积占比情况　单位：%

年份	小麦	黑麦	大麦	燕麦	玉米	豆类	土豆	甜菜	油菜	饲料作物
2002 年	31.6	1.3	18.2	2.3	2.6	1.3	1.4	2.9	11.7	19.6
2003 年	25.2	1.6	21.4	3.0	3.0	1.2	1.4	3.0	9.8	20.0

续表

年份	小麦	黑麦	大麦	燕麦	玉米	豆类	土豆	甜菜	油菜	饲料作物
2004 年	32.4	2.2	17.6	2.2	3.3	1.1	1.3	2.7	9.7	18.8
2005 年	30.9	1.8	19.6	1.9	3.0	1.5	1.4	2.5	10.1	18.5
2006 年	30.2	0.9	20.4	2.2	3.3	1.5	1.2	2.4	11.3	17.8
2007 年	31.3	1.4	19.3	2.3	3.6	1.2	1.2	2.1	13.0	16.6
2008 年	31.2	1.7	18.8	1.9	4.2	0.9	1.2	2.0	13.9	15.8
2009 年	32.7	1.5	17.9	2.0	3.6	1.1	1.1	2.1	13.9	15.6
2010 年	33.4	1.2	15.6	2.1	4.0	1.3	1.1	2.3	14.8	16.3
2011 年	34.7	1.0	15.0	1.8	4.4	0.9	1.1	2.3	15.0	17.0
2012 年	32.9	1.2	15.4	2.0	4.4	0.8	1.0	2.5	16.2	17.6
2013 年	33.5	1.5	14.1	1.8	4.5	0.7	0.9	2.5	16.9	17.6
2014 年	33.9	1.0	14.2	1.7	4.1	0.8	1.0	2.6	15.8	18.3
2015 年	33.8	0.9	14.9	1.7	3.8	1.3	0.9	2.3	14.9	18.6
2016 年	34.1	0.9	13.2	1.5	3.2	1.4	1.0	2.5	16.0	19.7
2017 年	33.7	0.9	13.3	1.8	3.4	1.7	0.9	2.7	16.0	18.8
2018 年	33.3	1.0	13.2	1.7	3.3	1.4	0.9	2.6	16.7	19.0
2019 年	34.1	1.3	13.0	1.7	3.1	1.4	1.2	2.4	15.4	20.3
2020 年	32.4	1.3	13.5	1.9	3.2	1.5	1.0	2.4	15.0	20.9
均值	32.4	1.3	16.1	2.0	3.6	1.2	1.1	2.5	14.0	18.4

资料来源：捷克统计局。

表 1.7　　2002—2020 年捷克共和国主要作物收获情况　　单位：万吨

年份	小麦	黑麦	大麦	燕麦	玉米	豆类	土豆	甜菜	油菜	饲料作物
2002 年	387	12	179	17	62	7	90	383	71	327
2003 年	264	16	207	23	48	6	68	350	39	252

续表

年份	小麦	黑麦	大麦	燕麦	玉米	豆类	土豆	甜菜	油菜	饲料作物
2004 年	504	31	233	23	55	9	86	358	93	303
2005 年	415	20	220	15	70	10	101	350	77	305
2006 年	351	7	190	15	61	9	69	314	88	279
2007 年	394	18	189	16	76	7	82	289	103	256
2008 年	463	21	224	16	86	5	77	288	105	260
2009 年	436	18	200	17	89	6	75	304	113	261
2010 年	416	12	158	14	69	6	67	306	104	246
2011 年	491	12	181	16	106	6	81	390	105	296
2012 年	352	15	162	17	93	4	66	387	111	295
2013 年	470	18	159	14	68	4	54	374	144	286
2014 年	544	13	197	15	83	5	70	442	154	345
2015 年	527	11	199	15	44	10	50	342	126	271
2016 年	545	10	185	13	85	8	70	412	136	354
2017 年	472	11	171	14	59	10	69	440	115	462
2018 年	442	12	161	15	49	8	58	372	147	397
2019 年	481	16	172	13	62	7	62	366	116	484
2020 年	490	17	182	18	83	9	70	367	125	530

资料来源：捷克统计局。

表 1.8　　2002—2020 年捷克共和国主要农畜存栏数　　单位：万只

年份	牛	猪	羊	马	家禽
2002 年	152.0	344.1	9.6	2.1	2 994.7
2003 年	147.4	336.3	10.3	2.0	2 687.3
2004 年	142.8	312.7	11.6	2.0	2 549.4
2005 年	139.7	287.7	14.0	2.1	2 537.2

续表

年份	牛	猪	羊	马	家禽
2006 年	137.4	284.0	14.8	2.3	2 573.6
2007 年	139.1	283.0	16.9	2.4	2 459.2
2008 年	140.2	243.3	18.4	2.7	2 731.7
2009 年	136.3	197.1	18.3	2.8	2 649.1
2010 年	134.9	190.9	19.7	3.0	2 483.8
2011 年	134.4	174.9	20.9	3.1	2 125.0
2012 年	135.4	157.9	22.1	3.3	2 069.1
2013 年	135.3	158.7	22.1	3.4	2 326.5
2014 年	137.4	161.7	22.5	3.3	2 146.4
2015 年	140.7	156.0	23.2	3.4	2 250.8
2016 年	141.6	161.0	21.8	3.2	2 131.4
2017 年	142.1	149.1	21.7	3.5	2 149.4
2018 年	141.6	155.7	21.9	3.5	2 357.3
2019 年	141.8	154.4	21.3	3.7	2 297.9
2020 年	140.4	149.9	20.4	3.8	2 424.7

资料来源：捷克统计局。

1.3.3 第二产业发展情况

第二产业方面，捷克共和国是欧洲工业化程度最高的国家之一，工业是捷克共和国的传统优势行业。第二产业产值自 1995 年以来经历了较为稳定的增长。1995 年其第二产业产值为 16 280.3 百万欧元，2008 年增长至 54 547.1 百万欧元，除在 2009 年及 2011—2013 年略有下滑以外，2019 年又增长至 71 136.5 百万欧元。此后受疫情冲击，尽管 2020 年第二产业产值下滑至 66 224.0 百万欧元，2021 年又进一步增长至 72 109.5 百万欧元。第二次产业产值占 GDP 比重一直维持在 30%～40%之间，且近年来有所下滑，1996 年占比曾达到峰值，为 39.8%，此后下滑至 2021 年的 33.3%（如表 1.9 所示）。

工业方面，作为支撑第二产业的主要细分行业，工业产值变动趋势与第二产业相近，1995 年为 13 078.8 百万欧元，2008 年达到 45 225.7 百万欧元，在经历金融危机冲击及经济复苏之后，2019 年实现了 59 647.0 百万欧元，疫情冲击后，2021 年恢复至疫情前水平，为 59 998.0 百万欧元。工业产值占比一直维持在 80%以上，且近年来上升趋势明显，1995 年为 80.3%，2016 年达到 85.3%的峰值，此后有下降趋势，2021 年为 83.2%。建筑业方面，捷克建筑业发展情况较为平稳，1995 年建筑业产值达到 3 201.5 百万欧元，此后稳步增长，2010 年达到 10 081.0 百万欧元，此后进入平缓下降阶段，2014 年仅为 8 048.3 百万欧元，之后又稳步增长，2021 年实现了 12 111.5 百万欧元的产值。建筑业产值占第二产业比重一直维持在 15%～20%之间，且近年来一直稳步下滑，1995 年产值占比为 19.7%，2021 年比重仅为 16.8%（如图 1.8、图 1.9 所示）。

表 1.9　　1995—2021 年捷克共和国第二产业及其细分行业产值情况

年份	第二产业（工业和建筑业）		工业		建筑业	
	产值（百万欧元）	占 GDP 比重（%）	产值（百万欧元）	占第二产业产值比重（%）	产值（百万欧元）	占第二产业产值比重（%）
1995 年	16 280.3	38.9	13 078.8	80.3	3 201.5	19.7
1996 年	19 188.8	39.8	15 472.0	80.6	3 716.8	19.4
1997 年	19 583.9	39.2	15 847.8	80.9	3 736.1	19.1
1998 年	20 812.6	38.1	16 813.7	80.8	3 998.9	19.2
1999 年	20 628.4	37.2	16 856.2	81.7	3 772.2	18.3
2000 年	22 450.0	36.8	18 686.6	83.2	3 763.4	16.8
2001 年	25 671.0	37.2	21 524.6	83.8	4 146.4	16.2
2002 年	29 011.1	36.3	23 929.7	82.5	5 081.4	17.5

续表

年份	第二产业（工业和建筑业）		工业		建筑业	
	产值（百万欧元）	占 GDP 比重（%）	产值（百万欧元）	占第二产业产值比重（%）	产值（百万欧元）	占第二产业产值比重（%）
2003 年	28 674.5	35.4	23 385.7	81.6	5 288.8	18.4
2004 年	32 422.6	37.1	26 764.9	82.6	5 657.7	17.4
2005 年	37 087.0	37.2	30 433.3	82.1	6 653.7	17.9
2006 年	42 772.7	37.8	35 600.0	83.2	7 172.7	16.8
2007 年	47 514.7	37.7	39 460.8	83.0	8 053.9	17.0
2008 年	54 547.1	37.1	45 225.7	82.9	9 321.4	17.1
2009 年	49 345.1	36.5	39 916.8	80.9	9 428.3	19.1
2010 年	52 383.5	36.7	42 302.5	80.8	10 081.0	19.2
2011 年	55 591.5	37.3	45 993.7	82.7	9 597.8	17.3
2012 年	53 527.5	36.6	44 897.5	83.9	8 630.0	16.1
2013 年	52 057.9	36.4	43 842.2	84.2	8 215.7	15.8
2014 年	53 405.7	37.4	45 357.4	84.9	8 048.3	15.1
2015 年	57 279.8	37.5	48 643.3	84.9	8 636.5	15.1
2016 年	59 281.0	37.1	50 559.7	85.3	8 721.3	14.7
2017 年	63 497.6	36.4	53 949.9	85.0	9 547.7	15.0
2018 年	67 027.1	35.3	56 396.4	84.1	10 630.7	15.9
2019 年	71 136.5	34.9	59 647.0	83.8	11 489.5	16.2
2020 年	66 224.0	33.7	55 135.4	83.3	11 088.6	16.7
2021 年	72 109.5	33.3	59 998.0	83.2	12 111.5	16.8

资料来源：Eurostat。

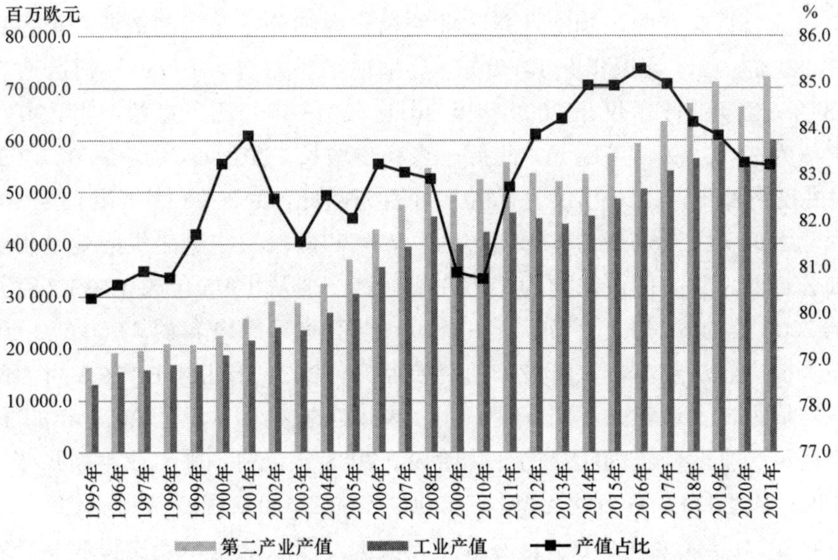

图 1.8　1995—2021 年捷克共和国第二产业及其细分行业产值情况（一）

资料来源：Eurostat。

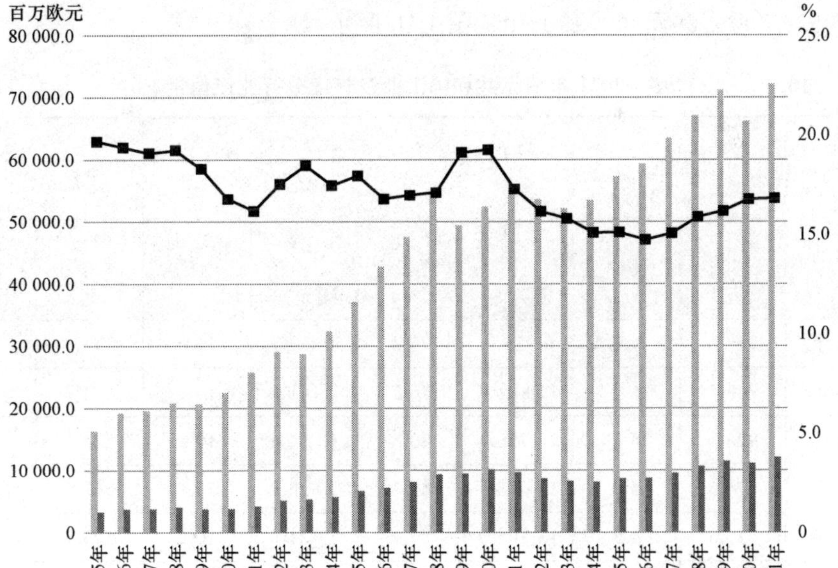

图 1.9　1995—2021 年捷克共和国第二产业及其细分行业产值情况（二）

资料来源：Eurostat。

工业细分行业方面，制造业是工业的第一大细分行业，制造业产值占比一直维持在 80%左右，且近年来其产值一直呈现增长态势。1995 年制造业产值为 9 919.3 百万欧元，此后仅在 2009 年及 2011—2013 年经历了短暂下滑，2013 年制造业产值为 35 023.2 百万欧元，此后一直稳步增长，2019 年达到 51 027.2 的最高值。但受疫情冲击，2020 年仅为 46 079.0 百万欧元，尽管 2021 年增长至 50 221.4 百万欧元，但仍不及疫情前水平。电力、燃气和蒸汽及空调的供应业是工业的第二大细分行业，其产值占比约为 10%左右，其产值从 1995 年的 1 833.7 百万欧元增长至 2006 年的 6 261.7 百万欧元，此后一直下滑至 2014 年的 4 960.6 百万欧元。之后随着捷克经济复苏，该行业产值稳步回升，2021 年达到 6 176.8 百万欧元。采矿业产值占比在近年来不断下滑，由 1995 年的 7.1%下滑至 2021 年的 1.8%，且其产值经历了两个较为明显的变化阶段。2008 年以前，采矿业不断扩张，其产值由 1995 年的 934.2 百万欧元增长至 2008 年的 2 040.0 百万欧元，此后其产值不断下滑，2021 年仅为 1 070.2 百万欧元。供水，污水处理、废物管理和修复活动行业的产值占比一直维持在 3%左右，且近年来不断增长，2021 年达到 4.2%的最高值。其产值经历了较为明显的增长，1995 年产值为 391.6 百万欧元，2021 年增长至 2 529.7 百万欧元（如表 1.10、图 1.10 所示）。

表 1.10　1995—2021 年捷克共和国工业及其细分行业产值情况

年份	采矿业		制造业		电力、燃气和蒸汽及空调的供应业		供水，污水处理、废物管理和修复活动行业	
	产值（百万欧元）	占工业产值比重（%）	产值（百万欧元）	占工业产值比重（%）	产值（百万欧元）	占工业产值比重（%）	产值（百万欧元）	占工业产值比重（%）
1995 年	934.2	7.1	9 919.3	75.8	1 833.7	14.0	391.6	3.0
1996 年	943.4	6.1	11 882.4	76.8	2 141.4	13.8	504.7	3.3
1997 年	928.3	5.9	12 750.9	80.5	1 644.6	10.4	524.1	3.3
1998 年	874.5	5.2	13 678.0	81.4	1 698.4	10.1	562.8	3.3
1999 年	755.6	4.5	13 805.0	81.9	1 721.7	10.2	573.9	3.4
2000 年	805.7	4.3	15 670.5	83.9	1 624.2	8.7	586.2	3.1
2001 年	887.0	4.1	17 902.1	83.2	2 084.6	9.7	650.9	3.0
2002 年	956.4	4.0	19 521.0	81.6	2 636.5	11.0	815.7	3.4

续表

年份	采矿业		制造业		电力、燃气和蒸汽及空调的供应业		供水，污水处理、废物管理和修复活动行业	
	产值（百万欧元）	占工业产值比重（%）	产值（百万欧元）	占工业产值比重（%）	产值（百万欧元）	占工业产值比重（%）	产值（百万欧元）	占工业产值比重（%）
2003 年	864.2	3.7	19 201.7	82.1	2 497.3	10.7	822.5	3.5
2004 年	1 010.8	3.8	21 952.7	82.0	2 738.8	10.2	1 062.6	4.0
2005 年	1 235.6	4.1	24 959.0	82.0	3 141.5	10.3	1 097.2	3.6
2006 年	1 471.5	4.1	28 971.8	81.4	3 941.6	11.1	1 215.1	3.4
2007 年	1 612.9	4.1	32 246.5	81.7	4 282.4	10.9	1 319.0	3.3
2008 年	2 040.0	4.5	35 599.3	78.7	6 010.1	13.3	1 576.4	3.5
2009 年	1 658.3	4.2	30 460.2	76.3	6 261.7	15.7	1 536.6	3.8
2010 年	1 781.0	4.2	33 099.7	78.2	5 766.5	13.6	1 655.3	3.9
2011 年	1 894.2	4.1	36 521.2	79.4	5 814.0	12.6	1 764.3	3.8
2012 年	1 709.0	3.8	35 677.9	79.5	5 840.7	13.0	1 669.9	3.7
2013 年	1 299.4	3.0	35 023.2	79.9	5 963.4	13.6	1 556.2	3.5
2014 年	1 423.5	3.1	37 426.5	82.5	4 960.6	10.9	1 546.8	3.4
2015 年	1 376.8	2.8	40 561.2	83.4	5 133.7	10.6	1 571.6	3.2
2016 年	1 167.5	2.3	42 640.4	84.3	5 133.9	10.2	1 618.0	3.2
2017 年	1 246.4	2.3	45 685.9	84.7	5 247.2	9.7	1 770.3	3.3
2018 年	1 293.0	2.3	47 837.3	84.8	5 327.6	9.4	1 938.6	3.4
2019 年	1 173.0	2.0	51 027.2	85.5	5 534.9	9.3	1 911.8	3.2
2020 年	1 007.0	1.8	46 079.0	83.6	6 110.6	11.1	1 938.7	3.5
2021 年	1 070.2	1.8	50 221.4	83.7	6 176.8	10.3	2 529.7	4.2

资料来源：Eurostat。

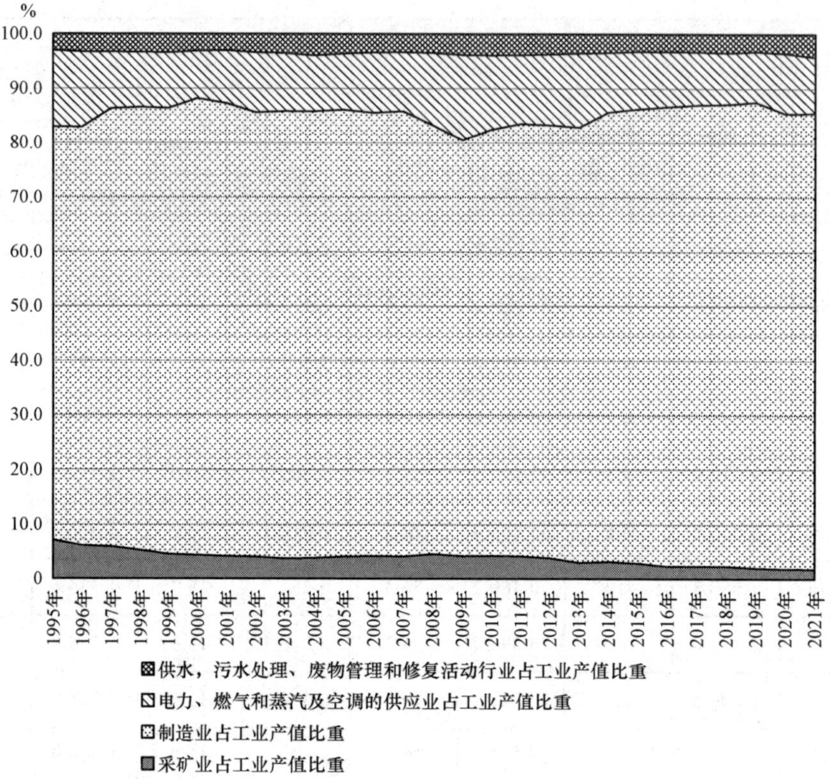

图 1.10　1995—2021 年捷克共和国工业细分行业产值占比情况

资料来源：Eurostat。

具体到制造业细分行业，汽车产业是捷克经济的支柱产业，机动车、挂车、半挂车和其他运输设备制造业产值占制造业总产值的 20%左右，也是制造业的第一大细分行业。基本金属和金属制品制造业、橡胶和塑料制品及其他非金属矿物制品的制造业产值占制造业总产值比重分别在 12%和 14%左右，分列制造业的第二、三大细分行业。机械和设备制造业，食品、饮料和烟草制品制造业的产值占比情况相似，占比均为 8%～10%，电气设备制造业，以及家具制造，珠宝、乐器、玩具制造，机械设备的维修和安装行业的产值占比约为 7%左右，计算机、电子和光学产品制造业与木材、纸张、印刷和复印制造业产值占比约为 5%左右，化学品和化学产品的制造业、纺织品、服装、皮革及相关产品制造业以及基本药品和药物制剂的制造业产值占比 1%～3%，此外，焦炭和精炼石油产品制造业的产值占比最低，近年来仅为0.1%左右（如表1.11、表1.12所示）。

表1.11 1995—2021年捷克共和国制造业细分行业产值占制造业总产值比重情况（一）

单位：%

年份	食品、饮料和烟草制品制造业	纺织品、服装、皮革及相关产品制造业	木材、纸张、印刷和复印制造业	焦炭和精炼石油产品制造业	化学品和化学产品制造业	基本药品和药物制剂制造业
1995年	13.7	7.4	7.6	2.5	5.5	2.4
1996年	12.7	6.6	6.8	1.9	6.0	2.3
1997年	12.6	5.9	6.3	1.3	5.6	2.1
1998年	13.6	5.9	6.3	1.3	5.5	1.7
1999年	13.5	5.7	5.9	1.2	5.2	1.9
2000年	13.1	5.5	6.6	1.5	5.2	1.8
2001年	13.4	5.4	6.7	1.0	4.3	1.7
2002年	13.7	5.0	7.1	0.7	3.8	1.8
2003年	13.0	4.8	7.1	0.5	4.1	1.9
2004年	12.2	3.8	7.1	0.7	4.1	1.8
2005年	10.9	3.5	6.8	0.8	3.9	1.9
2006年	9.8	3.3	6.6	0.8	3.4	1.8
2007年	9.2	3.1	6.6	0.6	3.3	1.6
2008年	9.4	3.1	6.5	0.7	3.4	1.6
2009年	10.9	3.2	6.3	0.7	3.0	1.9
2010年	9.8	2.8	6.2	0.6	2.9	2.0
2011年	9.2	2.6	5.5	0.5	2.9	1.8
2012年	9.2	2.4	5.3	0.5	3.2	1.8

续表

年份	食品、饮料和烟草制品制造业	纺织品、服装、皮革及相关产品制造业	木材、纸张、印刷和复印制造业	焦炭和精炼石油产品制造业	化学品和化学产品制造业	基本药品和药物制剂制造业
2013 年	8.9	2.5	5.1	0.5	3.0	1.8
2014 年	8.3	2.4	5.1	0.5	3.3	1.8
2015 年	8.0	2.3	5.2	0.4	3.7	1.6
2016 年	8.1	2.3	5.3	0.4	3.4	1.6
2017 年	8.1	2.3	5.3	0.3	4.0	1.6
2018 年	8.3	2.2	5.6	0.1	3.7	1.4
2019 年	8.2	2.2	5.6	0.1	3.7	1.6
2020 年	9.0	2.3	6.0	0.1	3.3	1.9
2021 年	8.7	2.2	6.2	0.1	2.4	1.8

资料来源：Eurostat。

表 1.12　1995—2021 年捷克共和国制造业细分行业产值占制造业总产值比重情况（二）

单位：%

年份	橡胶和塑料制品及其他非金属矿物制品制造业	基本金属和金属制品制造业（机械和设备除外）	计算机、电子和光学产品制造业	电气设备制造业	机械和设备制造业	机动车、挂车、半挂车和其他运输设备制造业	家具制造，珠宝、乐器、玩具制造，机械设备的维修和安装行业
1995 年	9.7	20.3	2.5	3.8	9.8	7.5	7.3
1996 年	10.1	20.4	3.0	4.6	9.9	8.5	7.1
1997 年	11.6	19.5	3.4	4.3	10.1	10.3	7.2
1998 年	11.8	17.8	3.3	4.9	9.6	10.6	7.8
1999 年	12.7	15.9	3.7	5.4	8.7	12.2	8.0
2000 年	13.5	14.5	3.4	5.5	8.3	13.3	7.8

续表

年份	橡胶和塑料制品及其他非金属矿物制品制造业	基本金属和金属制品制造业（机械和设备除外）	计算机、电子和光学产品制造业	电气设备制造业	机械和设备制造业	机动车、挂车、半挂车和其他运输设备制造业	家具制造，珠宝、乐器、玩具制造，机械设备的维修和安装行业
2001 年	13.1	15.1	3.5	5.3	8.2	14.6	7.8
2002 年	13.0	15.1	3.9	4.8	8.2	15.0	7.9
2003 年	13.2	15.6	4.6	5.4	7.4	14.4	8.0
2004 年	12.8	15.9	4.4	5.7	7.7	16.2	7.6
2005 年	12.6	17.0	4.5	5.7	8.1	16.5	7.7
2006 年	13.5	16.5	5.0	6.0	9.1	16.7	7.6
2007 年	12.8	16.0	5.3	6.6	9.8	17.3	7.9
2008 年	13.0	15.6	5.2	6.2	9.9	17.4	8.0
2009 年	13.2	13.5	5.2	6.7	9.4	17.8	8.3
2010 年	12.4	13.5	5.3	7.1	9.6	19.8	7.8
2011 年	12.1	14.1	5.3	8.0	10.0	20.1	7.9
2012 年	11.9	14.2	6.3	7.7	10.0	19.6	7.8
2013 年	12.0	14.6	5.9	7.8	10.4	19.6	7.9
2014 年	12.0	15.0	5.7	7.8	9.8	21.1	7.2
2015 年	12.5	15.0	5.7	7.8	9.5	21.4	6.8
2016 年	12.1	14.6	5.8	7.5	8.9	22.9	7.2
2017 年	11.7	14.3	6.1	7.5	8.9	22.9	7.1
2018 年	11.6	14.6	6.4	7.6	8.6	22.6	7.4
2019 年	11.6	14.0	5.3	7.8	9.1	23.2	7.7
2020 年	11.9	13.9	6.3	8.2	8.9	20.1	8.2
2021 年	12.4	14.3	6.2	8.5	9.2	20.2	7.9

资料来源：Eurostat。

1.3.4 第三产业发展情况

第三产业是捷克经济的支柱产业，第三产业产值及其占GDP比重不断增长。1995年第三产业产值为23 664.4百万欧元，此后一直增长至2008年的89 377.6百万欧元，在2009年和2011—2014年短暂下滑后，2021年产值增长至139 973.8百万欧元。第三产业占GDP比重一直维持在60%左右，并且近年来呈现不断增长趋势。1995年第三产业产值占比仅为56.6%，此后一直增长至2003年的62.0%，此后波动下滑，2014年经历了59.9%的谷值之后稳步增长，2021年增长至64.7%（如表1.13、图1.11所示）。

表1.13　　1995—2021年捷克共和国第三产业产值情况

年份	产值（百万欧元）	占GDP比重（%）
1995年	23 664.4	56.6
1996年	26 921.5	55.9
1997年	28 480.9	57.0
1998年	31 668.1	58.0
1999年	32 879.3	59.3
2000年	36 434.5	59.7
2001年	40 995.9	59.3
2002年	48 548.2	60.8
2003年	50 213.1	62.0
2004年	52 666.1	60.2
2005年	60 169.2	60.3
2006年	67 761.4	59.8
2007年	75 466.9	59.9
2008年	89 377.6	60.8
2009年	83 380.1	61.6
2010年	88 101.2	61.6
2011年	90 336.5	60.5
2012年	89 041.3	60.9
2013年	87 089.4	60.9
2014年	85 528.5	59.9

续表

年份	产值（百万欧元）	占 GDP 比重（%）
2015 年	91 658.6	60.0
2016 年	96 619.1	60.5
2017 年	106 959.9	61.3
2018 年	119 012.0	62.6
2019 年	128 517.5	63.0
2020 年	125 960.7	64.1
2021 年	139 973.8	64.7

资料来源：Eurostat。

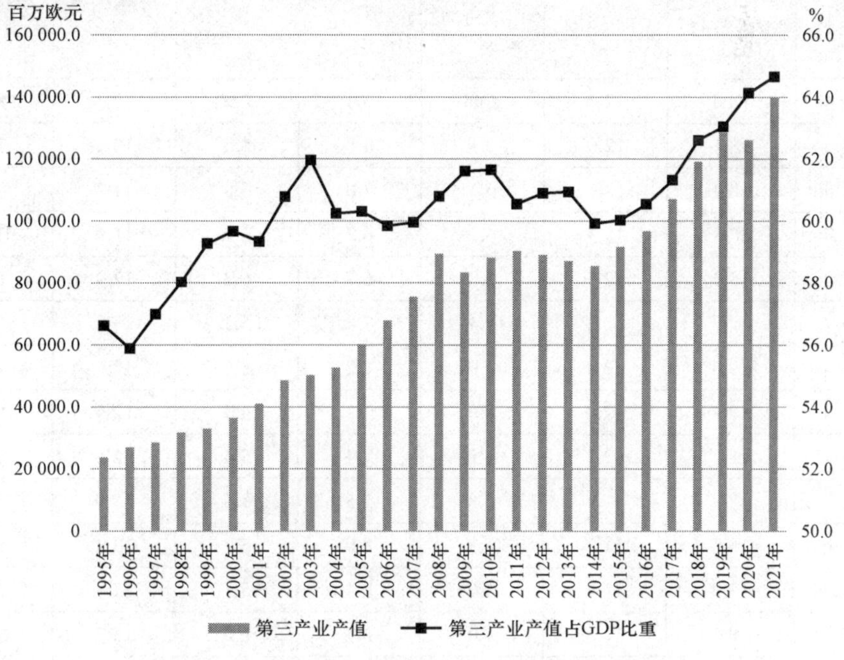

图 1.11　1995—2021 年捷克共和国第三产业产值情况

资料来源：Eurostat。

就其细分行业而言，批发和零售贸易、机动车辆和摩托车的维修行业是第三产业的第一大细分行业，其产值占比一直维持在 18%～19%，房地产行业紧随其后，其产值占比在 14%左右，公共行政和国防、强制性社会保障行业以及运输和储存行业分列三、四位，其产值占比约为 9%～10%，信息和通信行业产值占比也在10%左右，且近年来有不断增长的趋势，专业科学和技术活动产值占比在8%左右，随后是金融和保险业、教育行业以及人类健康和社会工作行业，上述行业产值占比均在6%～7%，此后是住宿和餐饮服务业以及行政和辅助服务行业，其产值占比在2%～3%，艺术、娱乐等相关服务行业以及其他服务行业的产值占比在1%～2%，家庭作为雇主的活动、家庭自用的无差别商品和服务生产活动行业的产值占比最低，仅为0.1%左右（如表1.14、表1.15所示）。

表1.14　1995—2021年捷克共和国第三产业细分行业产值占第三产业总产值比重情况（一）

单位：%

年份	批发和零售贸易、机动车辆和摩托车的维修行业	运输和储存业	住宿和餐饮服务业	信息和通信业	金融和保险业	房地产业	专业科学和技术活动行业
1995年	18.6	12.1	6.0	5.4	6.0	10.3	8.2
1996年	18.1	12.0	6.1	6.2	5.8	10.4	7.9
1997年	18.4	12.0	6.3	7.0	5.6	11.2	7.1
1998年	17.9	12.1	6.1	6.7	6.9	11.9	7.0
1999年	18.3	12.3	5.8	6.7	6.2	12.9	6.9
2000年	19.7	12.2	5.4	7.2	5.3	13.2	7.1
2001年	19.6	12.3	4.9	7.2	5.6	13.0	7.1
2002年	19.4	12.0	5.0	7.3	4.3	12.9	8.0
2003年	18.7	12.2	4.8	7.4	5.4	12.6	7.8
2004年	18.2	11.9	4.8	7.5	5.4	13.0	7.9
2005年	18.6	11.3	4.3	8.0	5.2	13.4	8.1
2006年	19.0	11.4	4.0	8.4	5.1	13.4	7.8
2007年	18.5	11.3	4.0	8.7	6.0	13.2	8.0
2008年	18.0	10.8	4.4	8.5	6.7	13.9	8.0
2009年	16.8	9.7	3.6	8.6	7.1	15.0	7.9
2010年	17.1	9.9	3.4	8.3	7.5	14.8	7.8
2011年	17.1	9.6	3.6	8.6	7.5	14.8	7.8
2012年	17.4	9.5	3.2	8.5	7.3	14.8	8.4
2013年	17.0	9.4	3.2	8.3	7.5	14.8	8.5

续表

年份	批发和零售贸易、机动车辆和摩托车的维修行业	运输和储存业	住宿和餐饮服务业	信息和通信业	金融和保险业	房地产业	专业科学和技术活动行业
2014年	17.5	9.4	3.2	8.5	7.1	14.7	8.5
2015年	18.3	9.5	3.1	8.6	7.1	14.2	8.5
2016年	17.9	9.5	3.2	8.7	6.9	14.4	8.7
2017年	18.3	9.4	3.4	9.0	6.7	14.0	8.7
2018年	17.7	9.0	3.3	9.3	6.8	14.6	8.5
2019年	17.3	8.8	3.3	10.0	6.4	14.7	8.3
2020年	17.0	8.4	2.0	10.7	6.4	15.2	8.2
2021年	16.9	8.8	2.0	10.7	6.3	14.3	8.6

资料来源：Eurostat。

表1.15　1995—2021年捷克共和国第三产业细分行业产值占第三产业总产值比重情况（二）

单位：%

年份	行政和辅助服务行业	公共行政和国防、强制性社会保障行业	教育行业	人类健康和社会工作行业	艺术、娱乐等相关服务行业	其他服务行业	家庭作为雇主的活动、家庭自用的无差别商品和服务生产活动行业
1995年	3.5	11.9	7.2	6.4	1.7	2.8	0
1996年	3.3	12.5	7.0	6.5	1.6	2.5	0
1997年	3.2	12.1	6.6	6.2	1.8	2.5	0.1
1998年	3.2	11.7	6.2	5.9	1.7	2.5	0.1
1999年	3.2	11.6	6.2	5.7	1.7	2.4	0.1
2000年	2.8	10.9	6.3	5.7	1.9	2.2	0.1
2001年	3.0	10.8	6.3	6.0	1.9	2.0	0.1
2002年	2.9	11.7	6.4	6.2	1.7	2.0	0.1
2003年	2.8	11.5	6.8	6.2	1.8	2.1	0.1
2004年	3.1	11.2	6.8	6.3	1.9	2.0	0.1

续表

年份	行政和辅助服务行业	公共行政和国防、强制性社会保障行业	教育行业	人类健康和社会工作行业	艺术、娱乐等相关服务行业	其他服务行业	家庭作为雇主的活动、家庭自用的无差别商品和服务生产活动行业
2005 年	3.0	11.2	6.8	6.3	1.9	1.9	0.1
2006 年	3.0	11.0	6.8	6.2	1.9	1.9	0.1
2007 年	3.3	10.6	6.7	5.9	1.8	1.9	0.1
2008 年	3.4	10.4	6.5	6.1	1.8	1.6	0.1
2009 年	3.3	10.8	6.9	6.8	1.8	1.7	0.1
2010 年	3.2	10.6	6.8	6.7	1.7	1.9	0.1
2011 年	3.0	10.1	7.0	6.9	1.8	2.2	0.1
2012 年	2.9	10.0	7.1	7.2	1.7	1.9	0.1
2013 年	3.1	10.1	7.2	7.2	1.6	1.8	0.1
2014 年	3.0	10.0	7.2	7.4	1.6	1.8	0.1
2015 年	3.0	9.8	7.0	7.2	1.7	1.8	0.1
2016 年	3.1	9.8	6.9	7.3	1.7	1.8	0.2
2017 年	3.2	9.6	6.9	7.3	1.7	1.7	0.2
2018 年	3.2	9.6	7.1	7.4	1.6	1.6	0.2
2019 年	3.2	9.4	7.4	7.6	1.7	1.6	0.2
2020 年	2.8	9.8	8.0	8.5	1.4	1.5	0.1
2021 年	2.9	9.4	8.0	9.0	1.4	1.5	0.2

资料来源：Eurostat。

1.3.5 财政收支情况

1995—2021 年，捷克政府支出增长趋势明显，1995 年政府支出总额为 24 481.3 百万欧元，2012 年增长至 72 636.1 百万欧元，此后经历了小幅波动后，于 2021 年达到了 110 738.1 百万欧元的峰值。政府收入也经历了相似的变化趋势，1995 年政府收入仅为 18 789.5 百万欧元，此后一直增长至 2008 年的 63 050.2 百万欧元，经历了 2009 年及 2012—2014 年的短暂下滑后继续增长，2019 年达到 93 274.1 百万欧元。尽管疫情冲击下，2020 年政府收入仅为 89 456.3 百万欧元，但 2021

年又增至 96 721.1 百万欧元的新高。政府收支平衡方面，除 2016—2019 年，捷克政府收支有盈余，收支平衡额为正，其他年份政府赤字情况较严重，尤其是 2020 年和 2021 年，政府赤字分别达到 12 444.4 百万欧元和 14 017.1 百万欧元，为捷克近年来最严重的政府债务负担（如表 1.16 所示）。

就政府收支占 GDP 情况来看，除 1995 年捷克政府支出占 GDP 比重超过 50%，达到 53.2%，其余年份均维持在 40%～50%，且自 2020 年以来，政府支出有下降趋势，2021 年为 46.4%，但仍高出疫情前水平。捷克政府收入总额占 GDP 比重则一直维持在 40%左右，没有大幅波动变化。捷克政府收支平衡占 GDP 比重则在大部分时间为负，体现了较严重的政府债务负担。1995 年，捷克政府债务负担占 GDP 比重达到最高值 12.4%，此后略有下降，并在 2001—2003 年重回 6%左右水平，2008 年全球金融危机后，2009 年捷克政府赤字占 GDP 比重达到 5.4%，此后随着经济复苏，在 2016—2019 年实现政府收支盈余。2019 年疫情冲击下，2020—2021 年的政府赤字占 GDP 比重在 5.8%～5.9%（如图 1.12、图 1.13 所示）。

表 1.16　　1995—2021 年捷克共和国政府收支情况

年份	政府支出		政府收入		收支平衡	
	总额（百万欧元）	占 GDP 比重（%）	总额（百万欧元）	占 GDP 比重（%）	总额（百万欧元）	占 GDP 比重（%）
1995 年	24 481.3	53.2	18 789.5	40.8	−5 691.8	−12.4
1996 年	22 136.0	41.7	20 540.8	38.7	−1 595.2	−3.0
1997 年	22 819.8	41.6	21 078.2	38.4	−1 741.7	−3.2
1998 年	25 055.8	41.9	22 559.3	37.7	−2 496.5	−4.2
1999 年	25 147.4	41.2	23 236.7	38.0	−1 910.8	−3.1
2000 年	27 380.7	40.8	24 983.9	37.3	−2 396.8	−3.6
2001 年	32 787.8	43.3	28 427.6	37.6	−4 360.3	−5.8
2002 年	39 012.6	44.7	33 464.2	38.3	−5 548.4	−6.4
2003 年	43 549.0	49.1	37 468.7	42.3	−6 080.3	−6.9
2004 年	40 865.6	42.3	38 577.7	40.0	−2 287.9	−2.4
2005 年	46 743.1	42.4	43 404.1	39.3	−3 339.0	−3.0
2006 年	51 652.0	41.5	48 973.3	39.3	−2 678.7	−2.2
2007 年	56 210.9	40.4	55 314.5	39.8	−8 96.3	−0.6
2008 年	66 233.5	40.9	63 050.2	38.9	−3 183.3	−2.0
2009 年	66 352.7	44.4	58 258.1	38.9	−8 094.6	−5.4
2010 年	68 900.8	43.6	62 344.0	39.5	−6 556.9	−4.2

续表

年份	政府支出		政府收入		收支平衡	
	总额（百万欧元）	占 GDP 比重（%）	总额（百万欧元）	占 GDP 比重（%）	总额（百万欧元）	占 GDP 比重（%）
2011 年	71 347.0	43.2	66 885.9	40.5	−4 461.0	−2.7
2012 年	72 636.1	44.7	66 299.9	40.8	−6 336.2	−3.9
2013 年	68 010.6	42.7	65 963.3	41.4	−2 047.3	−1.3
2014 年	67 266.7	42.6	63 991.1	40.5	−3 275.6	−2.1
2015 年	71 102.8	41.9	70 011.1	41.3	−1 091.6	−0.6
2016 年	70 533.6	39.8	71 796.6	40.5	1 263.0	0.7
2017 年	75 673.2	39.0	78 587.9	40.5	2 914.7	1.5
2018 年	85 642.7	40.6	87 525.6	41.5	1 882.9	0.9
2019 年	92 623.1	41.1	93 274.1	41.4	650.9	0.3
2020 年	101 900.7	47.3	89 456.3	41.6	−12 444.4	−5.8
2021 年	110 738.1	46.4	96 721.1	40.5	−14 017.1	−5.9

资料来源：Eurostat。

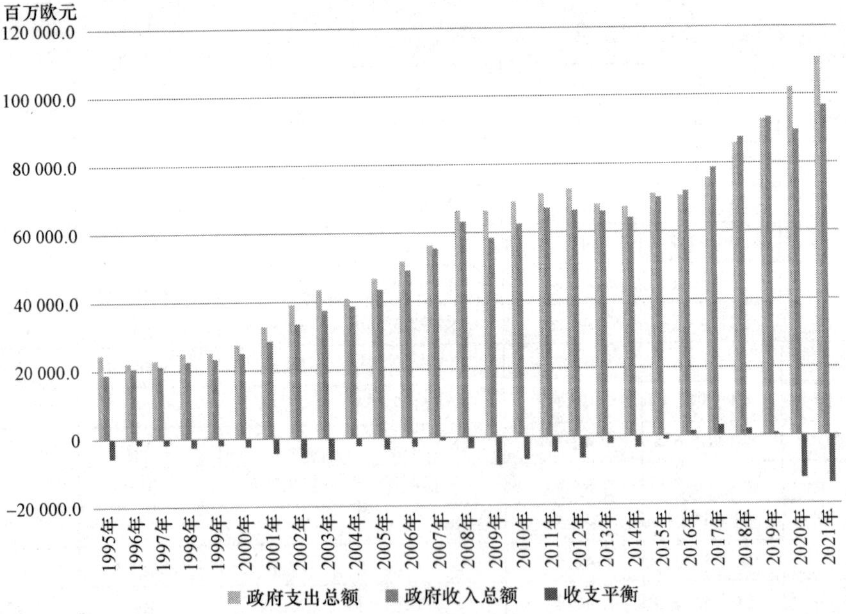

图 1.12　1995—2021 年捷克共和国政府收支及其平衡情况

资料来源：Eurostat。

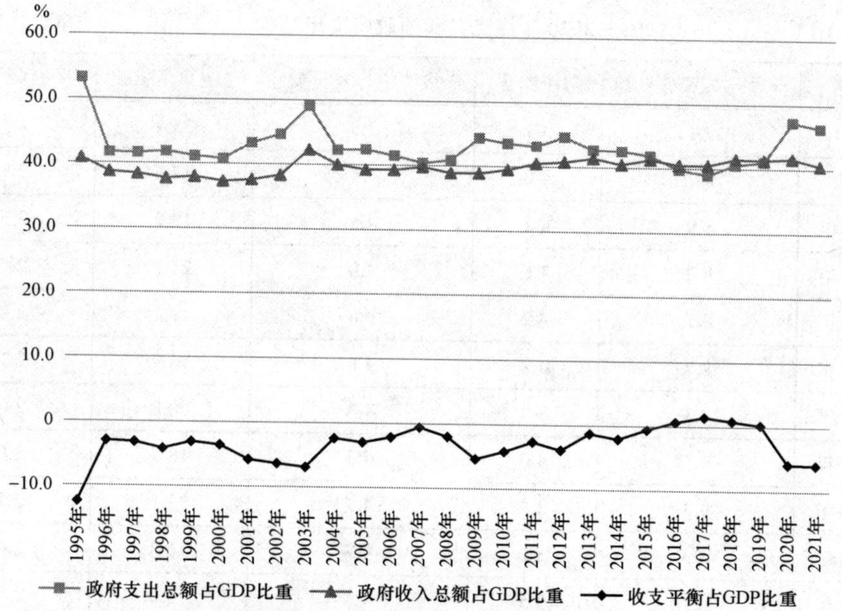

图 1.13 1995—2021 年捷克共和国政府收支及其平衡占 GDP 比重情况

资料来源：Eurostat。

就政府支出结构而言，社会保障支出是捷克政府支出的第一大细分项，其占比不断上升并在近年来维持在 30%以上。健康支出紧随其后，其支出额占比的增长趋势明显，由 1995 年的 13.8%增长至 2020 年的 19.5%，平均增长水平约在 17%左右。经济事务支出占比也相对较高，但近年来呈现明显的下滑趋势，1995 年其占比在 35.4%，是第一大支出项，但之后不断减少，近年来维持在 15%左右。教育支出和一般公共服务支出占比情况相差不大，近年来呈现明显扩张趋势，均维持在 10%左右。公共秩序与安全支出紧随其后，其占比维持在 4.5%左右。相比较而言，防御支出，住房和社区设施支出，娱乐、文化和宗教支出以及环境保护支出的占比均不高，分别维持在 1%～3%。综合来看，捷克政府支出重心更加偏向社会保障、居民健康以及经济发展（如表 1.17、表 1.18 所示）。

就政府收入结构而言，社会捐赠是主要的政府收入来源，其占比均维持在 40%以上。收入税是第二大收入来源，其占比在 22%～23%，且近年来呈上升趋势。增值税是第三大收入来源，其占比约为 20%，且近年来不断上升，仅 2020 年出现略微下滑。产品税（不包括进口税和增值税）及进口税和关税（不包括增值税）紧随其后，上述占比约为 4%～7%，其他生产税和其他当期税金所占比重较低，仅为 1%左右（如表 1.19 所示）。

表 1.17　　1995—2020 年捷克共和国政府支出结构（一）　　单位：%

年份	一般公共服务支出	防御支出	公共秩序与安全支出	经济事务支出	环境保护支出
1995 年	7.1	3.2	3.5	35.4	2.1
1996 年	8.7	4.0	4.4	17.6	2.9
1997 年	8.9	4.2	4.6	19.2	2.5
1998 年	8.2	3.6	4.0	21.3	2.4
1999 年	8.7	4.2	4.6	19.1	2.0
2000 年	8.7	4.2	4.6	16.9	2.1
2001 年	8.3	3.9	4.3	20.8	2.0
2002 年	9.4	4.0	4.5	18.7	2.0
2003 年	9.3	3.9	4.3	23.1	2.1
2004 年	10.9	3.0	4.7	16.3	2.4
2005 年	12.3	3.5	4.8	15.0	2.5
2006 年	10.5	2.7	4.9	15.6	2.6
2007 年	11.3	2.7	4.7	15.9	2.4
2008 年	11.2	2.5	4.6	16.4	2.2
2009 年	11.2	2.3	4.5	16.5	1.5
2010 年	10.9	2.2	4.4	15.3	2.3
2011 年	11.0	2.0	4.1	15.0	3.0
2012 年	15.0	1.8	3.8	13.8	3.0
2013 年	12.1	1.8	4.0	13.9	2.4
2014 年	12.1	1.6	3.9	14.9	2.5
2015 年	11.2	2.2	4.3	15.7	2.6
2016 年	11.5	1.8	4.3	15.2	1.9
2017 年	10.8	2.1	4.5	14.8	2.1
2018 年	10.9	2.1	4.6	14.6	2.1
2019 年	10.6	2.1	4.6	14.8	2.0
2020 年	11.0	2.2	4.5	15.3	1.9

资料来源：Eurostat。

表 1.18　　1995—2020 年捷克共和国政府支出结构（二）　　单位：%

年份	住房和社区设施支出	健康支出	娱乐、文化和宗教支出	教育支出	社会保障支出
1995 年	2.1	13.8	2.6	9.8	20.5
1996 年	3.1	17.5	3.6	11.3	27.1
1997 年	2.9	15.3	3.2	11.0	28.3
1998 年	3.3	15.6	3.2	10.7	27.8
1999 年	2.9	16.1	3.0	10.2	29.1
2000 年	3.0	16.6	3.2	10.7	30.0
2001 年	2.9	16.3	3.0	10.5	28.1
2002 年	1.7	16.3	3.1	11.0	29.4
2003 年	2.4	15.0	2.9	10.6	26.4
2004 年	3.3	16.9	3.3	11.3	28.0
2005 年	3.1	16.2	3.2	11.2	28.1
2006 年	2.9	16.7	3.6	11.8	28.7
2007 年	2.4	16.7	3.5	10.6	29.8
2008 年	2.2	16.9	3.5	10.5	29.9
2009 年	2.3	17.5	3.6	10.4	30.2
2010 年	2.1	17.7	3.5	10.6	30.9
2011 年	2.0	17.7	3.3	10.6	31.3
2012 年	1.6	17.2	3.0	10.2	30.7
2013 年	1.9	17.8	3.2	10.6	32.4
2014 年	2.0	17.7	3.2	10.6	31.4
2015 年	1.6	18.0	3.2	10.5	30.8
2016 年	1.5	18.7	3.2	9.9	32.0
2017 年	1.5	18.9	3.4	10.4	31.6
2018 年	1.9	18.4	3.6	11.3	30.5
2019 年	1.6	18.4	3.5	11.8	30.5
2020 年	1.4	19.5	3.1	10.8	30.5

资料来源：Eurostat。

表 1.19　　1995—2020 年捷克共和国政府收入结构　　单位：%

年份	增值税	进口税和关税（不包括增值税）	产品税（不包括进口税和增值税）	其他生产税	收入税	其他当期税金	社会捐款净额
1995 年	16.7	6.7	7.0	2.4	26.0	1.0	41.1
1996 年	17.8	6.7	7.0	2.3	23.6	1.1	42.5
1997 年	17.4	5.6	6.9	2.0	24.8	1.0	43.2
1998 年	17.4	5.3	7.0	1.9	24.3	1.1	44.0
1999 年	18.3	5.1	7.0	2.2	24.1	0.9	43.2
2000 年	18.2	4.8	7.0	2.1	23.7	1.1	44.1
2001 年	17.9	4.5	6.8	2.0	24.8	0.9	43.9
2002 年	17.3	3.8	7.2	1.9	25.4	0.7	44.4
2003 年	17.1	3.5	7.7	1.6	26.1	0.7	43.9
2004 年	19.3	2.8	7.9	1.5	25.6	0.6	42.8
2005 年	19.1	2.5	8.3	1.3	25.7	0.6	42.9
2006 年	17.8	2.6	8.5	1.3	26.0	0.7	43.8
2007 年	17.5	2.9	8.9	1.2	26.1	0.7	43.4
2008 年	19.3	2.5	7.9	1.2	24.5	0.8	44.5
2009 年	20.2	3.4	8.3	1.3	23.1	0.8	43.7
2010 年	20.2	3.9	8.2	1.5	22.0	0.8	44.2
2011 年	20.1	4.6	8.5	1.8	21.9	0.7	43.1
2012 年	20.4	4.6	9.1	1.6	21.6	0.7	42.7
2013 年	21.1	4.6	9.1	1.4	21.7	0.7	42.1
2014 年	21.6	3.6	7.9	1.6	22.7	0.7	42.6
2015 年	21.1	4.5	8.5	1.5	22.4	0.7	42.0
2016 年	21.1	5.9	6.6	1.5	23.0	0.7	42.0
2017 年	21.5	4.8	7.1	1.4	23.1	0.6	42.1
2018 年	21.1	4.7	6.2	1.4	23.6	0.6	43.0
2019 年	21.0	4.4	6.0	1.9	23.7	0.5	43.2
2020 年	20.6	3.8	5.4	2.0	23.7	0.5	44.4

资料来源：Eurostat。

1.3.6 就业、失业和工资收入情况

1. 就业情况

就捷克共和国 15～64 岁人口的就业情况来看，近年来捷克就业发展情况经历了三个变化周期。第一个周期为 1998—2002 年，就业人口由 1998 年的 475.9 万人降低至 2000 年的 462.5 万人，而后又增至 2002 年的 467.7 万人，此间就业人口占总人口比重约为 65%左右。第二个周期为 2002—2008 年，该周期内，捷克就业人口首先降低至 2004 年的 463.9 万人，而后增至 2008 年的 493.4 万人，就业人口占比也增至 66.6%。2008—2019 年是第三个较为明显的变化周期。此周期内就业人数先降至 2011 年的 479.6 万人，而后持续增长至 2019 年的 515.1 万人，占比也由 2010 年的 65.0%增至 2019 年的 75.1%。受新冠疫情影响，2020—2021 年捷克就业人数及其占比均呈下降趋势，2021 年就业人口数仅为 506.6 万人，占比为 74.4%（如表 1.20、图 1.14 所示）。

表 1.20　　1998—2021 年捷克共和国 15～64 岁人口就业情况

年份	总就业人口数（万人）	总就业人口占总人口百分比（%）
1998 年	475.9	67.3
1999 年	465.3	65.6
2000 年	462.5	65.0
2001 年	463.1	65.0
2002 年	467.7	65.4
2003 年	464.7	64.7
2004 年	463.9	64.2
2005 年	471.0	64.8
2006 年	476.9	65.3
2007 年	485.6	66.1
2008 年	493.4	66.6
2009 年	485.7	65.4
2010 年	481.0	65.0
2011 年	479.6	65.7
2012 年	481.0	66.5
2013 年	484.6	67.7
2014 年	488.3	69.0

续表

年份	总就业人口数（万人）	总就业人口占总人口百分比（%）
2015年	493.4	70.2
2016年	501.6	72.0
2017年	509.4	73.6
2018年	514.7	74.8
2019年	515.1	75.1
2020年	508.7	74.4
2021年	506.6	74.4

资料来源：Eurostat。

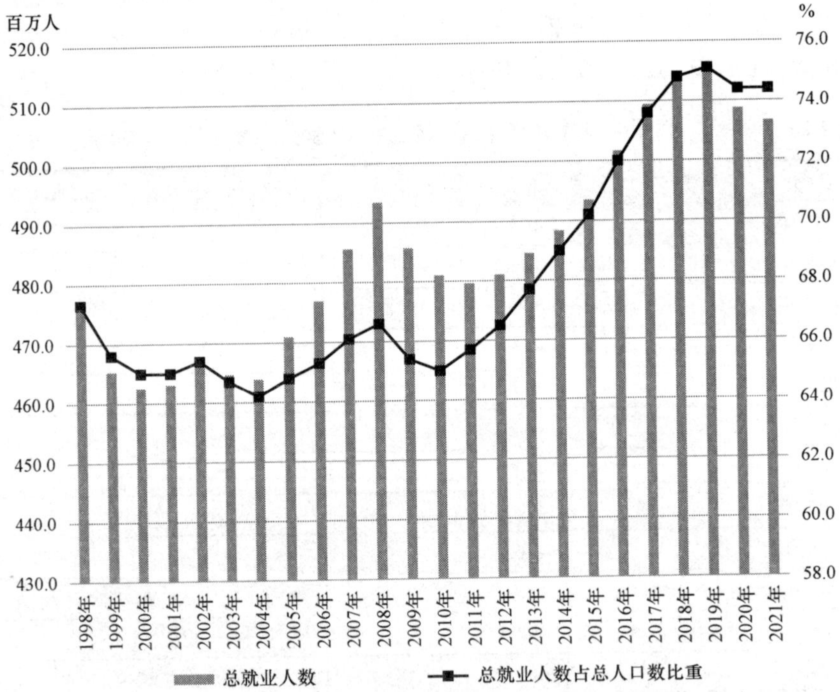

图 1.14　1998—2021 年捷克共和国 15～64 岁人口就业情况

资料来源：Eurostat。

就业的性别结构方面，捷克就业的男性人口数高于女性人口数，男性就业人口数占比约为 56%，女性就业人口占比约为 44%，且该比重相对稳定。年龄结构方面，25～54 岁人口是就业人口主力，占比约为 77%～78%，近年来呈现略微下降趋势；55～64 岁就业人口占比较高，约为 16%～18%，上升趋势明显，由 1998 年的 7.9%增至 2021 年的 17.8%；15～24 岁就业人口占比较低，且近年来呈下降趋势，1998 年该比重为 14.3%，2021 年仅为 4.8%。教育结构方面，接受过高中和中学后的非高等教育的就业人口所占比重最高，但近年来呈现逐步降低趋势，由 1998—1999 年的 80%左右逐步降低至 2021 年的 69.1%，下降了约 10 个百分点。接受过高等教育的就业人口，其占比上升趋势明显，由 1998 年的 11.2%稳步增长至 2021 年的 26.7%。接受过小学以下、小学和初中教育的就业人口占比不断下降，由 1998 年的 9.2%下降至 2021 年的 4.2%（如表 1.21、图 1.15 至图 1.17 所示）。

表 1.21　1998—2021 年捷克共和国 15～64 岁人口就业结构情况（一）　单位：%

年份	性别结构		年龄结构			教育水平结构		
	男性	女性	15～24 岁	25～54 岁	55～64 岁	小学以下、小学和初中教育（0～2 级）	高中和中学后的非高等教育（3～4 级）	高等教育（5～8 级）
1998 年	56.1	43.9	14.3	77.9	7.9	9.2	79.5	11.2
1999 年	56.0	44.0	13.0	78.6	8.5	8.5	79.5	12.0
2000 年	56.0	44.0	11.9	79.5	8.6	8.8	78.7	12.5
2001 年	56.0	44.0	10.9	80.0	9.1	8.7	78.4	12.9
2002 年	56.3	43.7	9.9	79.7	10.5	7.3	79.7	13.0
2003 年	56.4	43.6	9.0	79.5	11.5	6.7	80.0	13.2
2004 年	56.4	43.6	8.2	79.7	12.1	6.3	79.9	13.8
2005 年	56.7	43.3	7.9	79.3	12.8	5.7	80.0	14.4
2006 年	56.7	43.3	7.8	78.9	13.3	5.8	79.5	14.7
2007 年	56.9	43.1	7.9	78.5	13.6	5.9	79.3	14.8
2008 年	57.2	42.8	7.6	78.2	14.1	5.7	78.7	15.5
2009 年	57.2	42.8	7.3	78.5	14.2	5.3	77.9	16.8
2010 年	57.2	42.8	6.8	78.8	14.4	4.9	77.0	18.1
2011 年	57.0	43.0	6.3	78.8	14.9	4.5	76.0	19.5
2012 年	56.8	43.2	6.3	78.6	15.2	4.3	75.0	20.7
2013 年	56.6	43.4	6.1	78.5	15.5	4.2	73.7	22.1
2014 年	56.6	43.4	6.1	78.1	15.7	4.1	73.1	22.8

续表

年份	性别结构		年龄结构			教育水平结构		
	男性	女性	15～24岁	25～54岁	55～64岁	小学以下、小学和初中教育（0～2级）	高中和中学后的非高等教育（3～4级）	高等教育（5～8级）
2015年	56.2	43.8	6.1	78.2	15.6	4.0	72.8	23.2
2016年	55.9	44.1	5.9	78.3	15.8	4.1	72.1	23.8
2017年	55.8	44.2	5.7	78.1	16.2	4.3	71.2	24.5
2018年	55.6	44.4	5.4	78.0	16.6	4.3	70.9	24.8
2019年	55.6	44.4	5.2	77.8	16.9	4.6	71.0	24.4
2020年	55.9	44.1	4.8	77.8	17.5	4.6	70.5	24.9
2021年	55.9	44.1	4.8	77.5	17.8	4.2	69.1	26.7

资料来源：Eurostat。

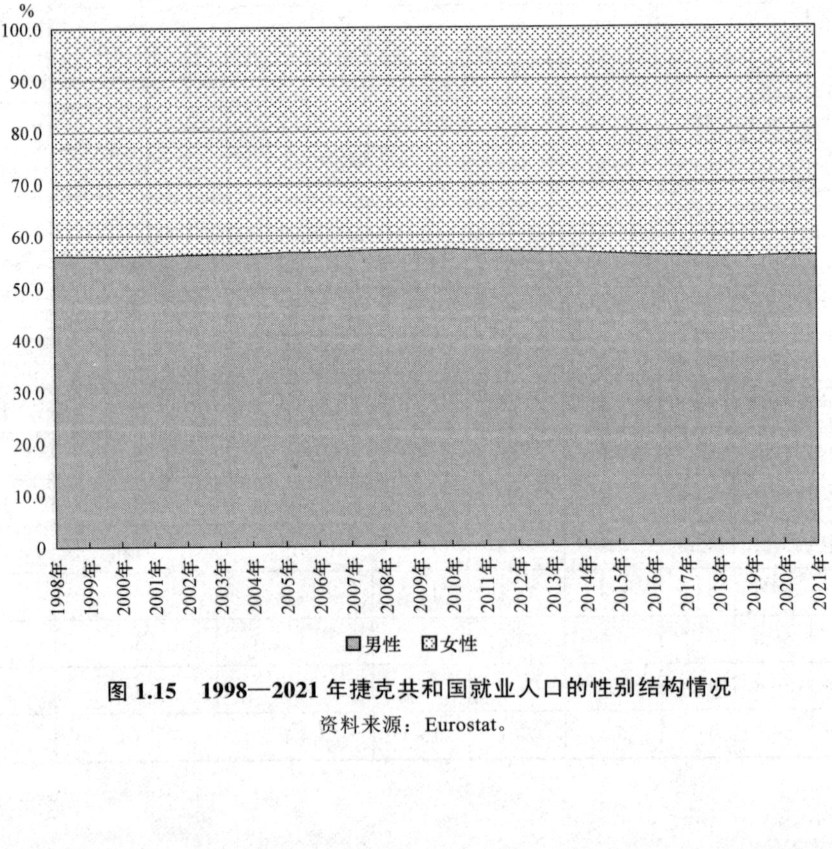

图 1.15 1998—2021 年捷克共和国就业人口的性别结构情况

资料来源：Eurostat。

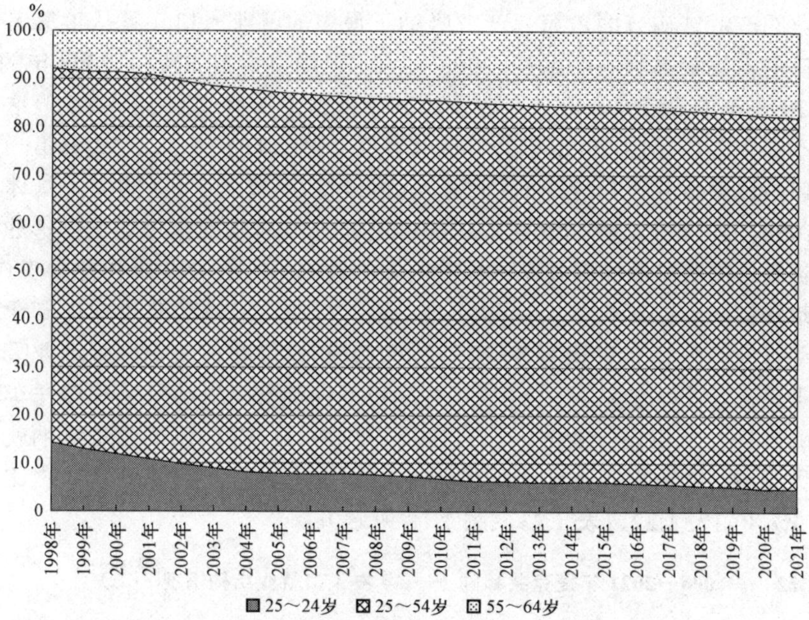

图 1.16　1998—2021 年捷克共和国就业人口的年龄结构情况

资料来源：Eurostat。

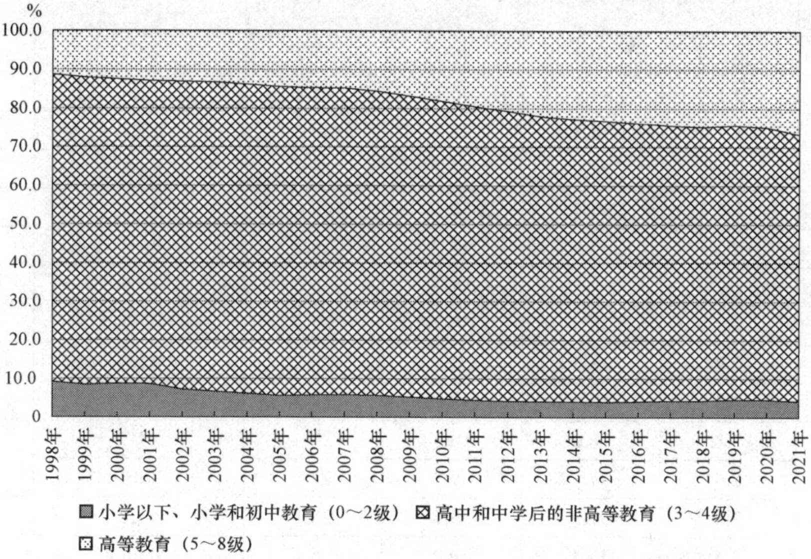

图 1.17　1998—2021 年捷克共和国就业人口的教育结构情况

资料来源：Eurostat。

就业的产业结构方面，第三产业吸纳了最多的就业人口，且从事第三产业的就业人口的占比最高且不断增长，2008—2021 年均值为 58.8%，由 2008 年的 56.1% 增长至 2021 年的 60.2%。第二产业紧随其后，占比均值达到 38.4%，但这一比重近年来不断下降，已由 2008 年的 40.8%降至 2021 年的 37.3%。从事第一产业的就业人口占比最低且近年来略有降低，总体维持在 2%～3%区间内。具体到细分行业，2008—2021 年，吸纳就业人口最多的前十大细分行业分别是制造业，批发和零售贸易、机动车辆和摩托车的维修行业，建筑业，人类健康和社会工作行业，公共行政和国防、强制性社会保障行业，教育行业，运输和储存业，专业科学和技术活动行业，住宿和餐饮服务业，以及信息和通信业。其中，制造业吸纳就业人口比重最高，平均值达到 27.0%，批发和零售贸易、机动车辆和摩托车的维修行业紧随其后，从事该行业的人口占比平均约为 11.9%，建筑业是吸纳就业人口的第三大行业，就业人口占比平均值为 8.4%。这十大行业的就业人口占比均值均超过了 3%（如表 1.22、表 1.23、图 1.18 所示）。

表 1.22　2008—2021 年捷克共和国 15～64 岁人口就业结构情况（二）

单位：%

年份	第一产业	第二产业	第三产业	制造业	批发和零售贸易、机动车辆和摩托车的维修行业	建筑业
2008 年	3.2	40.8	56.1	27.7	12.4	9.7
2009 年	3.1	38.8	58.1	25.4	12.9	10.1
2010 年	3.1	38.3	58.7	25.5	12.2	9.6
2011 年	3.0	38.7	58.3	26.6	12.3	8.9
2012 年	3.0	38.4	58.6	26.8	12.3	8.7
2013 年	3.0	37.8	59.2	26.3	12.3	8.6
2014 年	2.7	38.3	58.9	27.0	11.9	8.4
2015 年	2.9	38.4	58.7	27.6	12.3	7.9
2016 年	2.9	38.5	58.6	28.2	11.8	7.6
2017 年	2.8	38.5	58.7	28.2	11.6	7.6
2018 年	2.8	38.0	59.3	27.9	11.7	7.3
2019 年	2.6	37.7	59.7	27.8	11.3	7.1
2020 年	2.6	37.7	59.7	27.1	11.2	7.6
2021 年	2.5	37.3	60.2	26.4	11.1	8.0
均值	2.9	38.4	58.8	27.0	11.9	8.4

资料来源：Eurostat。

表 1.23　2008—2021 年捷克共和国 15～64 岁人口就业结构情况（三）　单位：%

年份	人类健康和社会工作行业	公共行政和国防、强制性社会保障行业	教育行业	运输和储存业	专业科学和技术活动行业	住宿和餐饮服务业	信息和通信业
2008 年	6.4	6.3	5.6	6.6	3.8	3.5	2.4
2009 年	6.6	6.5	5.9	6.8	4.0	3.8	2.6
2010 年	6.9	6.8	6.0	6.8	4.0	3.9	2.8
2011 年	6.6	6.5	6.0	6.7	3.9	3.8	3.0
2012 年	6.8	6.3	6.4	6.4	4.2	3.6	2.6
2013 年	6.8	6.4	6.5	6.2	4.3	3.6	2.9
2014 年	7.1	6.4	6.5	6.0	4.3	3.9	3.0
2015 年	6.9	6.3	6.3	6.0	4.5	3.9	2.8
2016 年	6.9	6.5	6.5	6.2	4.7	3.6	2.9
2017 年	7.1	6.5	6.5	6.3	4.9	3.3	2.9
2018 年	6.9	6.5	6.5	6.2	4.9	3.5	3.3
2019 年	7.3	6.3	6.5	6.7	4.7	3.7	3.2
2020 年	7.6	6.7	6.6	6.3	4.7	3.4	3.5
2021 年	7.6	6.6	7.3	6.0	4.9	2.9	4.1
均值	7.0	6.5	6.4	6.4	4.4	3.6	3.0

资料来源：Eurostat。

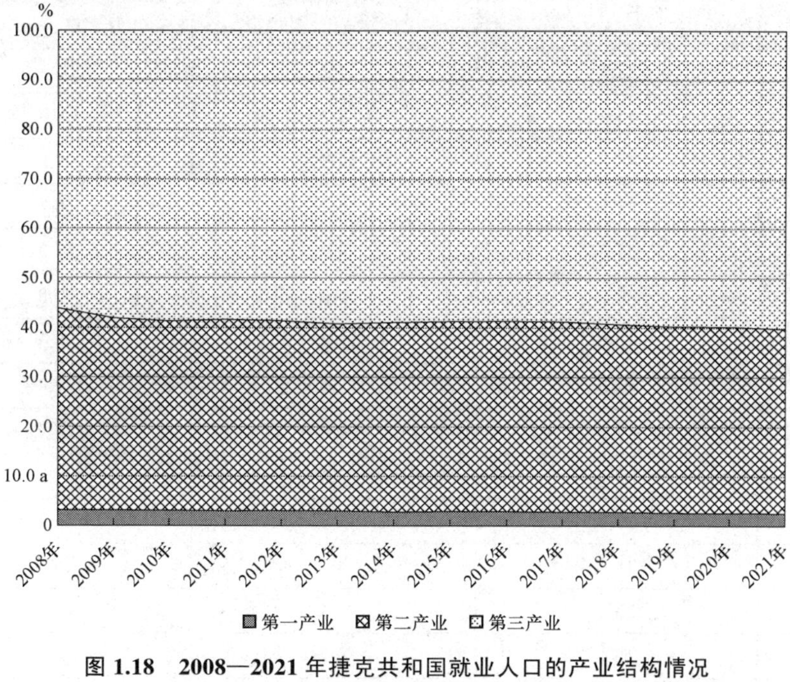

图 1.18　2008—2021 年捷克共和国就业人口的产业结构情况

资料来源：Eurostat。

2. 失业情况

就捷克共和国15~74岁人口的失业情况来看，近年来捷克失业率经历了三个变化周期。第一个周期为1998—2002年，此周期捷克失业人口先增长后降低，最高位为2000年的45.3万人，失业人口占总人口百分比为5.7%，占劳动人口百分比为8.8%。第二个周期为2002—2008年，该周期内，捷克失业人数由2002年的37.3万人增长至2004年的42.6万人，此后不断降低至2008年的23.0万人。2008—2019年是第三个较为明显的变化周期。受全球金融危机影响，2009年捷克失业人口为35.2万人，失业人口占劳动力人口百分比为6.7%，占总人口百分比为4.2%。2009—2013年略有起伏变动，但总体维持在35~38万人左右。2013—2019年捷克失业情况缓解，2019年失业人口为10.99万人，失业人口占劳动力人口百分比仅为2.0%，占总人口百分比仅为1.3%。但受疫情冲击，2020—2021年捷克失业情况再度加剧，2021年失业人口数攀升至15.0万人，占劳动力人口和总人口百分比分别为1.9%和2.8%（如表1.24、图1.19所示）。

表1.24　1998—2021年捷克共和国15~74岁人口失业情况

年份	总失业人口数（万人）	总失业人口占总人口百分比（%）	总失业人口占劳动力人口百分比（%）
1998年	33.3	4.2	6.5
1999年	45.2	5.7	8.8
2000年	45.3	5.7	8.8
2001年	41.7	5.2	8.2
2002年	37.3	4.7	7.3
2003年	39.8	5.0	7.8
2004年	42.6	5.3	8.3
2005年	41.0	5.1	7.9
2006年	37.2	4.6	7.2
2007年	27.7	3.4	5.3
2008年	23.0	2.8	4.4
2009年	35.2	4.2	6.7
2010年	38.4	7.3	4.6
2011年	35.1	6.7	4.2
2012年	36.7	7.0	4.4

续表

年份	总失业人口数（万人）	总失业人口占总人口百分比（%）	总失业人口占劳动力人口百分比（%）
2013 年	36.9	7.0	4.5
2014 年	32.4	6.1	3.9
2015 年	26.8	5.1	3.3
2016 年	21.1	4.0	2.6
2017 年	15.5	2.9	1.9
2018 年	12.1	2.2	1.5
2019 年	10.9	2.0	1.3
2020 年	13.7	2.6	1.7
2021 年	15.0	2.8	1.9

资料来源：Eurostat。

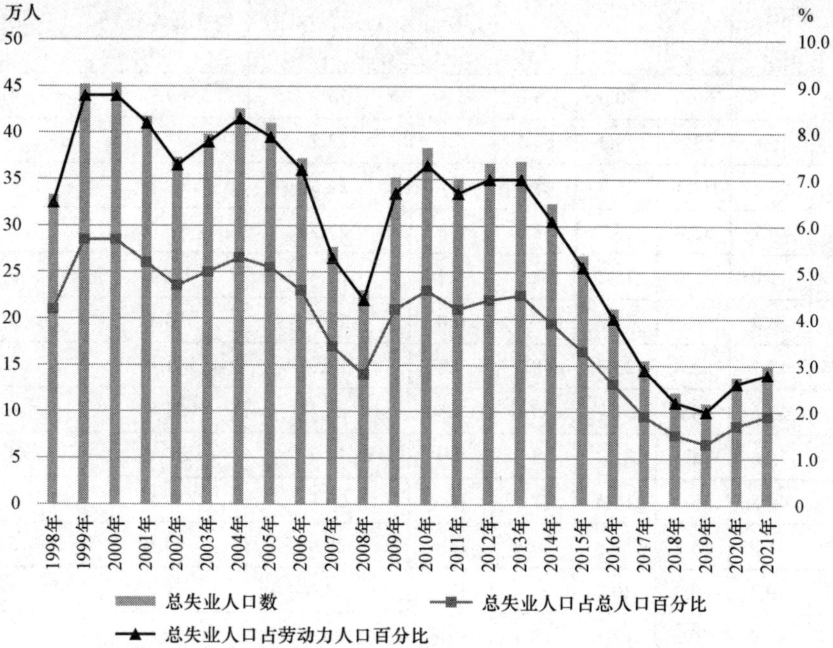

图 1.19　1998—2021 年捷克共和国 15～74 岁人口失业情况

资料来源：Eurostat。

失业的性别结构方面，捷克失业的女性人口数略高于男性人口数，女性失业人口占失业总人口比重超过 50%，在 1998 年、2003 年和 2018 年均超过 56%（如表 1.25、图 1.20 所示）。年龄结构方面，25~54 岁是失业人口主要分布的年龄段，近年来其比重不断增长，由 1998 年的 64.0%增长至 2020 年的 71.5%。15~24 岁失业人口占比不断降低，由 1998 年的 30.6%降低至近年来的 15%左右。55~74 岁失业人口占总失业人口比重不断增长，由 1998 年的 5%左右增长至近年来的 15%左右（如图 1.21 所示）。教育结构方面，接受过高中和中学后的非高等教育的失业人口所占比重最高，约为 65%；其次是接受过小学以下、小学和初中教育的人口，其占失业人口总数比重约为 13%，2021 年甚至超过了 15%；接受过高等教育的失业人口占比最低，约为 12%，但近年来该比重有上升趋势，2003 年仅为 3.5%，2020 年这一比重升至 13.9%的历史最高值（如图 1.22 所示）。

表 1.25　　1998—2021 年捷克共和国失业结构情况　　单位：%

年份	性别结构		年龄结构			教育水平结构		
	男性	女性	15~24 岁	25~54 岁	55~74 岁	小学以下、小学和初中教育（0~2 级）	高中和中学后的非高等教育（3~4 级）	高等教育（5~8 级）
1998 年	43.5	56.5	30.6	64.0	5.4	25.9	69.9	4.2
1999 年	46.5	53.5	29.4	65.5	5.1	23.7	71.8	4.4
2000 年	46.6	53.4	26.9	68.0	5.1	26.3	69.8	4.0
2001 年	46.2	53.8	25.7	68.5	5.8	27.2	69.0	3.8
2002 年	45.0	55.0	25.2	68.9	5.9	24.6	71.7	3.7
2003 年	43.7	56.3	23.8	69.4	6.8	23.4	73.1	3.5
2004 年	47.2	52.8	23.8	68.5	7.8	24.6	71.8	3.5
2005 年	45.6	54.4	21.7	69.8	8.5	24.1	71.8	4.1
2006 年	45.6	54.4	21.2	68.8	9.9	24.7	70.4	4.8
2007 年	44.8	55.2	16.6	71.5	11.9	26.8	68.8	4.3
2008 年	44.8	55.2	17.8	69.6	12.6	29.6	64.8	5.7
2009 年	49.7	50.3	20.1	68.0	11.9	23.6	70.5	6.0
2010 年	49.7	50.3	19.1	68.1	12.8	20.6	72.6	6.8
2011 年	48.7	51.3	19.1	68.1	12.8	20.2	71.8	8.0
2012 年	48.5	51.5	19.9	67.3	12.8	22.7	69.1	8.2

续表

年份	性别结构		年龄结构			教育水平结构		
	男性	女性	15～24岁	25～54岁	55～74岁	小学以下、小学和初中教育（0～2级）	高中和中学后的非高等教育（3～4级）	高等教育（5～8级）
2013年	47.4	52.6	18.6	68.4	13.0	19.3	72.3	8.4
2014年	46.6	53.1	17.3	70.0	12.7	18.0	71.8	10.2
2015年	46.6	53.4	16.4	70.1	13.4	22.0	67.2	10.8
2016年	47.9	52.6	16.5	67.9	15.6	25.5	63.2	11.3
2017年	45.2	55.5	16.1	70.3	13.5	21.9	65.8	12.3
2018年	44.6	56.2	16.5	68.6	14.9	22.3	64.5	13.2
2019年	47.7	52.3	14.7	68.8	16.5	26.6	61.5	11.9
2020年	48.9	51.1	15.3	71.5	13.1	20.4	65.7	13.9
2021年	46.0	54.7	14.6	70.2	15.2	21.3	66.0	12.7

资料来源：Eurostat。

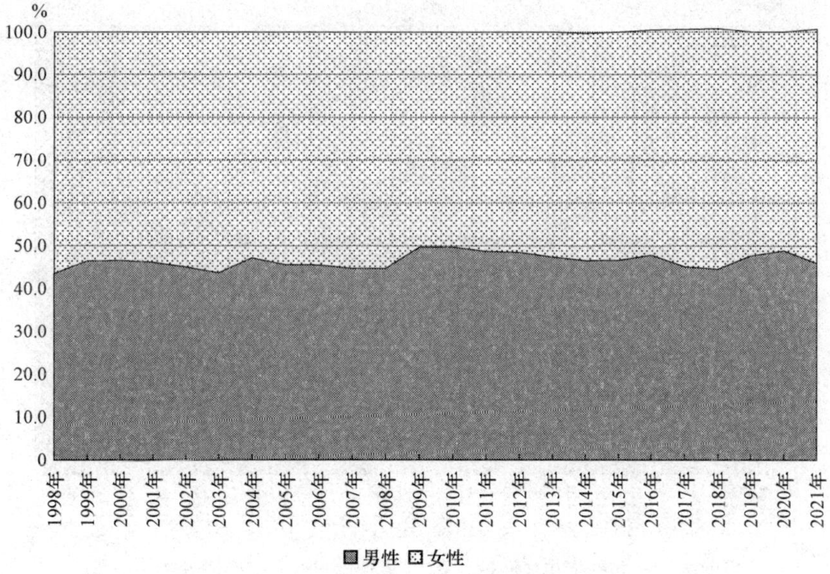

图 1.20 1998—2021 年捷克共和国失业人口的性别结构情况

资料来源：Eurostat。

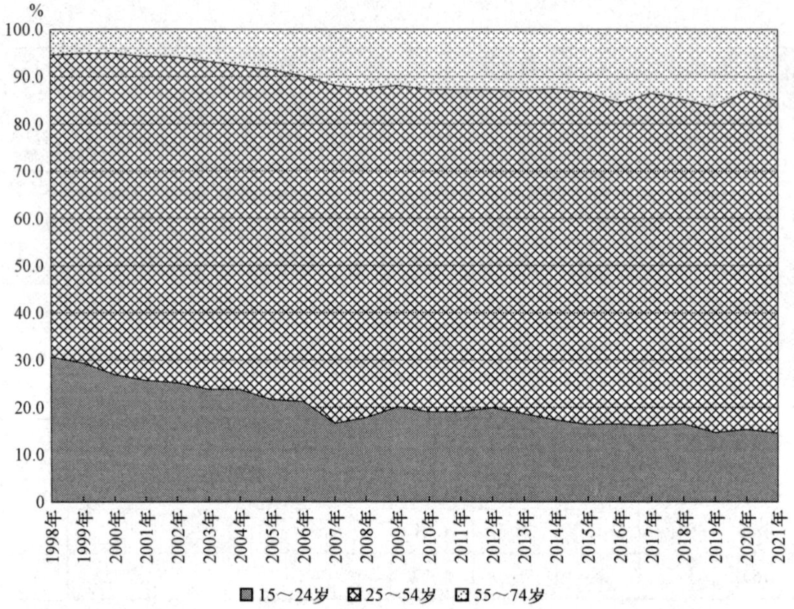

图 1.21　1998—2021 年捷克共和国失业人口的年龄结构情况

资料来源：Eurostat。

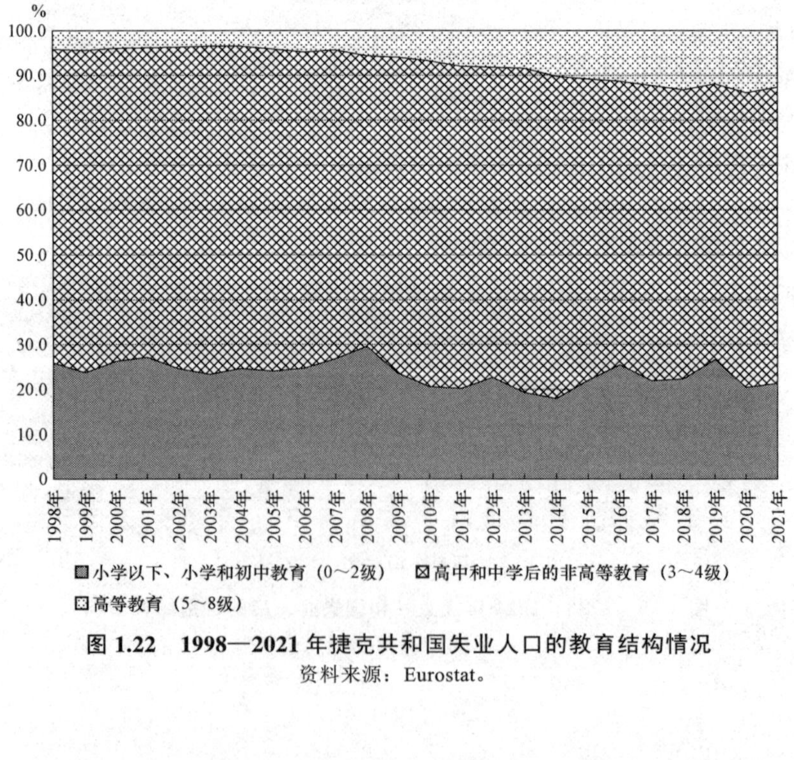

图 1.22　1998—2021 年捷克共和国失业人口的教育结构情况

资料来源：Eurostat。

3. 工资收入情况

捷克没有孩子的全职单身工人的工资收入近年来呈增长趋势，由 2000 年的 4 520.4 欧元增长至 2021 年的 16 977.9 欧元，税收和社会保障费用也在相应增长，分别由 2000 年的 451.6 欧元和 565.1 欧元增长至 2021 年的 1 460.9 欧元和 1 867.6 欧元，净工资收入也由 2000 年的 3 503.7 欧元增长至 2021 年的 13 649.4 欧元（如表 1.26 所示）。

表 1.26　2000—2021 年捷克共和国没有孩子的全职单身工人工资收入情况

单位：欧元

年份	总工资收入	税收	社会保障	净工资收入
2000 年	4 520.4	451.6	565.1	3 503.7
2001 年	5 110.3	510.7	638.8	3 960.8
2002 年	6 074.8	638.9	759.4	4 676.6
2003 年	6 158.8	667.4	769.9	4 721.5
2004 年	6 556.1	737.5	819.5	4 999.0
2005 年	7 355.1	848.4	919.4	5 587.4
2006 年	8 241.5	816.8	1 030.2	6 394.5
2007 年	9 029.4	938.4	1 128.7	6 962.3
2008 年	10 929.7	1217.5	1 366.2	8 345.9
2009 年	10 663.4	1203.7	1 173.0	8 286.8
2010 年	11 363.7	1301.7	1 250.0	8 812.0
2011 年	12 007.9	1452.2	1 320.9	9 234.8
2012 年	12 028.3	1430.0	1 323.1	9 275.2
2013 年	11 619.3	1379.4	1 278.1	8 961.8
2014 年	11 280.5	1365.3	1 240.9	8 674.4
2015 年	11 753.5	1451.9	1 292.9	9 008.8
2016 年	12 381.0	1569.8	1 361.9	9 449.4
2017 年	13 575.2	1785.1	1 493.3	10 296.9
2018 年	14 931.5	2032.7	1 642.5	11 256.3
2019 年	15 994.5	2242.4	1 759.4	11 992.7
2020 年	15 762.5	2224.6	1 733.9	11 804.1
2021 年	16 977.9	1460.9	1 867.6	13 649.4

资料来源：Eurostat。

1.3.7 消费价格水平

自1996年以来，捷克的调和消费者物价指数稳步上升，由58.8上升至2021年的115.1。1996—1998年的年涨幅较高，在8%～10%之间，此后除2008年涨幅高达6.3%以外，其余年份的变动幅度较小，年涨幅在1%～3%左右波动（如表1.27、图1.23所示）。

表1.27 1996—2021年捷克共和国调和消费者物价指数情况（2015=100）

年份	调和消费者物价指数	年涨幅（%）
1996年	58.8	9.1
1997年	63.6	8.0
1998年	69.7	9.7
1999年	71	1.8
2000年	73.8	3.9
2001年	77.1	4.5
2002年	78.2	1.4
2003年	78.2	−0.1
2004年	80.2	2.6
2005年	81.5	1.6
2006年	83.2	2.1
2007年	85.6	2.9
2008年	91	6.3
2009年	91.5	0.6
2010年	92.6	1.2
2011年	94.6	2.2
2012年	98	3.5
2013年	99.3	1.4
2014年	99.8	0.4
2015年	100	0.3
2016年	100.7	0.6
2017年	103.1	2.4
2018年	105.1	2.0
2019年	107.8	2.6
2020年	111.4	3.3
2021年	115.1	3.3

资料来源：Eurostat。

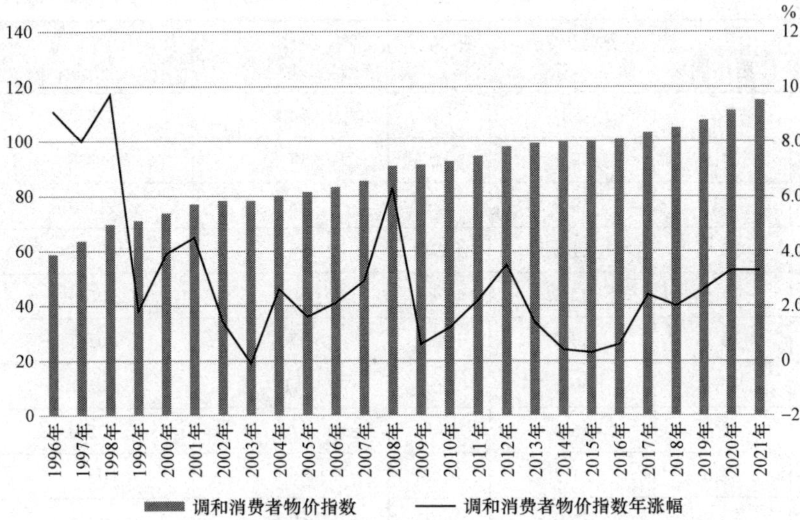

图 1.23　1996—2021 年捷克共和国调和消费者物价指数情况（2015=100）

资料来源：Eurostat。

具体到细分项，含酒精的饮料、烟草和麻醉品项的物价指数上涨速度较高，其次是餐厅和酒店项以及健康项的物价指数，此外，杂项商品和服务项，食品和非酒精饮料项，交通运输项，住房、水、电、气和其他燃料项，教育项等价格指数增速也较为适中。值得注意的是，通信项的物价指数自 2007 年以来呈现显著下降趋势，反映了数字经济时代通信成本的不断降低。综合来说，捷克的消费价格水平增速适度，与日常生活紧密相关的的食品、交通、住房等民生活动的物价指数相对来说较为稳定（如表 1.28、表 1.29 所示）。

表 1.28　1996—2021 年捷克共和国各类产品和服务的调和消费者物价指数情况（一）

年份	食品和非酒精饮料	含酒精的饮料、烟草和麻醉品	服装和鞋类	住房、水、电、气和其他燃料	家具、家用设备和日常家庭维护	健康
1996 年	69.6	44.2	122.1	25.9	100.3	40
1997 年	72.8	47.1	132.8	31	105.4	44.8
1998 年	75.8	51.5	141.1	40.9	111.3	50.5
1999 年	71.6	53.9	141.2	44.7	113.2	52.1
2000 年	72.4	56.2	138.4	48.8	113.5	52.9

续表

年份	食品和非酒精饮料	含酒精的饮料、烟草和麻醉品	服装和鞋类	住房、水、电、气和其他燃料	家具、家用设备和日常家庭维护	健康
2001年	76	58	136	54.6	113.7	55
2002年	74.5	59.1	132.5	57.6	113.6	58.4
2003年	73	59.6	126	58.1	111.8	61
2004年	75.6	61.5	120.8	59.4	109.3	62.4
2005年	75.5	62.3	114.1	62.3	106.9	66.7
2006年	75.9	63.2	106.9	67.4	105.3	69.9
2007年	79.2	69.6	106.3	70	105.1	72.5
2008年	85.5	76.4	105	79	105.6	95
2009年	82.6	81.3	102.4	86.9	105.1	91.6
2010年	83.8	84.9	99.6	88.5	104.4	95.9
2011年	88.2	87.5	97.5	92.7	102.8	98.9
2012年	94.7	89.8	94.4	99.4	101.6	108.1
2013年	98.8	93.1	93.7	101.5	100.6	110.6
2014年	100.9	95.6	96.7	98.9	99.8	108.2
2015年	100	100	100	100	100	100
2016年	99.2	104.4	101.9	100.2	99.9	102.6
2017年	104.3	106.1	102.2	100.5	99.7	106.4
2018年	105.5	109.3	101.1	102.7	101.2	110.1
2019年	108.4	111.6	99.9	108.2	102.8	113.7
2020年	113.4	120.1	103.6	111.7	105.7	116.5
2021年	114.4	130.2	110.3	111.5	109.2	120.7

资料来源：Eurostat。

表 1.29　1996—2021 年捷克共和国各类产品和服务的调和消费者物价指数情况（二）

年份	交通运输	通信	娱乐与文化	教育	餐厅和酒店	杂项商品和服务
1996年	72.4	68.8	77.3	43.7	53.3	54.2
1997年	77.5	78.6	81.9	50.5	56.9	58.9

续表

年份	交通运输	通信	娱乐与文化	教育	餐厅和酒店	杂项商品和服务
1998 年	80.5	87.6	86.8	59.7	62.9	65
1999 年	83.4	102.2	88.2	66.3	64.6	67.1
2000 年	93.2	108.4	90.4	69.2	66.2	68.9
2001 年	94.2	113.9	94.4	71.2	68.4	72.2
2002 年	92.9	117.6	96.4	73.8	70.9	75.1
2003 年	93.3	114.3	96.2	76.3	72.6	77.4
2004 年	95.9	126.6	97	79	76.2	80.9
2005 年	97.9	129.3	98.5	81.5	79.1	82.3
2006 年	99.5	133.1	99.6	84.3	81.8	84
2007 年	99.7	133.7	100	86.2	85	85.7
2008 年	102.1	130.2	101.1	88.5	90.4	90.1
2009 年	96.1	124.1	100.3	90.7	91.7	91.8
2010 年	98.7	121.4	99	92.2	92.6	92.8
2011 年	101.3	120.3	97.5	94.2	93.2	93.6
2012 年	104.3	117.3	97.7	96.1	95.8	95.4
2013 年	103.7	107	98	97.4	97.3	97
2014 年	104.3	101.5	98.5	98.9	98.9	98.4
2015 年	100	100	100	100	100	100
2016 年	98.2	99.5	101.4	101.4	101.5	101.1
2017 年	101.8	98.6	102.4	103.3	106.9	102.4
2018 年	104.8	96.9	103.4	105.2	110.5	105.5
2019 年	105.3	95	105.2	108	115.3	109.7
2020 年	104.8	91.6	107.5	112	120.6	113.6
2021 年	114.1	91	109.8	114.6	124.8	117.4

资料来源：Eurostat。

1.3.8 基础设施建设

捷克共和国位于中东欧地区，地处欧洲中心的黄金地理位置，是通往各国主要交通过境走廊的天然十字路口，此外，捷克的交通、通信、能源等基础设施建设较为完善。

1. 交通

捷克共和国交通道路网络密布，其交通基础设施不仅服务于捷克全国，而且将捷克与邻国和其他欧洲国家紧密地连接起来。这也使得捷克共和国在交通运输基础设施方面处于世界最先进国家之列。自从加入欧盟以来，捷克共和国作为交通枢纽的重要性不断增加，捷克共和国拥有直达德国、波兰和斯洛伐克的高速公路，拥有全欧洲最密集的铁路网之一，拥有直飞多数欧洲城市的航班；四条直达亚洲的航线（北京、上海、成都和首尔）以及三条直达北美的航线（蒙特利尔、多伦多和纽约）。

截至 2020 年，捷克共和国的铁路轨道总长度为 15 360 公里，电气化铁路轨道长度为 6 917 公里，运营轨道总长度为 9 542 公里。电气化铁路的电压一般为 3kV DC 或 25kV AC。捷克最著名的铁路公司是捷克铁路（České dráhy）。布拉格、布尔诺、利贝雷茨、莫斯特、奥洛穆茨、俄斯特拉发、比尔森和布拉格等城市都有电车轨道系统。

截至 2020 年，捷克共和国的道路和高速公路网络总长度为 55 791.76 公里，其中欧洲公路网长度为 2 630.32 公里，运营中的高速公路总长度为 1 298 公里。高速公路限速为 130 公里/小时，城镇内则为 80 公里/小时。捷克共和国计划将国内高速公路网络在 2030 年前提升至约 2 000 公里。

2020 年，捷克共和国的内河航道长度约为 315 公里。港口包括：德钦（Děčín）、梅尔尼克（Mělník）、拉贝河畔乌斯季（Ústí nad Labem），以及位于德国汉堡的摩尔多哈芬（已不再运营，将于 2028 年移交给德国）。

捷克共和国最大的机场是布拉格瓦茨拉夫哈维尔机场，于 1937 年启用。其他国际机场包括布尔诺—图拉尼机场、卡罗维发利机场、俄斯特拉发莱奥什雅纳切克机场、帕尔杜比采机场、库诺维采机场，以及其他公共国内和私人国际机场，例如赫拉德茨克拉洛韦机场（如表 1.30 所示）。

表 1.30　　2015—2020 年捷克共和国交通基础设施情况

交通基础设施指标	2015 年	2016 年	2017 年	2018 年	2019 年	2020 年
已建铁路轨道总长度（公里）	15 570	15 539	15 519	15 488	15 418	15 360
—其中铁路电轨长度（公里）	6 939	6 939	6 955	6 908	6 932	6 917

续表

交通基础设施指标	2015 年	2016 年	2017 年	2018 年	2019 年	2020 年
运营线路总长度（公里）	9 566	9 564	9 567	9 572	9 562	9 542
道路和高速公路网络总长度（公里）	55 738	55 757	55 756	55 744	55 768	55 792
—其中欧洲公路网长度（公里）	2 628	2 628	2 631	2 630	2 629	2 630
—其中运营高速公路总长度（公里）	776	1 223	1 240	1 252	1 276	1 298
内河航道长度（公里）	315	315	315	315	315	315
机场总数（个）	91	91	91	90	90	91
—其中公共国际机场个数（个）	6	6	6	6	6	6
—其中公共国内机场个数（个）	59	59	59	59	59	60
—其中私人国际机场个数（个）	3	3	3	3	3	3
—其中私人国内机场个数（个）	13	13	13	12	12	12

资料来源：捷克共和国交通部网站。

2. 能源基础设施

捷克共和国电力线路网总长度达到 5 610 公里。ČEPS 集团持有能源监管局授予的独家许可证，是捷克唯一的输电系统运营商。ČEPS 集团的支柱传输系统承载了 220kv 高压电源和 400kV 特高压电源，使用 50Hz 频率。传输塔的设计可承受极端的天气条件（如结冰、暴风雨）。2006 年 1 月 1 日，捷克电力市场全面开放，只有垄断性质的活动受到管制。

捷克输气系统的唯一运营商 NET4GAS，拥有 3 973 公里的管道。捷克天然气市场已完全放开，自 2007 年 1 月 1 日以来，所有天然气用户都可自主选择供应商。捷克共和国的大部分天然气是从俄罗斯和挪威购买的，并非 100%依赖俄罗斯的供应。就天然气储量而言，捷克共和国是欧盟天然气供应安全性最高的国家之一。其天然气储存设施容量正不断增加，目前占年总消耗量的 35.4%。

3. 通信设施

捷克共和国已实现通信基础设施的现代化，目前国内电信行业已全面开放，在电信领域内不存在排他性权利，符合法律规定条件的每个自然人或法人实体都可以进入市场，提供电子通信服务或运营公共通信网络。与中欧和东欧的其他国家相比，捷克共和国是获得电子通信和信息技术服务的最佳国家之一。

捷克移动网络市场由三大运营商主导，分别是 O2 Czech Republic、泛欧运营商德国电信（Deutsche Telekom）运营的 T－Mobile，以及本地子公司沃达丰集团（Vodafone）。O2 Czech Republic 占据所有细分市场的主导地位，尤其是在移动领域。O2 Czech Republic、T－Mobile 和 Vodafone 集团都积极投资了 LTE 基础设施和技术。LTE 覆盖约 98%的人口。目前三家运营商都在积极开发基于 5G 的服务和应用程序。与欧盟其他成员国相比，捷克共和国的移动网络用户密度高于平均水平。截至 2020 年，捷克共和国的移动手机用户数量达到约 1 300 万人。

宽带互联网服务已成为捷克家庭的固定设备。截至 2020 年，捷克共和国拥有宽带互联网接入的家庭比例约为 89%，宽带互联网的平均下载速度约为每秒 74.8 兆比特（Mbps）。移动互联网连接速度稍慢，约为 61.8Mbps。

第2章 捷克共和国法律环境

2.1 立 法 权

2.1.1 议会

立法权属于议会。议会由众议院和参议院两院组成。

众议院由 200 名议员组成，每 4 年选举一次，众议院举行常设会议，选举主席和副主席，并设立委员会和调查委员会。众议院的内部运作受众议院常设规则的约束。众议院议员根据比例代表制原则，在普遍、平等和直接投票权的基础上，以无记名投票方式选举产生。

参议院由 81 名参议员组成，议员任期 6 年。每 2 年对三分之一的参议员重新选举，因此，参议院每 2 年进行一次部分更新。参议员也是根据多数选举制原则，在普遍、平等和直接选举权的基础上，以无记名投票方式选举产生的。选举通常有两轮：在第一轮选举中，一个人获得所有选票的绝大多数（即超过 50%的选票）即当选。如果没有人能够在第一轮中获得绝对多数，则由获得最多票数的两名候选人进行第二轮选举。

参议院在捷克共和国的宪法体系中具有稳定作用。首先，由于参议院常设会议，如果众议院解散，参议院有权就不能拖延或需要制定法规的事项采取立法措施。其次，参议院的法律措施经参议院主席、共和国总统和政府总理签署后，方可作为法律颁布。参议院颁布的法律措施还须经过众议院在成立后的第一次会议上表决，如果未被通过则将失去效力。如果该措施获得批准，则它与在立法过程中通过的法规具有相同的法律效力。参议院的内部运作受参议院常设规则的约束。

2.1.2 立法程序

立法或立法程序有两个关键要素，即谁可以通过立法以及立法多数。

就立法者而言，议会可通过宪法，并批准一些国际条约、法律；政府、部委或国家行政当局可通过命令和条例（衍生的二级立法）；授权范围内的自治单位可通过衍生的二级立法；独立自治权限内的自治单位可通过所谓的原始二级立法。

就立法多数而言，宪法多数同意为众议院所有成员的五分之三和参议院所有成员的五分之三的同意；两院的合格多数为所有代表的绝对多数同意和所有参议员的绝对多数同意；两院的同意只须两院的简单多数同意，但双方都必须就法案达成一致；简单多数则需要每个议院出席和投票的议员的简单多数同意，每个议院三分之一的议员构成法定人数。

宪法和宪法法律具有最高法律效力。它们以宪法多数同意通过，即需得到众议院所有成员的五分之三和参议院所有成员的五分之三的同意。宪法和宪法法律只能通过其他宪法法案进行修改或扩展（即当众议院解散时，它们不能通过参议院立法进行更改），并且总统不能否决它们。捷克共和国有多个宪法法案（即不是单一的宪法文件），所有宪法法案都构成了捷克共和国的所谓宪法秩序。最重要的宪法法案是：《捷克共和国宪法》（Constitutional Law No. 1/1993 Coll）、《1992 年 12 月 16 日捷克全国委员会主席团关于宣布基本权利和基本自由宪章为捷克共和国宪法秩序的一部分的决议》（Resolution No. 2/1993 Coll）、《关于捷克共和国的安全的宪法》（Constitutional Law No. 110/1998 Sb.）、《关于建立更高领土自治单位的宪法》（Constitutional Law No. 347/1997 Coll）。

议会的个体议员或议员团体、参议院、政府和地区当局有权提出新的法案和对现有法案的修正。只有政府可以提出有关国家预算或关闭国民账户的法案，只有众议院可以对此类法案作出决定。政府有权对任何法案草案发表意见。众议院首先讨论并在必要时连续三读修改草案。

法案的批准需要出席议员的简单多数同意。众议院议长随后将批准的草案尽快送交参议院，参议院有 30 天的时间来讨论。参议院必须批准或拒绝该草案，或将其修改后的版本返回众议院。也可以决定根本不讨论该法案。如果参议院批准该草案，或决定不讨论，或在截止日期前未发表意见，则该法案被视为通过，并送交总统签署。如果参议院否决该草案，众议院将再次对其进行投票。如果在众议院获得简单多数同意，该法案将获得通过。如果参议院将修改后的草案发回众议院，众议院将对参议院批准通过的版本进行投票。该法案草案由出席代表的简单多数同意通过。如果众议院不批准参议院的修改草案，会再次对提交参议院的草案原始版本进行投票。如果得到众议院所有代表的简单多数同意（即至少 101 票），则通过该法案。

共和国总统可在批准的草案送达后 15 天内决定不签署，并可将其退回众议院进一步讨论，并说明理由。此为总统否决权。众议院可以通过其成员的简单多数同意推翻总统否决权，而无须对草案进行任何修改，在这种情况下，该法案获得通过。除共和国总统外，众议院议长和总理也签署法案，但仅作为一种形式。

当众议院解散时，参议院可以在某些要求立即采取行动的领域通过立法。政府可以向参议院提出措施，这些措施必须在众议院第一次会议上获得批准，否则就会失效。

各部委、其他行政机构和自治地方机构可在其权限范围内发布详细的实施细则（条例和法令）。

为了使立法有效，必须首先正式颁布立法。第 309/1999 Coll 号法案规定了行政当局颁布宪法法案、普通法案以及全国性法规的方式，即法律汇编和国际条约汇编。宪法法案、普通法案和其他立法规定（政府条例、部委法令等）须公布在法律汇编中。该汇编还记录了每项立法的生效日期。所有对捷克共和国具有约束力的条约必须在国际条约汇编中公布，其中官方外国版本和捷克版本同时公布。

2.2 行 政 权

行政权由共和国总统和政府共享。

2.2.1 总统

共和国总统是国家元首，由公民直接选举产生。任期 5 年，可连任两届。总统的权力大多具有代表性和仪式性。总统可以未经总理或负责部长同意行使多项权力。但是，宪法第 63 条列举的总统权力和法律规定的总统权力需要总理或总理指定的政府成员的会签。自 1993 年 1 月 1 日以来，捷克共和国已历三任总统。在 2012 年宪法修正案之前，总统是在众议院和参议院的联席会议上选出的。捷克共和国的第一任总统是瓦茨拉夫·哈维尔（Václav Havel，1993—2003）。第二任总统是瓦茨拉夫·克劳斯（Václav Klaus，2003—2013）。第三任总统是米洛什·泽曼（Miloš Zeman），他目前正在执行第二个任期（2018 年再次当选，获得 51.36%的选票）。

2.2.2 政府

捷克共和国的中央政府是国家最高行政权力机构，由总理、副总理和部长组成。政府对众议院负责。总统任命总理，根据总理的提议任命其他政府成员，并委托他们负责各自职责。在任命后的 30 天内，政府作为合议机构应进入众议院并要求其进行信任投票。由赢得大选的政党组成政府是宪法惯例，政府由能在众议院获得支持的政治家组成，否则第二大党的主席将被要求组建政府。

过去 20 年，政府联盟内部的不稳定导致了对这一宪法规则的修改，现在允许“公务员政府”或所谓的“看守政府”存在。这样的政府不是由政治家组成的，而是由公务员组成，在现有政府垮台之后和新的大选举行之前创建的。第一个这样的政府于 1998 年成立，历时 6 个月，由当时的捷克国家银行行长约瑟夫·托绍夫斯基（Josef Tošovský）担任主席。第二届公务员政府成立于 2009 年 4 月，由捷克统计局前主席扬·费舍尔（Jan Fisher）领导。第三届公务员政府成立于 2013 年 7 月，由吉伊·罗斯诺克（Jiří Rusnok）领导，是第一个失去信任投票的政府。但是，根据宪法，失去信任投票的政府行使所有政府职能和权力，直到大选后新政府成立为止。政府成员通常同时是各部委的负责人。

2.2.3 部委

部委是直接隶属于政府的中央行政机构。部长由总统根据总理的提议任命。目前捷克共和国有 14 个部委。它们是：财政部，外交部，教育、青年和体育部，文化部，劳动和社会事务部，卫生部，司法部，内政部，工业和贸易部，区域发展部，农业部，国防部，交通部，环境部。

其他受政府控制的中央行政机构包括：捷克统计局、捷克测量和土地登记处、工业产权局、保护竞争办公室、国家安全局、捷克电信局、捷克共和国政府办公室、捷克矿业办公室、国家核安全办公室、能源监管办公室、国家物资储备局、政党和政治运动经济管理监督办公室、交通基础设施准入办公室、国家网络和信息安全局、个人数据保护办公室、广播电视广播委员会。这些行政机构不由政府成员管理，同样执行具体行政任务。中央行政机关或隶属于部委，然后由政府任命机构负责人，或独立于政府（“独立行政机构”，类似于独立监管机构）。

2.2.4 自治政府

捷克共和国有两种自治形式：领土自治和专业自治。宪法保障领土自治，而专业自治仅由普通法规制定。国家可以干预地区自治单位的活动，前提是这种干预是为了保护法律并且必须以法律规定的方式进行。领土自治在两个层面上实现：直辖市和地区。直辖市是基本的领土自治单位；州即所谓的高级领土自治单位。捷克共和国设立了 13 个州和 1 个直辖市。领土自治单位在法律规定的领域享有自治权。在法律规定的情况下，也可委托直辖市当局和州当局行使国家行政管理权。专业自治实体，例如捷克律师协会、税务顾问商会、捷克牙科商会、捷克药剂师商会、捷克外科医生协会、捷克兽医商会等。专业自治实体通常对其成员行使监管权力，成员资格是行使各自受监管专业的先决条件。这些专业自治实体的大部分决定都可以由行政司法审查通过。

2.3 司 法 权

捷克共和国的司法机构由宪法定义，法院作为独立机构履行司法权。捷克共和国的法院系统由地方法院、区域法院、高等法院和最高法院组成。目前捷克共有一个最高法院，位于布尔诺；2 个高等法院，一个位于布拉格，管辖波希米亚，另一个位于奥洛穆茨，管辖摩拉维亚；8 个区域法院和 86 个地方法院。

捷克共和国的司法系统被公认为职业司法，即没有陪审团审判。但普通人可以作为非专业法官（Laypersons）在法庭上担任法官参与司法行政，审理一审案件。这些非专业法官由市议会选举产生。两名非专业法官与一名专业法官可一起在一审中审理非专业案件。上诉法院和最高法院的分庭仅由专业法官组成。法官由总统任命。他们在被任命时必须至少年满 30 岁，必须完成法律硕士学位和三年的法庭专业培训。法官是终身任命的，只有在特别司法纪律小组完成纪律程序后才能被免职。

2.3.1 一般管辖法院

民事司法和刑事司法的司法结构相同，共同构成具有一般管辖权的法院，负责解决所有类型的纠纷，但明确保留给行政法院或宪法法院的纠纷除外。

就民事司法而言，对《民事诉讼法》的重大修订于 2014 年 1 月 1 生效。新《民事诉讼法》仅包含争议诉讼规则，而无可争议的诉讼有单独的特别司法诉讼法。除非法律另有规定，否则地方法院在初审时拥有标的管辖权。下列情况，区域法院在初审时拥有管辖权：涉及外国或享有外交特权和豁免权人的争端，不正当竞争行为侵害的权利保护纠纷，有关违版权和知识产权的争议，因商品市场交易而产生的纠纷，有关金融证券、支票、汇票或投资工具的争议等。区域法院对针对地方法院一审裁决的上诉作出裁决。在初审法院为区域法院的情况下，上诉法院为两个高等法院之一。最高法院有权就特别上诉对区域法院或高等法院作为上诉法院的最终裁决作出裁决。

就刑事司法而言，刑事案件的初审法院一般为地方法院。但是，如果根据刑法，刑事犯罪可判处至少 5 年监禁，则初审法院必须为区域法院。对地方法院一审判决的上诉将提交给区域法院。对区域法院一审决定提出的上诉，须由高等法院就上诉进行评估。最高法院对针对区域法院和高等法院的最终上诉决定的特别上诉作出裁决。特别上诉应限于刑事诉讼法规定的合法理由而非事实理由，以及已判处无期徒刑的案件。

2.3.2 行政法院

行政司法由双层系统组成，分别是区域法院的专门独任法官或专门行政法庭，以及最高行政法院。区域法院的专门独任法官或专门行政法庭负责审理和裁定与行政法有关的一审案件。最高行政法院是专门从事行政司法领域的最高司法机构，作为二审法院裁决翻案申诉（针对区域法院行政司法问题决定的一种补救措施），并作为一审法院对法律规定的其他事项作出裁决。

行政法院的任务首先是在公法领域保护个人权利。行政法院还对不影响个人权利的其他公法事项（通常是选举事项或权限冲突）作出裁决。区域法院作为行政法院，为行政当局的决定提供保护，并防止行政当局不作为，以及防止行政当局的非法干预。它们还为防止一般性质的非法措施提供保护。

最高行政法院的管辖权除对翻案申诉作出裁决外，还包括全州范围的选举事务（包括总统选举），以及政党和政治运动的事务及解散等。最高行政法院还被要求裁决行政机关之间的权限冲突等。最高行政法院也是法官、州检察官和执法人员事务的纪律法庭。

2.3.3 宪法法院

宪法管辖权由设在布尔诺的专门宪法法院所行使。

捷克共和国的宪法法院的结构和职能植根于凯尔森的宪法管辖权和宪法审查概念。于 1920 年成立的捷克斯洛伐克宪法法院是世界上最早的宪法法院之一，如今的捷克共和国宪法法院是负责保护合宪性的司法机构，由 15 名法官组成，任期 10 年（可以重新任命）。大法官由总统经参议院同意任命。

宪法法院有各种类型的程序，其中最重要的是双重审查程序，即合宪性的“抽象”和“具体”审查。一般来说，宪法法院只审查一项行为的合宪性。不同之处在于接受审查的行为类型。“抽象”审查涉及与宪法秩序相冲突的法规，无须针对个别案件申请。此类审查的潜在申请人仅限于：共和国总统、众议员或参议员、政府、与宪法申诉的决定有关的宪法法院小组，或是提出宪法申诉的人等。“具体”审查体现在对宪法投诉的裁决形式，即针对公共当局侵犯宪法保障的基本权利和基本自由的最终决定或其他侵犯行为。在本程序中，如果申请人声称其宪法保障的权利和自由因公共当局的先前行为而受到侵犯，且已用尽所有可用的补救措施，那么可以质疑公共当局任何类型的作为或不作为，包括司法决定。

宪法法院的管辖权还包括根据参议院经众议院同意提出的指控弹劾共和国总统的裁决。2013 年 3 月，宪法法院对即将卸任的总统瓦茨拉夫·克劳斯（Václav Klaus）提出了捷克共和国历史上对总统的第一次叛国罪指控。

2.3.4 其他国家机构

除了立法权、行政权和司法权，宪法还设立了其他专门机构——最高审计局和捷克国家银行。

最高审计局是独立的国家机构，负责对国家财产管理和国家预算执行进行审计。最高审计局的权限既不包括对市政和地区财产和财务的审计，也不包括对国有、直辖市或地区所有的商业公司的审计。近年来，议会一直在讨论扩大这方面权限的宪法修正案，但迄今为止尚未获得通过。最高审计局的负责人是主席和副主席。两人均由共和国总统根据众议院提名任命，其任期为 9 年。

捷克国家银行是国家中央银行，负责维持物价稳定，其权限包括发行纸币和硬币，制定货币政策，管理捷克货币流通和支付系统，监管金融市场、银行部门和其他金融机构等。捷克国家银行的最高管理机构是银行董事会，由行长、两名副行长和其他董事组成。银行董事会的所有成员均由共和国总统任命，任期 6 年。

2.4 法律秩序

2.4.1 法律类型

捷克共和国的法律秩序由捷克立法和相关文书组成。法案（Acts）是最重要的立法文书，即管理个人和社会生活主要领域的行为规则集合。守则（Codes）则以更全面的法案管辖整个法律领域，并系统地制定了详细规定。程序规则（Rules of Procedure）是涵盖整个程序法领域并制定详细程序规定的法案。关于最重要的国家事务以及公民和人权的法案（包括捷克共和国宪法和基本权利和自由宪章）被称为宪法法案（Constitutional Acts），其通过须遵守特定程序。

政府条例（Government Regulations）、部委或中央政府机构的法令（Decrees from Ministries or Central – Government Bodies）以及自治区实体的法令（Decrees from Autonomous Regional Entities）以实施条例为基础。捷克共和国法律还包括经议会批准并因此对捷克共和国具有约束力的国际协定（International Agreements）。国际协定优先于其他立法，如果国际协定与国内法在某一点上存在分歧，则国际协定优先于国内法。除了上述类型的立法外，自加入欧盟以来，欧洲法（European Law）也在捷克共和国适用。

尽管习俗不属于法律渊源，但在某些情况下，法律允许在某些领域或法律原则的背景下考虑习俗。法院判决也不是法律渊源，法院不能因为法律不完整或模棱两可而拒绝作出决定。通常，它必须对此事作出自己的解释，然后其他法院将在很大程度上以此为基础作出判决，使其成为事实上的法律先例。如果判决在《法院判决和意见汇编》中公布，它实际上被认为是法律渊源。

2.4.2 法律渊源

捷克共和国的法律秩序是等级结构的。顶部是宪法和其他宪法法案，其具有最大的法律权威，只能通过另一项宪法法案进行修改。在其之下是普通法案，它们是实施条例的基础。法律等级较低的规定必须符合法律等级较高的规定。只有具有相同或更大法律效力的规定才能废除或修改立法。但国际协定具有特殊地位，它们是法律秩序的一部分，在发生冲突时甚至优先于宪法法案。

在宪法和其他宪法法律之下是衍生立法，政府法规、总统的一般规范性决定（例如关于大赦的决定）、各部委和其他中央和地方政府机构的立法规定、地区和市政当局的授权法令等都属于衍生立法。此类立法必须在法律授权的范围内，在法案的基础上和范围内发布。

关于欧洲法，根据欧盟关于共同体法律至上的原则，当欧洲法与成员国的国家法律（法案、法令等）发生冲突时，欧洲法优先。该原则同样适用于主要的共同体立法（条约）或次要的共同体立法（法规、指令等）与国家法律之间存在冲突的情况。欧洲法同样优先于成员国的宪法和宪法法案。

另外，国际协定若要成为其法律的一部分，议会必须予以批准，前提是没有宪法法案要求该国际协定须通过全民公决获得批准。总统负责批准国际协定，批准后，协定必须在《国际协定集》中公布。

2.4.3 主要法律

捷克共和国主要的法律如下。

民法典（Law No. 89/2012 Coll）是基本法典，为几乎所有私法领域和一般法律制度提供基础，包含关于法人资格和法律关系主体、法律权利和义务、义务和合同类型、不当得利、民事责任和继承。该民法典是在2012年重新编纂后通过的新民法典，于2014年1月1日生效。新民法典几乎涵盖了整个民法领域，包括商业合同、家庭和客户关系。它在旧民法典（Law No. 40/1964 Coll）的基础上，具体规定或修改了旧民法典未充分规范的领域，并强调个人的自主意愿、诚实原则、善意保护原则，以及合同和承诺具有约束力的原则（“契约必须遵守”）。

商法典（Law No. 513/1991 Coll），在2013年12月之前，该法典对企业与商业活动之间的关系、商业合同类型和公司法进行了总体监管，现已被新的民法典替代。废除民事和商事义务监管的双重性是新民法典带来的最重要变化之一。它不仅影响关于个别类型合同的规定，还影响关于义务的一般规定（例如关于时限或责任的规定）。

刑法典（Law No. 40/2009 Coll）定义了构成刑事犯罪的行为类型，包含刑事犯罪和惩罚类型。

捷克共和国主要程序法典如下。

民事诉讼法（Law No. 99/1963 Coll），是基本司法程序法典，包含民事和商事案件的一般管辖权法院的规则。2014年，继民法典重新修订后，对民事诉讼法进行了重大修订，争议诉讼由民事诉讼法处理，无争议诉讼规则包含在新的特别司法诉讼法中。

刑事诉讼法（Law No. 141/1961 Coll），包含调查、起诉和执行刑法典规定事项制裁的程序规则。

行政诉讼法（Law No. 500/2004 Coll），制定了公共行政实践的实质性原则，并编纂了关于个人权利和义务的决策、颁发证书、制定公共行政合同、采取普遍适用的措施以及行政当局在执行公共权力时的所有其他活动的程序规则。

行政司法法（Law No. 150/2002 Coll），规定了行政法院的管辖权和权限、与法院组织和法官相关的问题、行政法院程序以及诉讼当事人和其他人在行政司法中的权利和义务，规定了行政司法管辖权，以便行政法院保护自然人和法人的个人公法权利，并就行政司法法典规定的其他事项作出决定。

2.5 仲裁制度

2.5.1 仲裁制度概述

早在捷克斯洛伐克时期，其法律渊源受到奥匈法律体系的强烈影响，1939 年之前，就已确立商事仲裁。在捷克斯洛伐克法律体系进行共产主义改革后，只有经济互助委员会（COMECON）成员国国家贸易组织之间的对外贸易争端才能提交捷克斯洛伐克商会常设仲裁法院仲裁。此类仲裁受 1972 年莫斯科公约、1963 年捷克仲裁法和捷克民事诉讼法的相关规定管辖。

捷克共和国成立后，关于仲裁程序和裁决的执行法案（Law No. 216/1994 Coll），即捷克仲裁法，于 1995 年 1 月 1 日生效。新捷克仲裁法以 1963 年捷克仲裁法为基础，给捷克仲裁制度带来了较大变化，最为关键的是，使国内和国际争端能够提交仲裁，还扩大了可以仲裁的争议范围。经修正的民事诉讼法典（Law No. 99/1963 Coll）对该法进行了补充。因此，捷克共和国的仲裁程序与普通法院的诉讼程序遵循相同的民事程序原则，并在必要时考虑到仲裁的具体细节（例如更大的当事人自主权）。捷克共和国也是《纽约公约》的缔约国，但对互惠原则有保留。

就仲裁机构而言，捷克共和国最重要的仲裁机构是捷克共和国经济商会和捷克共和国农业商会下属的捷克仲裁法院。捷克仲裁法院裁决根据捷克仲裁法可仲裁的所有争议，包括但不限于由国内和国际贸易引起的争议、个人之间的私法争议以及许多其他争议。捷克仲裁法院是捷克共和国内唯一具有一般管辖权的常设仲裁法院，根据其规则组织和监督个别仲裁程序，但本身并不解决争议，捷克仲裁法院规则指定的仲裁庭负责解决争议。捷克仲裁法院向仲裁庭提供全面的支持和管理服务，包括提供秘书、接待和文件交付场所。或若双方指定的仲裁员无法就第三名仲裁员的身份达成一致意见，捷克仲裁法院院长可根据双方要求任命仲裁员。另外两个常设仲裁法院为附属于捷克商品交易所的仲裁法院和附属于布拉格证券交易所的仲裁法院，主要负责处理因交易所引起的争议。

捷克仲裁法院于 1996 年通过了两套关于国内和国际仲裁的新规则，两份规则在 2012 年合并为捷克共和国经济商会和捷克共和国农业商会附属仲裁法院规则（即捷克仲裁法院规则）。最新修订版为 2015 年版。

在与仲裁有关的多边公约和双边投资条约方面，捷克共和国是纽约公约、《解决国家与他国国民间投资争端公约》（即《ICSID 公约》）、《首尔公约》和《能源宪章条约》的缔约国。仲裁裁决和适用法律的承认和执行也受一些双边法律援助条约的约束。捷克共和国还签署并批准了大量投资保护条约。

2.5.2 仲裁法律

捷克仲裁法适用于解决所有权纠纷（即财务或金钱性质的索赔），也适用于裁决的执行。其主要的法律渊源是《关于仲裁程序和裁决的执行法案》（Law No. 216/1994 Coll），该法案在 2012、2016 和 2017 年分别进行了修订。2016 年修正案将消费者合同完全排除在仲裁之外。自 2016 年 12 月 1 日起，捷克仲裁法院不再有权处理企业与消费者之间的纠纷。民事诉讼法典也继续适用于仲裁程序，但须遵守任何明确纳入的机构规则，例如捷克仲裁法院或国际商会的规则。如果仲裁涉及外国当事人，则适用处理法律冲突问题的 1963 年国际私法和国际诉讼法。

捷克仲裁法的一般原则包括：当事人在仲裁程序中的平等待遇；当事人有充分机会陈述各自案件的权利；当事人就仲裁程序应遵循的程序规则达成一致的自由；在国际仲裁中，当事人自由决定适用于其争议实质的法律；仲裁员的独立性和公正性；不公开仲裁程序，包括听证会；和仲裁员的法定保密义务。

就可仲裁性而言，资产性质的争议只有在法院有管辖权审理的情况下才可以仲裁（在破产程序过程中产生的争议除外）。当涉及此类争议的法院诉讼悬而未决时，双方也可以友好解决该争议。

反垄断纠纷是不允许仲裁的，对于劳动法纠纷是否可以仲裁，目前还没有明确的规定。但在实践中，如果争议主题涉及金钱，则允许通过仲裁解决劳资纠纷。由国家（公立）医院或其他公共卫生机构签订的合同引起的争议不可仲裁。

2.5.3 仲裁协议

仲裁协议必须以书面形式达成（也可以通过远程数据传输）。仲裁协议作为仲裁条款包含在主合同中。如果仲裁协议以单独协议的形式订立，则标的必须尽可能具体。

对于仲裁协议的有效性和可执行性，捷克法律下对合同的一般规定是适用的。如果仲裁地点在捷克共和国内，且适用于仲裁协议的法律也是捷克法律，则仲裁有效性也根据捷克合同的一般规定进行评估。

仲裁协议也对合法继承人具有约束力。

2.5.4 仲裁庭

就仲裁庭的组成而言，仲裁员必须具有完全的法律行为能力。但是，仲裁员不得是捷克共和国的法官、检察官或宪法法院的法官。仲裁员可以是外国人或捷克公民。仲裁员的数量必须始终为奇数。如果双方未能就仲裁员人数达成一致，则仲裁由三名仲裁员审理和裁决争议。

指定仲裁员的默认机制（如果双方未能达成一致），是在三名仲裁员的情况下，每一方指定一名仲裁员，然后由这些仲裁员指定主席。当事人也可以约定指定机构。如果任何一方未指定仲裁员，或双方指定的仲裁员未就首席仲裁员达成一致，则缺席仲裁员由法院指定。

仲裁员不能下令采取任何临时措施。如果后续执行受到威胁或存在严重伤害风险，则只能由法院下令采取临时措施。然而，捷克法院关于临时措施的做法通常具有高度限制性。

仲裁员可能受到质疑。仲裁员必须告知当事人任何可能对其公正性产生合理怀疑的情况。如果仲裁员不退出，须向法院提出要求将其排除在外的请愿书。在商业纠纷中，除了偏见（即仲裁员与当事人或争议主体的特殊关系）之外，没有其他理由可以质疑和更换仲裁员。

2.5.5 仲裁撤销

仲裁的裁决只能出于法律原因被撤销，并且只能由法院在裁决作出后三个月内、根据一方的提议在以下情况下撤销：不符合仲裁条件；仲裁协议无效或仲裁协议不适用于本案；当事人未获知仲裁庭的组成，或无权作出决定的仲裁员已就案件作出决定；争议方没有机会发表意见；对当事人未要求的事情作出决定，或裁定根据捷克法律不可能或非法的行为；多数仲裁员未通过裁决；消费者争议的裁决违反消费者保护规定或明显违反公共道德或公共政策；消费者纠纷达成的仲裁协议未包含规定信息（即仲裁协议签订的后果、仲裁性质等信息）；有利于在法院恢复诉讼的理由。

关于外国仲裁裁决的承认和执行，捷克严格适用《纽约公约》（1958）。

2.6 调解制度

2012年9月，调解作为刑事案件以外的典型争议解决的替代方案，被正式纳入捷克法律体系。

自20世纪90年代初以来，捷克共和国就开始使用调解制度。自2001年起，调解制度也开始用于刑事案件。但作为解决普通法院程序范围之外的民事纠纷的一种替代方法，捷克法律制度中没有关于调解的正式法律规定。

此后，捷克将欧盟的调解指令（第2008/52/EC号指令）在国内加以转化，通过了新的调解法案（Law No. 202/2012 Coll），并于2012年9月1日生效。该法案旨在为调解制度建立明确的法律框架，正式扩大案件调解范围，从而增加了通过调解解决的案件数量。

该法规定了调解员的基本标准，只有通过特定调解考试并在司法部公布的调解员名单上登记的人才可以担任调解员。但未在司法部注册的“私人调解员”可以继续在该法范围之外开展活动。这一名单公布在捷克调解员协会、捷克律师协会和捷克共和国仲裁与调解程序联盟的网站上。

调解在所有法律领域都是可以接受的，包括家庭法、商法和刑法，但立法排除在外的除外。

为了启动调解程序，当事方必须选择一名调解员并签订该法规定的协议。协议必须说明争议各方的名称、调解员、争议、调解员将获得的报酬以及商定的调解期限（如果未商定，则应无限期进行）。受监管的调解可在跨境和本地纠纷中进行。

一旦调解开始，法定时效期限即告终止。因此，调解的效果类似于启动法院诉讼程序，但当事人如果确定调解不是理想选择，则其终止调解并将其争议提交法院的可能性不受限制。如果调解成功的当事人希望获得执行权，他们可以公证书的形式签订和解协议，或建议法院批准和解协议。如果双方在法院对案情作出裁决之前解决了争议，法院通常会向原告偿还所支付的法院费用的80%。

捷克共和国通过在《民事诉讼法》中引入“与调解员的首次会面”来促进调解。在诉讼开始时，审判长可以在可行和适当的情况下命令诉讼各方与调解员举行初步的三小时会议，讨论在法庭外解决争议的可能性。在这种情况下，诉讼程序最多可暂停三个月。与调解员的第一次会面费用相对较低，其上限为每小时400捷克克朗（约15欧元，不含增值税）。除非另有约定，否则各方支付一半的费用，会议的目的是向双方当事人解释调解的优势，并提出其他选择以快速私下解决争议的方案。如果调解时间超过三小时，则双方将平均分摊后续费用。但缓刑和调解服务提供的调解是免费的，其费用由国家支付。如果当事人拒绝会见调解员，法院可以裁定拒绝的一方即使在争议中胜诉，也无权要求偿还与争议有关的费用。

捷克共和国缓刑和调解局是负责调解的中央机构，作为在刑事诉讼中处理罪犯和受害人之间刑事犯罪后果的一种手段。该局隶属捷克共和国司法部。另外，许多其他非政府组织和实体也在调解领域开展工作。

调解过程须遵守捷克共和国的调解法案（Law No. 202/2012 Coll），以及刑事诉讼领域中关于捷克共和国缓刑和调解服务的第 257/2000 号法案（Law No. No 257/2000 Coll）的规定。

关于调解协议的执行，欧盟第 2008/52/EC 号指令允许当事人要求使调解产生的书面协议具有可执行性。民事案件调解的当事人之间的协议，可以在进一步诉讼的情况下提交法院批准。缓刑和调解局在刑事诉讼中提供的调解结果可能会被公诉人和法院在对特定案件的决定中加以考虑。

如今，法院越来越多地利用这种方式提升调解的可能性。例如，据统计，2016 年捷克共和国法院在商业纠纷中与调解员首次会面的次数比 2014 年增加了 130% 以上，而在 2014 年至 2016 年期间，经调解的消费者纠纷的数量增加了 300%。

第3章
捷克共和国贸易环境

3.1 对外贸易概述

早在捷克共和国成立以前，捷克斯洛伐克就是东欧最大的对外贸易国之一，也是经济互助委员会的成员之一。作为一个中等规模的出口贸易依赖型经济体，捷克共和国的经济发展较为依赖国外需求，尤其是来自欧元区的需求。捷克近84%的出口产品销往欧盟国家，超过60%运往欧元区。德国是捷克共和国的最大贸易伙伴国，对德国贸易份额稳定在 30%以上。2019 年，捷克共和国出口总额达到1 994.7 亿美元，在全球 127 个国家（地区）中排第 27 位，进口总额达到 1 792.7 亿美元，在全球 127 个国家（地区）中排第 26 位，贸易顺差为 202.0 亿美元，在全球 127 个国家（地区）中排第 17 位。

3.1.1 货物贸易

自 1993 年以来，捷克共和国贸易额呈现明显的增长趋势。具体来看，1993—2008 年，捷克共和国的进出口贸易额增长势头强劲。1993 年出口贸易额为 128.9 亿美元，进口贸易额为 127 亿美元，总贸易额为 256 亿美元。2008 年出口贸易额为 1 460.9 亿美元，进口贸易额为 1 418.3 亿美元，总贸易额为 2 879.2 亿美元。但受国际金融危机影响，2009 年捷克共和国贸易额较 2008 年呈现明显下滑，进口贸易额为 1 128.8 亿美元，出口贸易额为 1 048.5 亿美元，总贸易额为 2 177.3 亿美元。从数据上来看，2009—2019 年，捷克共和国的对外贸易经历了三个明显的波动周期。2011 年，捷克共和国经历了国际金融危机后的第一次明显复苏，进口贸易额实现了 1 623.9 亿美元，出口贸易额实现了 1 508.1 亿美元，总贸易额为 3 132.0 亿美元。之后，对外贸易又短暂下滑，并于 2014 年经历了第二个明显波峰，出口贸易额为 1 742.8 亿美元，进口贸易额为 1 532.3 亿美元，总贸易额为 3 275.1 亿美元。2015 年又经历了短暂下滑，之后到 2018 年经历第三个明显波峰，出口贸易额为 2 025.2 亿美元，进口贸易额为 1 849.2 亿美元，总贸易额为 3 874.4 亿美元。可见，自 2008 年以后，捷克共和国的对外贸易呈现明显上升趋势，但近年来波动越发明显。

作为外贸依赖型国家，2000—2019 年，捷克共和国的对外贸易依赖情况呈现波动增长趋势，且近年来有所下滑，并且出口贸易依存度略高于进口贸易依存度。具体来看，1993—2001 年呈现明显的上升趋势，贸易总额占 GDP 的比重从 1993 年的 78.8%上升到 2001 年的 99%。此后，2002—2003 年经历了小幅波动，2004—2007 年又呈现明显的增长势头，从 2004 年的 113.5%增长到 2007 年的 129.8%。受 2008 年全球金融危机影响，2008 年和 2009 年经历了明显的下滑，2009 年跌落到 112.8%。自 2010 年起，又重新进入到爬升阶段，2015 年实现了峰值 155.2%。但此后至 2019 年呈现明显下滑，2019 年贸易总额占 GDP 的比重为 142.8%。出口贸易依存度和进口贸易依存度呈现了相似的变动趋势，并且自 2004 年起，出口额占 GDP 比重一直略高于进口额占 GDP 比重。2019 年，捷克共和国的出口贸易依存度为 74.4%，进口贸易依存度为 68.4%。说明捷克共和国主要以加工贸易，特别是制造业出口贸易为主（如表 3.1、图 3.1、图 3.2 所示）。

表 3.1　　1993—2019 年捷克共和国对外贸易情况

年份	贸易总额（亿美元）	出口额（亿美元）	进口额（亿美元）	贸易总额占 GDP 比重（%）	出口额占 GDP 比重（%）	进口额占 GDP 比重（%）
1993 年	256.0	128.9	127.0	78.8	39.9	38.8
1994 年	290.3	140.8	149.5	75.3	37.1	38.2
1995 年	469.9	216.9	253.0	83.5	40.2	43.3
1996 年	496.2	219.1	277.2	81.1	38.1	43.0
1997 年	499.3	227.5	271.8	84.6	40.2	44.4
1998 年	588.3	283.1	305.2	84.4	42.1	42.4
1999 年	556.8	268.4	288.4	86.0	42.8	43.2
2000 年	613.0	290.5	322.4	98.0	48.1	50.0
2001 年	698.6	333.8	364.8	99.0	48.9	50.2
2002 年	924.9	442.6	482.3	91.3	45.0	46.3
2003 年	999.6	487.2	512.4	95.0	46.7	48.2

续表

年份	贸易总额（亿美元）	出口额（亿美元）	进口额（亿美元）	贸易总额占GDP比重（%）	出口额占GDP比重（%）	进口额占GDP比重（%）
2004年	1 324.8	657.7	667.1	113.5	57.1	56.4
2005年	1 547.4	782.1	765.3	121.3	61.8	59.5
2006年	1 885.7	951.4	934.3	127.0	64.9	62.2
2007年	2 377.2	1209.0	1168.2	129.8	66.1	63.7
2008年	2 879.2	1460.9	1418.3	123.7	63.0	60.8
2009年	2 177.3	1128.8	1048.5	112.8	58.3	54.5
2010年	2 578.3	1321.4	1256.9	128.0	65.5	62.5
2011年	3 132.0	1623.9	1508.1	137.9	70.8	67.0
2012年	2 961.5	1564.2	1397.3	146.5	75.6	70.9
2013年	3 040.5	1615.2	1425.3	146.4	76.1	70.4
2014年	3 275.1	1742.8	1532.3	157.6	82.0	75.6
2015年	2 979.1	1571.9	1407.2	155.2	80.6	74.6
2016年	3 044.1	1620.9	1423.3	150.6	79.1	71.5
2017年	3 451.3	1822.3	1629.0	150.5	79.0	71.5
2018年	3 874.4	2025.2	1849.2	148.0	77.0	71.0
2019年	3 787.4	1994.7	1792.7	142.8	74.4	68.4

资料来源：世界综合贸易解决方案（WITS）数据库。

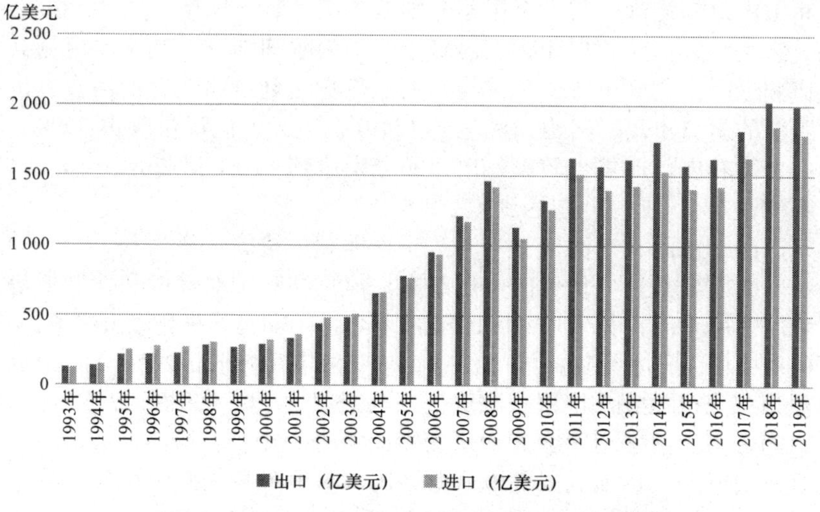

图 3.1　1993—2019 年捷克共和国进出口贸易额

资料来源：世界综合贸易解决方案（WITS）数据库。

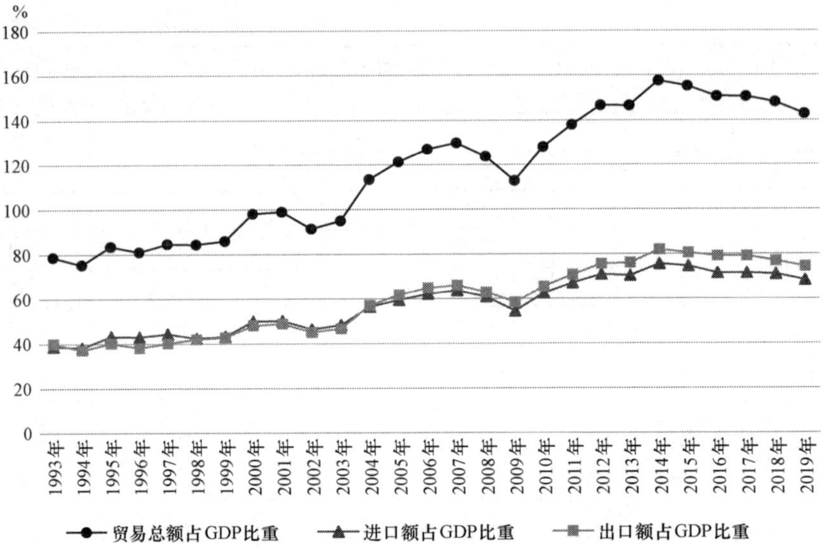

图 3.2　1993—2019 年捷克共和国对外贸易依赖情况

资料来源：世界综合贸易解决方案（WITS）数据库。

就主要贸易国家来看，出口方面，德国、斯洛伐克、奥地利、波兰、英国、法国、意大利、荷兰、比利时一直居于捷克共和国的前十大出口伙伴国，近年来，捷克共和国对美国和俄罗斯等大国的出口依赖度有所下降。具体来看，2019 年，捷克共和国出口额最高的前十个国家分别是德国、斯洛伐克、波兰、法国、英国、奥地利、意大利、荷兰、匈牙利、西班牙，均为欧洲国家。其中，捷克共和国对德国出口额最高，达到 635.3 亿美元，所占份额达到 31.8%。斯洛伐克也是捷克共和国重要的出口市场，其出口额达到 151.0 亿美元，出口份额占 7.6%。波兰和法国的出口额和出口比重也较高，出口额分别达到 120.3 亿美元和 102.4 亿美元，出口份额均在 5%以上，分别达到 6%和 5.1%。

进口方面，德国、斯洛伐克、波兰、奥地利、法国、意大利、荷兰一直居于捷克共和国的前十大进口伙伴国，近年来，捷克共和国对美国和俄罗斯等大国的进口依赖度有所下降，分别由 2000 年的 4.4%和 6.4%下降到 2019 年的 2.6%和 2.8%，但对中国、日本等亚洲国家的进口依赖度有所增长。2010 年，捷克从中国进口份额为 12.2%，2019 年这一比重上升至 15.8%。具体来看，2019 年，捷克共和国进口额最高的前十个国家分别是德国、中国、波兰、斯洛伐克、意大利、法国、荷兰、俄罗斯、奥地利、美国，除中国、美国外均为欧洲国家。其中，捷克共和国自德国进口额最高，达到 441 亿美元，所占份额达到 24.6%。中国也是捷克共和国重要的进口贸易伙伴，2019 年自中国的进口额达到 283.4 亿美元，进口份额占15.8%。此外，波兰是捷克共和国的第三大进口贸易伙伴，2019年进口额达到136.9亿美元，占7.6%（如表3.2、表3.3所示）。

表3.2　2000年、2010年和2019年捷克共和国出口前十大贸易伙伴国及贸易情况

2000年			2010年			2019年		
出口国家	出口额（亿美元）	份额（%）	出口国家	出口额（亿美元）	份额（%）	出口国家	出口额（亿美元）	份额（%）
德国	117.5	40.5	德国	422.1	31.9	德国	635.3	31.8
斯洛伐克	22.3	7.7	斯洛伐克	116.0	8.8	斯洛伐克	151.0	7.6
奥地利	17.4	6.0	波兰	81.3	6.2	波兰	120.3	6.0
波兰	15.8	5.4	法国	71.0	5.4	法国	102.4	5.1
英国	12.5	4.3	英国	64.4	4.9	英国	89.9	4.5
法国	11.7	4.0	奥地利	62.1	4.7	奥地利	85.6	4.3
意大利	11.0	3.8	意大利	58.8	4.5	意大利	75.8	3.8
美国	8.2	2.8	荷兰	49.2	3.7	荷兰	75.5	3.8
荷兰	6.7	2.3	俄罗斯	35.4	2.7	匈牙利	65.0	3.3
比利时	6.3	2.2	比利时	32.7	2.5	西班牙	64.0	3.2

资料来源：世界综合贸易解决方案（WITS）数据库。

表3.3　2000年、2010年和2019年捷克共和国进口前十大贸易伙伴国及贸易情况

2000年			2010年			2019年		
进口国家	进口额（亿美元）	份额（%）	进口国家	进口额（亿美元）	份额（%）	进口国家	进口额（亿美元）	份额（%）
德国	103.8	32.2	德国	320.6	25.5	德国	441.0	24.6
俄罗斯	20.8	6.4	中国	153.3	12.2	中国	283.4	15.8
斯洛伐克	19.3	6.0	波兰	80.4	6.4	波兰	136.9	7.6
意大利	16.6	5.2	俄罗斯	68.1	5.4	斯洛伐克	78.7	4.4
法国	16.0	5.0	斯洛伐克	65.1	5.2	意大利	73.6	4.1
奥地利	15.9	4.9	意大利	49.0	3.9	法国	55.5	3.1
美国	14.2	4.4	奥地利	42.3	3.4	荷兰	51.9	2.9
英国	13.3	4.1	法国	41.5	3.3	俄罗斯	50.2	2.8
波兰	11.5	3.6	荷兰	40.5	3.2	奥地利	50.1	2.8
荷兰	7.5	2.3	日本	30.7	2.4	美国	47.0	2.6

资料来源：世界综合贸易解决方案（WITS）数据库。

就主要贸易区域而言，进口贸易方面，欧洲和中亚地区是捷克共和国进口贸易的第一大贸易伙伴区域，且自 1993 年以来就保持增长趋势。1993—2008 年，捷克共和国自欧洲和中亚地区进口贸易额从 110.5 亿美元增长到 1 250.9 亿美元，但自 2008 年之后，尽管总体仍保持增长势头，但波动也十分剧烈，特别是在 2009 年、2012 年和 2015 年均呈现了明显下滑，在 2018 年实现 1 332.1 亿美元之后，2019 年又下滑至 1 250.9 亿美元。东亚和太平洋地区是捷克共和国进口贸易的第二大区域，捷克自东亚和太平洋地区的进口额自 1993 年的 5.5 亿美元，稳步增长到 2008 年的 226.1 亿美元，在经历 2009 年、2013 年的短暂下滑后，进一步增长到 2019 年的 413.6 亿美元。北美洲地区是捷克共和国的第三大进口贸易伙伴区域，近年来捷克自其进口贸易额也呈现明显的上升趋势，1993 年仅有 4.4 亿美元，2008 年增长至 32.7 亿美元，2009 年短暂下滑后稳步增长至 2019 年的 50.9 亿美元。

出口贸易方面，欧洲和中亚地区同样也是捷克共和国出口贸易的第一大贸易伙伴区域，并且，与进口贸易相似，捷克共和国对欧洲和中亚地区的出口贸易趋势自 1993 年以来保持增长趋势。1993—2008 年，捷克共和国自欧洲和中亚地区进口贸易额从 110.1 亿美元增长到 1 357.5 亿美元，但自 2008 年之后，经历了 2009 年、2012 年和 2015 年的短暂下滑后，2018 年实现了 1 840.9 亿美元的历史新高，但 2019 年又下滑至 1 808.0 亿美元。东亚和太平洋地区同样是捷克共和国出口贸易的第二大区域，捷克共和国对其出口额自 1993 年的 6.7 亿美元，稳步增长到 2008 年的 27.4 亿美元，短暂下滑后又增长至 2018 年的 61.4 亿美元，2019 年略微下滑至 60.5 亿美元。北美洲地区是捷克共和国的第三大出口贸易伙伴区域，近年来捷克自其进口贸易额也呈现明显的上升趋势，1993 年仅有 2.8 亿美元，2008 年增长至 27.4 亿美元，2009 年短暂下滑后稳步增长至 2019 年的 49.8 亿美元。

此外，尽管捷克共和国对拉丁美洲和加勒比地区、中东和北非地区、南亚地区和撒哈拉以南非洲地区的进出口贸易较少，但对上述地区的贸易额也呈现了明显增长趋势，进一步体现了近年来捷克共和国对外贸易的积极发展态势。

就 2019 年的情况来看，欧洲和中亚地区是捷克共和国对外贸易的第一大伙伴区域，来自该地区的进口贸易份额为 70.6%，出口贸易份额为 90.8%。东亚和太平洋地区是第二大伙伴区域，来自该地区的进、出口贸易份额分别为 23.3% 和 3.0%。北美洲紧随其后，来自该地区的进、出口贸易份额分别为 2.9%和 2.5%。捷克共和国对拉丁美洲和加勒比地区、中东和北非地区、南亚地区和撒哈拉以南非洲地区的进出口贸易较少，来自上述地区的进口贸易份额分别为 0.9%、

0.7%、1.0%和 0.6%，出口贸易份额分别为 0.8%、1.9%、0.5%和 0.5%（如表 3.4、图 3.3—图 3.6 所示）。

表 3.4　　2019 年捷克共和国与不同地区进出口贸易份额情况　　单位：%

地区	进口贸易份额	地区	出口贸易份额
欧洲和中亚地区	70.6	欧洲和中亚地区	90.8
东亚和太平洋地区	23.3	东亚和太平洋地区	3.0
北美洲地区	2.9	北美洲地区	2.5
拉丁美洲和加勒比地区	0.9	拉丁美洲和加勒比地区	0.8
中东和北非地区	0.7	中东和北非地区	1.9
南亚地区	1.0	南亚地区	0.5
撒哈拉以南非洲地区	0.6	撒哈拉以南非洲地区	0.5

资料来源：世界综合贸易解决方案（WITS）数据库。

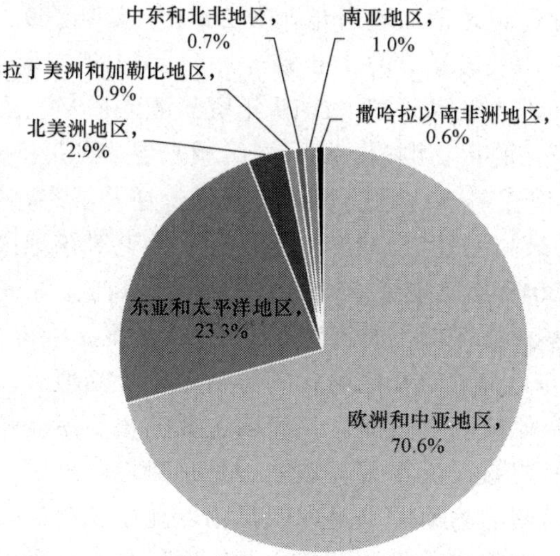

图 3.3　2019 年捷克共和国与不同地区进口贸易份额

资料来源：世界综合贸易解决方案（WITS）数据库。

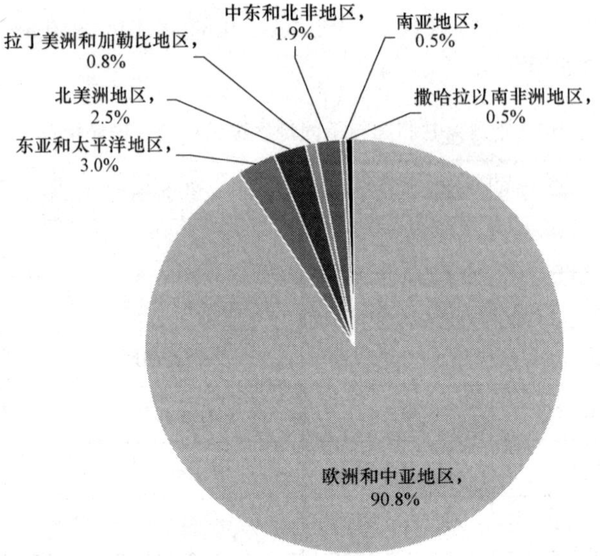

图 3.4　2019 年捷克共和国与不同地区出口贸易份额

资料来源：世界综合贸易解决方案（WITS）数据库。

贸易平衡方面，除 1993 年实现了 1.9 亿美元的贸易顺差外，2004 年以前，捷克共和国的贸易平衡均呈现贸易逆差状态，1996 年更是达到了 58.1 亿美元的逆差最高值，此后贸易逆差值波动降低，在 2004 年实现了 9.3 亿美元的贸易逆差值后，贸易平衡账户由负转正，并不断攀升，于 2014 年实现了 210.5 亿美元的历史最高值，但此后又进入波动阶段，2019 年贸易顺差值又一次突破 200 亿美元大关，实现了 202 亿美元的贸易顺差。就不同区域来看，欧洲和中亚地区方面，1997 年以前和 2000 年，捷克对该地区的贸易平衡保持逆差状态，特别是在 1996 年达到了 43.7 亿美元的最高逆差值。2001 年以后，捷克对该地区的贸易顺差一直保持上升态势，并于 2019 年实现了 557.1 亿美元的最高值。在东亚和太平洋地区，捷克共和国贸易逆差一直保持上升态势，除 1993 年贸易顺差为 1.2 亿美元外，此后一直增长，2019 年达到 353.0 亿美元的贸易逆差最高值。北美地区、拉丁美洲和加勒比地区以及南亚地区也是捷克共和国主要的贸易逆差伙伴区域，但对拉丁美洲和加勒比地区的贸易在近年来有顺差增长趋势。此外，捷克共和国对中东和北非地区、撒哈拉以南非洲地区则呈现明显的顺差增长趋势，特别是对中东和北非地区，一直都是捷克共和国除欧洲和中亚地区以外主要的贸易顺差伙伴国，但近年来有顺差降低趋势，2017 年实现了 28.5 亿美元的贸易顺差最高值，此后略微下滑。捷克共和国对撒哈拉以南非洲地区的贸易顺差额则较小，在 2005 年贸易平衡账户由负转正实现了 0.5 亿美元的贸易顺差，此后不断攀升，并在 2014 年实现了 4.2 亿美元的历史最高值，但此后逐步下滑，2019 年仅为 0.2 亿美元（如表 3.5、图 3.7 所示）。

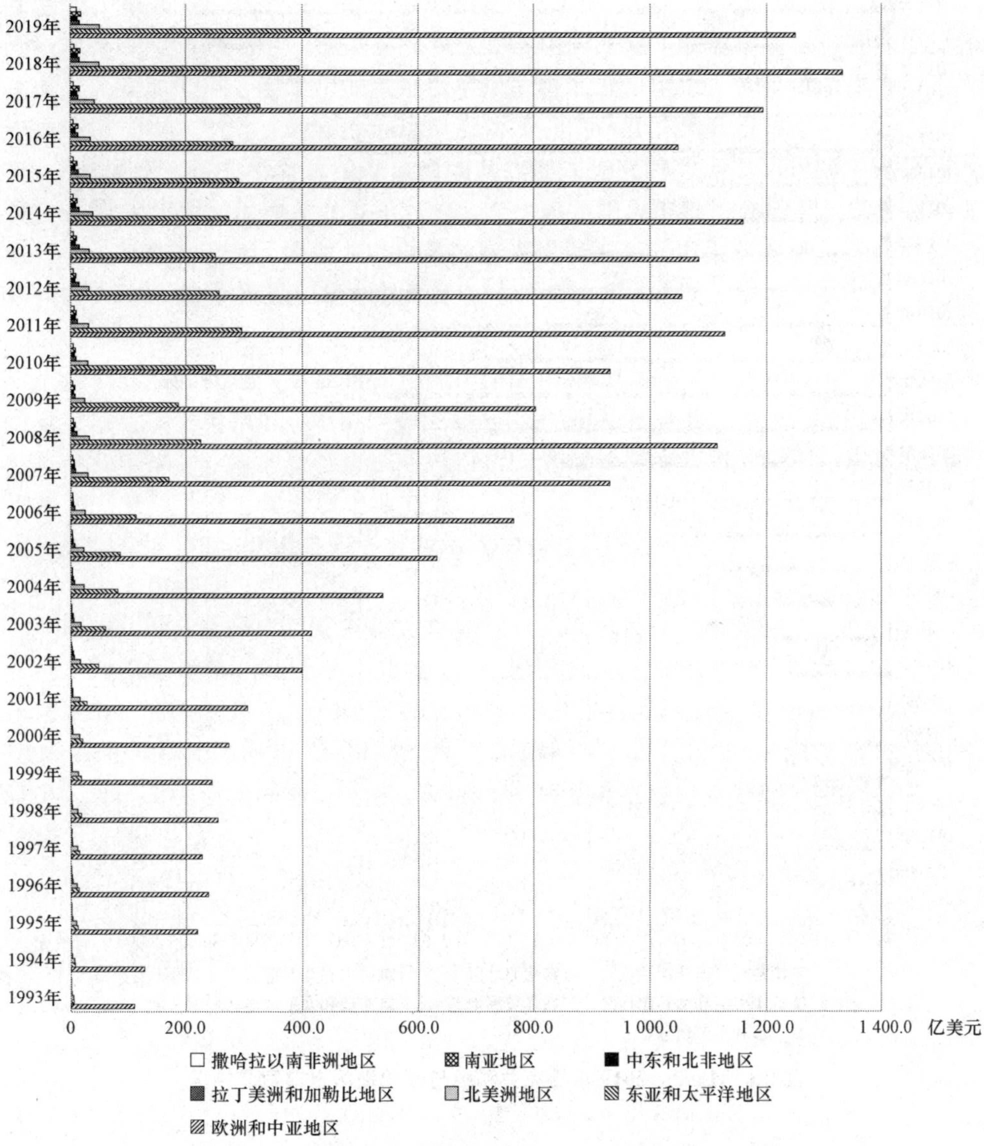

图 3.5　1993—2019 年捷克共和国与不同地区进口贸易情况

资料来源：世界综合贸易解决方案（WITS）数据库。

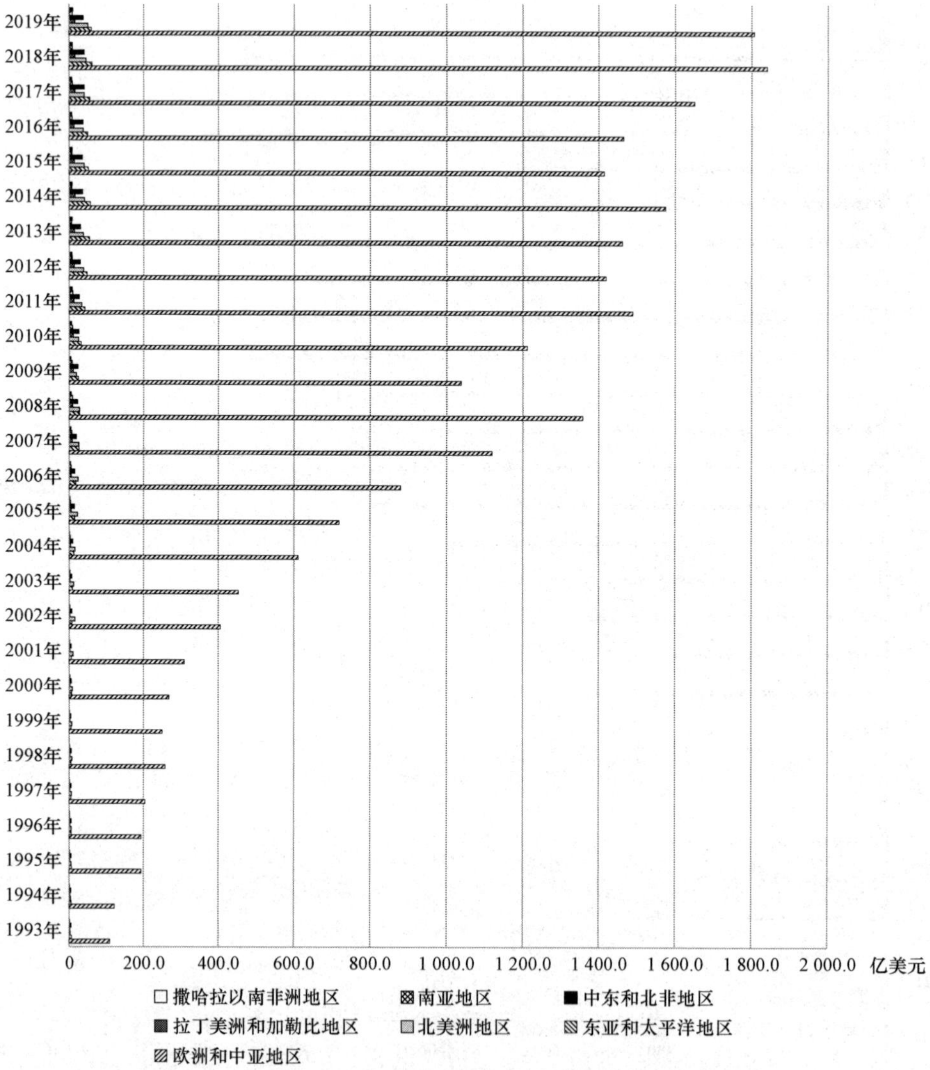

图 3.6 1993—2019 年捷克共和国与不同地区出口贸易情况

资料来源：世界综合贸易解决方案（WITS）数据库。

就具体国家来看，2019 年捷克共和国对德国贸易顺差最高，实现了 194.3 亿美元的顺差额，对斯洛伐克和波兰的贸易顺差也较高，分别为 72.3 亿美元和 60.1 亿美元。贸易顺差额最高的前十位国家均为欧洲国家。贸易逆差方面，2019 年捷克共和国对中国的贸易逆差额最高，为 258.7 亿美元，然后依次是韩国和日本，贸易逆差额分别为 33.4 亿美元和 20.9 亿美元。此外，贸易逆差额最高的前十位国家中，除第四位的波兰，和第八位、第九位的阿塞拜疆、俄罗斯外，其余国家均为亚洲国家（如表 3.6 所示）。

表 3.5　1993—2019 年捷克共和国对不同地区的贸易平衡情况　单位：亿美元

年份	世界	欧洲和中亚地区	东亚和太平洋地区	北美洲地区	拉丁美洲和加勒比地区	中东和北非地区	南亚地区	撒哈拉以南非洲地区
1993 年	1.9	−0.3	1.2	−1.6	−0.3	4.1	0.3	0
1994 年	−8.7	−5.5	−2.0	−2.2	−0.5	3.8	0.2	−0.2
1995 年	−36.2	−26.0	−5.0	−4.6	−0.8	3.7	0.3	−0.1
1996 年	−58.1	−43.7	−8.0	−5.1	−1.0	3.0	0	0.6
1997 年	−44.4	−23.9	−10.4	−4.7	−0.9	3.0	0	−0.7
1998 年	−22.2	1.3	−13.5	−5.1	−0.8	3.3	−0.3	−0.5
1999 年	−19.9	4.2	−13.1	−5.7	−0.8	2.4	−0.3	−0.3
2000 年	−31.9	−7.0	−14.4	−6.3	−1.3	2.2	0.1	−0.2
2001 年	−30.9	1.7	−22.1	−4.9	−1.6	2.4	−0.3	−0.3
2002 年	−39.7	6.4	−40.5	−0.2	−3.4	2.2	0.2	−0.1
2003 年	−25.2	37.3	−51.7	−4.6	−3.4	2.6	−0.2	−0.5
2004 年	−9.3	72.7	−70.0	−6.4	−3.1	5.4	0	−0.6
2005 年	16.8	88.4	−72.4	−0.1	−2.0	9.4	−0.1	0.5
2006 年	17.1	115.7	−96.8	−0.8	−0.8	9.5	0.7	0.9
2007 年	40.8	188.4	−144.5	−4.7	−0.6	12.6	1.0	1.3
2008 年	42.5	241.8	−198.7	−5.4	−2.2	16.2	1.3	1.4
2009 年	80.3	234.9	−162.0	−4.5	2.7	18.6	1.0	2.0
2010 年	64.5	279.9	−218.9	−5.0	1.1	19.4	0.7	2.6
2011 年	115.8	359.4	−253.7	2.6	−0.1	17.9	−0.4	3.4

续表

年份	世界	欧洲和中亚地区	东亚和太平洋地区	北美洲地区	拉丁美洲和加勒比地区	中东和北非地区	南亚地区	撒哈拉以南非洲地区
2012 年	167.0	364.0	－209.8	6.4	－1.5	21.8	－1.8	2.8
2013 年	190.0	377.9	－196.9	4.8	－1.4	21.4	－3.8	3.4
2014 年	210.5	415.1	－217.0	2.1	－0.1	26.8	－5.1	4.2
2015 年	164.8	388.6	－239.6	5.1	0.5	27.2	－4.9	3.3
2016 年	197.6	416.6	－231.4	2.8	0.4	28.4	－5.8	2.6
2017 年	193.3	457.6	－272.1	－1.6	1.8	28.5	－7.3	2.5
2018 年	176.0	508.9	－333.2	－5.1	0	27.7	－8.5	2.9
2019 年	202.0	557.1	－353.0	－1.2	0.5	25.5	－10.0	0.2

资料来源：世界综合贸易解决方案（WITS）数据库。

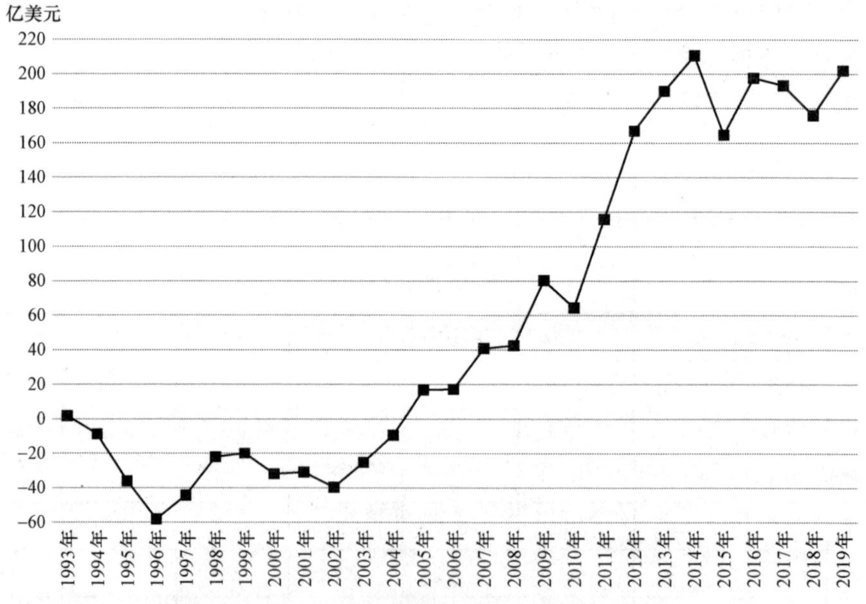

图 3.7　1993—2019 年捷克共和国贸易平衡情况

资料来源：世界综合贸易解决方案（WITS）数据库。

表 3.6 **2019 年捷克共和国贸易平衡情况** 单位：亿美元

国家	贸易顺差额	国家	贸易逆差额
德国	194.3	中国	−258.7
斯洛伐克	72.3	韩国	−33.4
波兰	60.1	日本	−20.9
法国	46.9	波兰	−16.6
英国	35.5	马来西亚	−14.5
奥地利	33.1	泰国	−11.7
意大利	23.6	越南	−10.9
荷兰	22.4	阿塞拜疆	−10.6
匈牙利	18.2	俄罗斯	−7.1
西班牙	13.8	孟加拉国	−5.5

资料来源：世界综合贸易解决方案（WITS）数据库。

就出口贸易结构而言，2019 年，按照 HS2 位编码统计的捷克共和国出口贸易前十大类产品分别为铁路或有轨电车以外的车辆及其零件；核反应堆、锅炉、机械和机械装置，及其零件；电机和设备及其部件，电视图像、声音的录制和重放设备及其零件、附件；钢铁制品；塑料及其制品；家具床上用品、床垫及支架、靠垫等，灯具和照明配件，照明标志、照明铭牌等；光学、摄影、电影、测量、检查、精密、医疗或外科仪器和器械，及其零件及附件；钢铁；橡胶及其制品；玩具、游戏和运动必需品，及其零件及附件。其中，车辆及其零件的出口额达到 403.4 亿美元，出口份额达到 20.2%，核反应堆及机械器具、电机和设备及其部件等的出口额也较高，分别达到 397.1 亿美元和 369.1 亿美元，份额分别占 19.9%和 18.5%。可见捷克共和国的汽车、机械、电机等制造业出口所占比重较高。制造业，特别是汽车等机械设备制造有力地拉动了捷克的出口。

就进口贸易结构而言，2019 年，按照 HS2 位编码统计的捷克共和国进口贸易前十大类产品分别为电机和设备及其部件，电视图像、声音的录制和重放设备及其零件、附件；核反应堆、锅炉、机械和机械装置，及其零件；除铁路或有轨电车以外的车辆及其零件；矿物燃料、矿物油及其蒸馏产品，沥青物质，矿物蜡；塑料及其制品；钢铁；医药产品；钢铁制品；光学、摄影、电影、测量、检查、精密、医疗或外科仪器和器械，及其零件及附件；家具床上用品、床垫及支架、靠垫等，灯具和照明配件，照明标志、照明铭牌等。其中，电机与设备及其部件等、核反应及机械器具、车辆及其零件仍旧是进口的前三大类产品，且其份额均超过 10%，分别达到 20.3%、17.6%和 10.2%。可见，就进口而言，汽车、机械、电机等制造业进口的比重也较高，支撑了捷克国内的机械制造业生产。此外，值得注意的是，矿物油及其精炼产品、医药产品也是进口的主要产品种类，这不仅在一定程度上体现出捷克国内能源消费依赖进口，也体现了其国内医药产业的发展薄弱（如表 3.7 所示）。

表 3.7　　　　2019 年捷克共和国贸易结构情况

HS2 位编码产品类别	出口额（亿美元）	份额（%）	HS2 位编码产品类别	进口额（亿美元）	份额（%）
除铁路或有轨电车以外的车辆及其零件	403.4	20.2	电机和设备及其部件，电视图像、声音的录制和重放设备及其零件、附件	363.2	20.3
核反应堆、锅炉、机械和机械装置，及其零件	397.1	19.9	核反应堆、锅炉、机械和机械装置，及其零件	315.0	17.6
电机和设备及其部件，电视图像、声音的录制和重放设备及其零件、附件	369.1	18.5	除铁路或有轨电车以外的车辆及其零件	183.6	10.2
钢铁制品	68.6	3.4	矿物燃料、矿物油及其蒸馏产品，沥青物质，矿物蜡	95.5	5.3
塑料及其制品	66.5	3.3	塑料及其制品	92.2	5.1
家具床上用品、床垫及支架、靠垫等，灯具和照明配件，照明标志、照明铭牌等	53.9	2.7	钢铁	59.8	3.3
光学、摄影、电影、测量、检查、精密、医疗或外科仪器和器械，及其零件及附件	42.4	2.1	医药产品	54.5	3.0
钢铁	40.2	2.0	钢铁制品	50.8	2.8
橡胶及其制品	39.0	2.0	光学、摄影、电影、测量、检查、精密、医疗或外科仪器和器械，及其零件及附件	42.4	2.4
玩具、游戏和运动必需品，及其零件及附件	36.3	1.8	家具床上用品、床垫及支架、靠垫等，灯具和照明配件，照明标志、照明铭牌等	35.7	2.0

资料来源：UN COMTRADE 数据库。

进一步就上述产业近年来的贸易趋势进行分析，近年来捷克共和国的贸易结构变动不大，对外贸易以车辆及其零部件、机械器具、电机和设备等工业制造品为主。进口方面，车辆及其零部件以及机械器具的进口贸易额远超过其他大类产品，车辆及其零部件的进口量紧随其后，上述产品在近年来呈现稳步上升趋势，有力支撑了捷克共和国内的汽车业发展。其他如塑料制品、钢铁制品等产品也均呈现了类似的变动趋势，但矿物油及其精炼产品却在近年来呈现明显下滑趋势，由 2011 年的 151.7 亿美元下降至 2016 年的 68.0 亿美元，并于 2019 年小幅反弹至 92.2 亿美元。可见，捷克共和国的对外能源依赖度在一定程度上逐步降低（如图 3.8 所示）。出口方面，车辆及其零部件、机械器具、电机和设备的出口贸易额远超过其他大类产品，近年来均增长趋势，但 2019 年均有不同程度的下滑。其他大类产品的波动幅度不大，均呈现平缓增长的态势（如图 3.9 所示）。

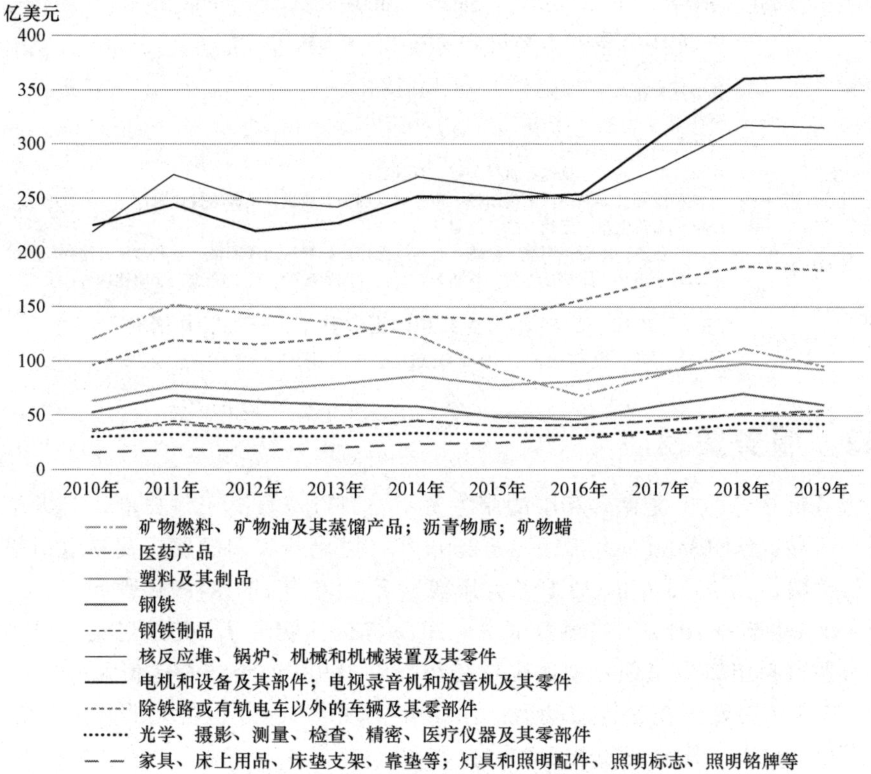

图 3.8 2010—2019 年捷克共和国进口前十大产品贸易情况

资料来源：UN COMTRADE 数据库。

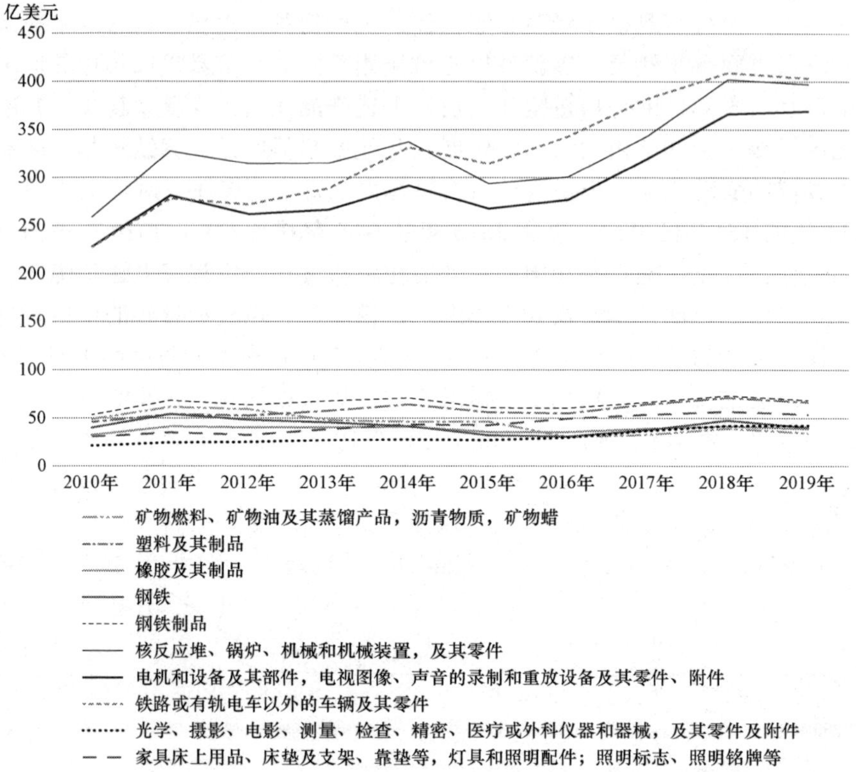

图 3.9　2010—2019 年捷克共和国出口前十大产品贸易情况

资料来源：UN COMTRADE 数据库。

3.1.2　服务贸易

服务贸易方面，捷克共和国的服务贸易出口额一直高于进口额，且近年来增长趋势明显。就贸易额而言，1993—2008 年，捷克共和国的服务贸易进口呈现波动增长趋势，由 1993 年的 38.1 亿美元增长至 2008 年的 184.6 亿美元，此后尽管经历了 2009 年和 2015 年的短暂下滑，2019 年仍然实现了 258.1 亿美元的历史新高。服务贸易出口也呈现相似的变化趋势，由 1993 年的 55.6 亿美元增长至 2008 年的 237.5 亿美元，在短暂波动后，2018 年实现了 306.0 亿美元的新高，但 2019 年下滑至 304.4 亿美元（如表 3.8 所示）。

尽管贸易额整体呈现增长态势，但其所占比重却呈现明显的下滑趋势。进口服务贸易所占比重由 1993 年的 22.2%波动下降至 2007 年的 12.6%，此后至 2019 年在 13%～14%之间徘徊，2019 年小幅回升至 15.1%。出口服务贸易所占比重由

1993年的31.5%下降至2008年的15.8%，此后一直在15%～16%之间徘徊，2019年小幅增长至16.3%。且就总服务贸易额占GDP的比重而言，该比重一直在20%～25%之间波动，2000年实现了历史最高值24.8%，此后一直下滑至2005年的17.2%，近年来小幅回升，并一直在22.4%左右徘徊（如图3.10所示）。

表3.8　　1993—2019年捷克共和国对外服务贸易情况

年份	服务贸易进口额（亿美元）	服务贸易出口额（亿美元）	进口服务贸易占总进口贸易比重（%）	出口服务贸易占总出口贸易比重（%）	服务贸易占GDP比重（%）
1993年	38.1	55.6	22.2	31.5	22.9
1994年	48.2	64.6	24.5	34.4	23.6
1995年	50.4	82.2	19.5	34.2	22.1
1996年	63.6	88.5	21.8	34.8	22.6
1997年	55.6	81.3	20.0	33.0	22.0
1998年	58.4	91.1	20.4	32.6	22.4
1999年	59.5	97.0	20.9	35.0	24.0
2000年	55.6	97.7	17.9	33.2	24.8
2001年	56.6	100.4	16.4	30.5	23.2
2002年	64.4	102.3	16.6	27.5	20.3
2003年	75.1	114.7	15.4	24.5	19.0
2004年	96.1	127.5	14.1	18.5	18.7
2005年	108.1	128.5	13.3	15.2	17.2
2006年	127.7	155.3	13.1	15.3	18.1
2007年	153.4	189.5	12.6	15.0	18.0
2008年	184.6	237.5	12.7	15.8	17.8
2009年	162.7	206.1	14.3	16.9	17.8
2010年	178.6	219.6	13.7	16.0	19.0
2011年	203.1	249.3	13.2	15.3	19.7
2012年	202.7	242.4	13.7	15.3	21.3
2013年	203.9	239.8	13.7	14.9	21.0
2014年	223.6	250.7	14.1	14.6	22.7
2015年	197.6	232.8	14.1	15.4	22.9
2016年	200.0	243.6	14.3	15.7	22.6
2017年	220.3	273.9	14.0	15.8	22.6
2018年	250.7	306.0	14.2	16.0	22.4
2019年	258.1	304.4	15.1	16.3	22.4

资料来源：世界综合贸易解决方案（WITS）数据库。

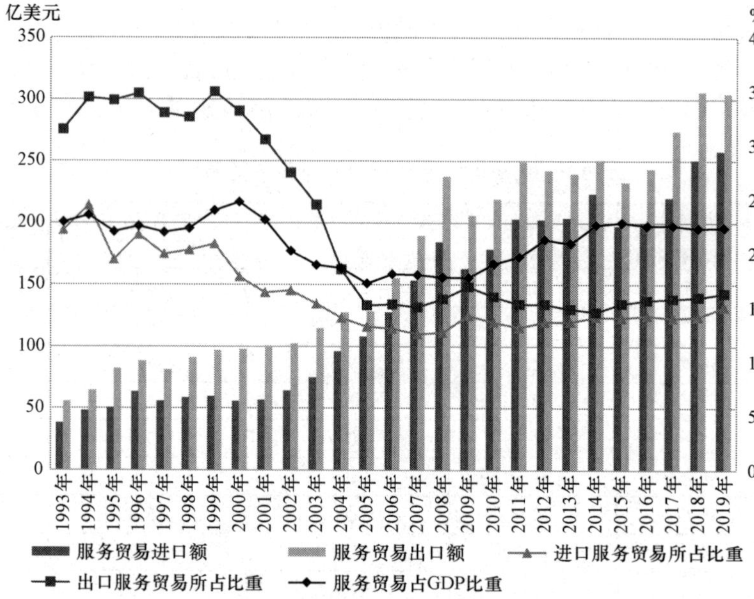

图 3.10　1993—2019 年捷克共和国对外服务贸易情况

资料来源：世界综合贸易解决方案（WITS）数据库。

就服务贸易的贸易结构来看，2019 年，进口服务贸易中，研发、咨询等其他商业服务是第一大进口服务分类，其进口额达到 70.5 亿美元，占服务贸易进口总额的比重达到 27.3%，交通运输和旅游服务紧随其后，其进口贸易额分别为 59.9 亿美元和 58.9 亿美元，所占比重分别为 23.2%和 22.8%。此外，电信、计算机和信息服务业及知识产权服务的进口贸易额也较高，进口额分别为 24.6 亿美元和 15.1 亿美元，所占份额分别为 9.5%和 5.9%。保险和养老基金业紧随其后，进口额为 8.7 亿美元，所占比重为 3.4%。其他服务业进口比重较低，均在 3%以下（如表 3.9 所示）。出口服务贸易中，交通运输服务业和旅游业是前两大服务贸易行业，其出口贸易额分别为 70.0 亿美元和 73.0 亿美元，所占比重分别为 23.0%和 24.0%，此外，研发、咨询等其他商业服务是第三大出口服务贸易行业，其贸易额和所占比重分别为 61.4 亿美元和 20.2%。电信、计算机和信息服务及制造服务业紧随其后，其贸易额分别为 46.0 亿美元和 22.0 亿美元，所占比重分别为 15.1 和 7.2%。其他服务业出口较少，出口份额均在 3%左右或以下（如表 3.10 所示）。

表 3.9　　2010 年和 2019 年捷克共和国进口服务贸易分类情况

服务分类	2010 年		2019 年	
	进口贸易额（亿美元）	份额（%）	进口贸易额（亿美元）	份额（%）
对他人拥有的有形投入进行的制造服务	1.2	0.7	3.2	1.2
别处未包括的保养和维修服务	3.7	2.1	7.6	2.9
交通运输	43.7	24.5	59.9	23.2
旅游	42.5	23.9	58.9	22.8
建筑	6.2	3.5	2.0	0.8
保险和养老基金	6.5	3.6	8.7	3.4
金融服务	5.3	3.0	3.6	1.4
别处未包括的知识产权使用费	9.4	5.3	15.1	5.9
电信、计算机和信息服务	18.3	10.2	24.6	9.5
其他商业服务	39.4	22.1	70.5	27.3
个人、文化及娱乐服务	1.0	0.6	3.6	1.4
别处未包括的政府货物和服务	0.9	0.5	0.6	0.2

资料来源：OECD International Trade in Services Statistics（ITSS）数据库。

表 3.10　　2010 年和 2019 年捷克共和国出口服务贸易分类情况

服务分类	2010 年		2019 年	
	出口贸易额（亿美元）	份额（%）	出口贸易额（亿美元）	份额（%）
对他人拥有的有形投入进行的制造服务	9.6	4.4	22.0	7.2
别处未包括的保养和维修服务	3.8	1.8	9.4	3.1
交通运输	53.8	24.5	70.0	23.0
旅游	71.7	32.7	73.0	24.0
建筑	9.8	4.4	4.7	1.5
保险和养老基金	2.4	1.1	3.4	1.1
金融服务	3.7	1.7	4.1	1.3
别处未包括的知识产权使用费	2.5	1.1	6.9	2.3
电信、计算机和信息服务	17.8	8.1	46.0	15.1
其他商业服务	43.0	19.6	61.4	20.2
个人、文化及娱乐服务	0.9	0.4	3.3	1.1
别处未包括的政府货物和服务	0.3	0.1	0.4	0.1

资料来源：OECD International Trade in Services Statistics（ITSS）数据库。

就服务贸易结构的变动趋势来看，2010—2019 年，捷克共和国服务贸易结构没有出现大的变动，且各行业均有平缓增长趋势。进口方面，交通运输、旅游服务以及研发、咨询等其他商业服务是前三大进口服务贸易行业，且其贸易额远超过其他行业，近年来呈现逐步增长势头。电信、计算机和信息服务业紧随其后，增长平缓，但 2019 年略有下滑。此外，进口的知识产权服务也有较为明显的增长趋势（如图 3.11 所示）。出口方面，交通运输、旅游服务以及研发、咨询等其他商业服务是前三大进口服务贸易行业，尽管其出口贸易额远超过其他行业，但近年来这一差距在逐渐减小，并且旅游业出口服务经历了较大幅度波动，由 2010 年的 71.7 亿美元，增长至 2011 年的 81 亿美元，此后下滑至 2015 年的 60.6 亿美元，在这之后平缓复苏，2019 年实现了 73 亿美元的出口额。交通运输及研发、咨询等其他商业服务也呈现了明显波动，但总体的增长势头明显，分别由 2010 年的 53.8 亿美元和 43 亿美元，增长至 2019 年的 70 亿美元和 61.4 亿美元。值得注意的是，电信、计算机和信息服务业以及制造服务业均呈现强劲的增长势头，分别由 2010 年的 17.8 亿美元和 9.6 亿美元，增长至 2019 年的 22.0 亿美元和 46.0 亿美元。建筑服务出口则有明显下滑，2010 年其出口贸易额和所占比重分别为 9.8 亿美元和 4.4%，2019 年却分别降至 4.7 亿美元和 1.5%。其他服务行业出口的变动不太显著（如图 3.12 所示）。

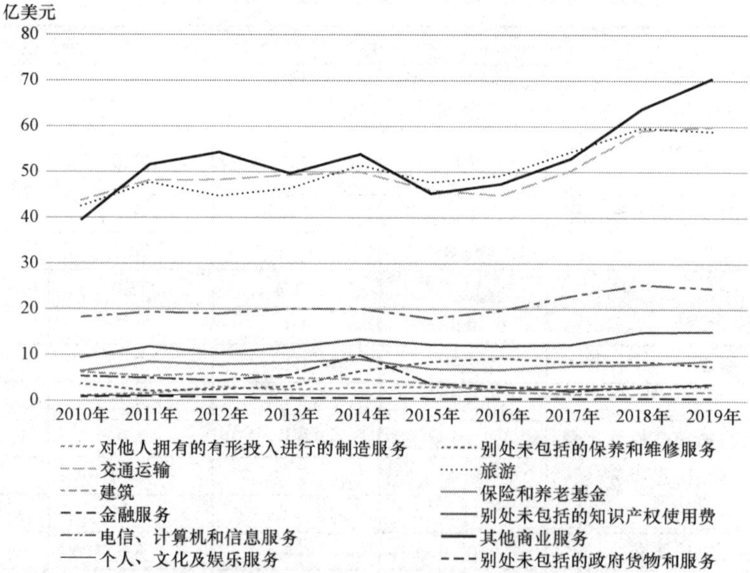

图 3.11 2010—2019 年捷克共和国进口服务贸易分类情况

资料来源：OECD International Trade in Services Statistics（ITSS）数据库。

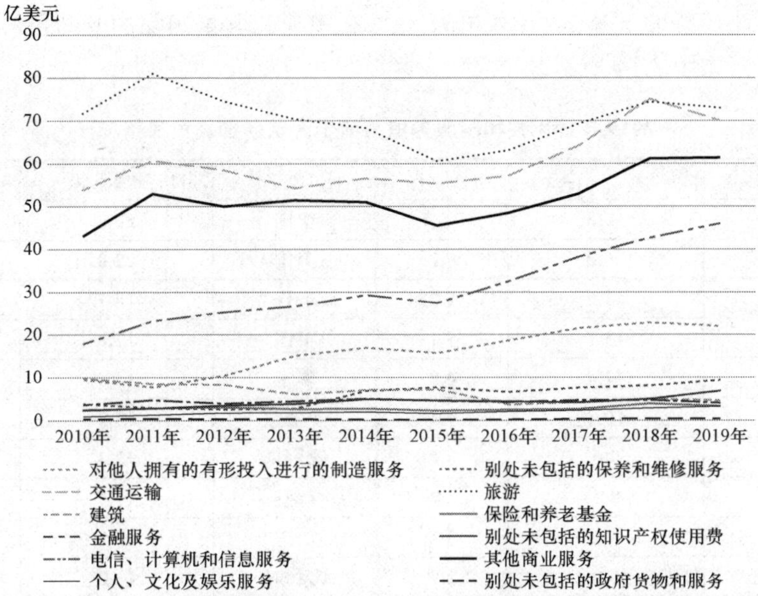

图 3.12　2010—2019 年捷克共和国出口服务贸易分类情况

资料来源：OECD International Trade in Services Statistics（ITSS）数据库。

就服务贸易的贸易伙伴来看，2019 年捷克进口服务贸易的前十大国家分别为德国、斯洛伐克、中国、美国、奥地利、波兰、法国、荷兰、爱尔兰和意大利，出口服务贸易的前十大国家分别为德国、美国、斯洛伐克、英国、瑞士、爱尔兰、俄罗斯、荷兰、法国和比利时。德国是捷克共和国服务贸易进出口的第一大伙伴国，对德国服务贸易进出口额分别为 65.8 亿美元和 58.2 亿美元，所占份额分别为 25.5%和 19.1%。斯洛伐克也是捷克共和国主要的服务贸易伙伴国，对其进出口服务贸易额分别为 16.0 亿美元和 18.7 亿美元，所占份额分别为 6.2%和 6.1%。美国也是捷克共和国重要的服务贸易伙伴之一，对其进出口贸易额分别为 13.1 亿美元和 22.8 亿美元，所占份额分别为 5.1%和 7.5%。中国是捷克共和国重要的服务贸易进口国，进口额实现了 13.5 亿美元，所占份额为 5.2%，但捷克共和国对中国服务贸易出口额较低。此外，奥地利、波兰、法国、荷兰等欧洲国家也是捷克的主要服务贸易伙伴国，服务贸易占比均在 3%～5%之间（如表 3.11 所示）。就主要服务贸易伙伴的贸易趋势变动情况来看，进口服务贸易方面，对德国进口服务贸易份额上升趋势明显，2010 年为 38.2 亿美元，2019 年上升至 65.8 亿美元。其余国家的变动趋势并不十分显著（如图 3.13 所示）。出口贸易方面，对德国出口贸易服务波动趋势明显，2010 年为 53.6 亿美元，此后波动下降至 2015 年的 45.4

亿美元，此后缓慢上升至 2019 年的 58.2 亿美元。其余国家的变动趋势相对来说较为平缓（如图 3.14 所示）。

表 3.11　　2019 年捷克共和国服务贸易前十大伙伴国及贸易情况

进口国家	进口额（亿美元）	份额（%）	出口国家	出口额（亿美元）	份额（%）
德国	65.8	25.5	德国	58.2	19.1
斯洛伐克	16.0	6.2	美国	22.8	7.5
中国	13.5	5.2	斯洛伐克	18.7	6.1
美国	13.1	5.1	英国	17.8	5.8
奥地利	12.4	4.8	瑞士	14.0	4.6
波兰	10.7	4.1	爱尔兰	13.2	4.3
法国	9.6	3.7	俄罗斯	12.4	4.1
荷兰	8.9	3.4	荷兰	11.7	3.8
爱尔兰	8.2	3.2	法国	11.1	3.6
意大利	6.9	2.7	比利时	11.0	3.6

资料来源：OECD International Trade in Services Statistics（ITSS）数据库。

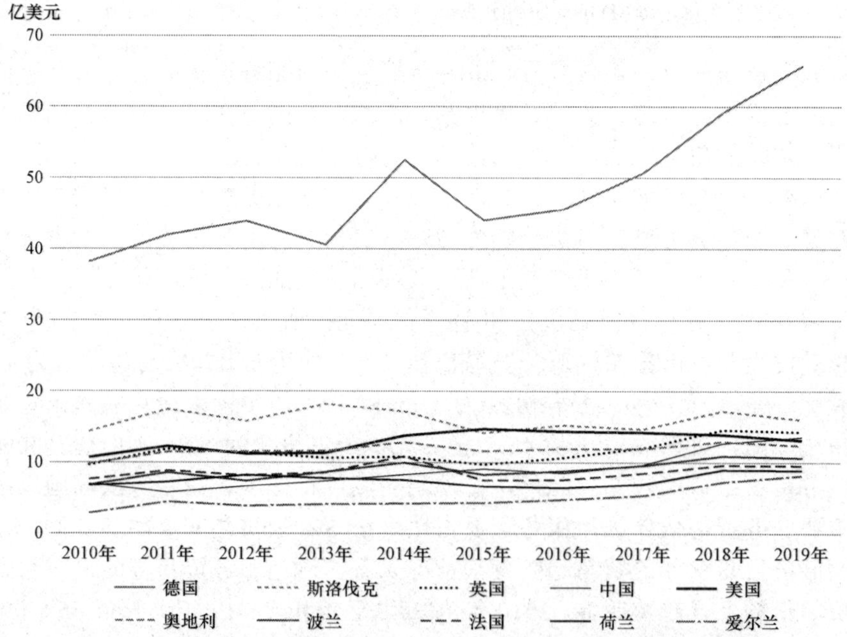

图 3.13　2010—2019 年捷克共和国主要进口服务贸易伙伴国贸易情况

资料来源：OECD International Trade in Services Statistics（ITSS）数据库。

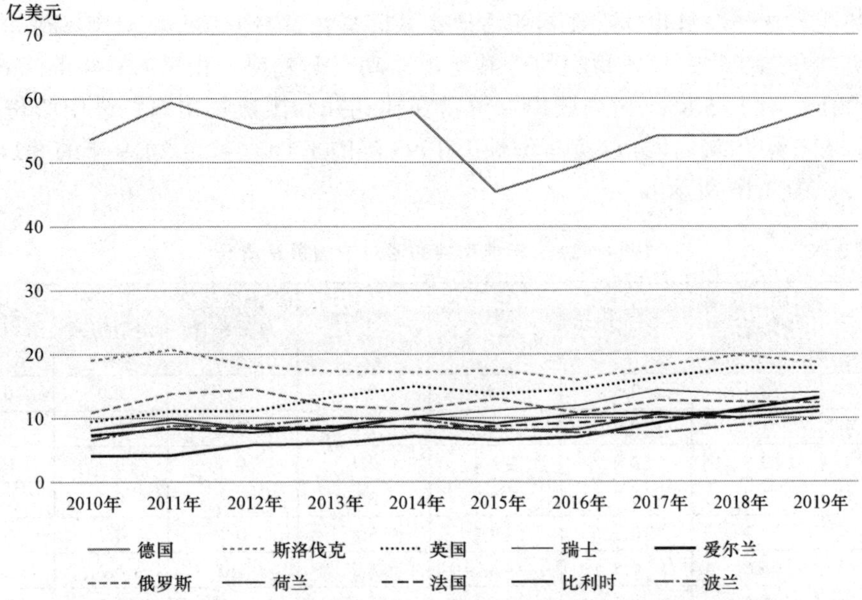

图 3.14 2010—2019 年捷克共和国主要出口服务贸易伙伴国贸易情况

资料来源：OECD International Trade in Services Statistics（ITSS）数据库。

3.2 中捷贸易现状

3.2.1 中捷货物贸易

自捷克共和国独立以来，中捷货物贸易实现了较大发展。

1993 年，捷克共和国对中国出口总额仅为 2.5 亿美元，进口总额为 0.8 亿美元，贸易总额为 3.3 亿美元，三者在捷克共和国货物贸易中所占比重分别为 2.0%、0.6%和 1.3%。此后，中捷货物贸易迅速发展，捷克共和国对中国的进出口贸易额实现了明显增长。2019 年对中国出口贸易额为 24.7 亿美元，进口贸易额为 283.4 亿美元，总贸易额实现了 308.1 亿美元。三者在捷克共和国货物贸易中所占比重分别增至 1.2%、15.8%和 8.1%（如表 3.12 所示）。

就具体的变动趋势来看，捷克共和国对中国进口贸易额大幅波动提升，尽管经历了 2009 年、2012 年和 2016 年的三个小低谷，但总体而言增长幅度较大。相比之下，捷克共和国对中国出口贸易的增长幅度较为平缓，一直保持较为平稳的增长势头。这一趋势也体现在其所占捷克共同货物贸易份额中，对中国进口贸易在捷克共和国货物进口贸易中的份额呈现波动上升趋势，由 1993 年的 0.6%剧增到 2019 年的 15.8%，对中国出口贸易在捷克共和国货物出口贸易中心份额一直保持在 1%～2%之间，总贸易份额由 1993 年的 1.3%增长至 2019 年的 8.1%（如图 3.15、图 3.16 所示）。

表 3.12　　1993—2019 年捷克共和国对中国贸易情况

年份	对中国贸易总额（亿美元）	对中国出口（亿美元）	对中国贸易平衡	对中国进口（亿美元）	对中国贸易总额份额（%）	对中国出口份额（%）	对中国进口份额（%）
1993 年	3.3	2.5	1.8	0.8	1.3	2.0	0.6
1994 年	1.9	0.9	－0.2	1.0	0.6	0.6	0.7
1995 年	3.0	0.9	－1.1	2.1	0.6	0.4	0.8
1996 年	3.7	0.7	－2.3	3.0	0.7	0.3	1.1
1997 年	4.3	0.5	－3.3	3.8	0.9	0.2	1.4
1998 年	5.6	0.5	－4.7	5.2	1.0	0.2	1.7
1999 年	6.2	0.6	－5.1	5.6	1.1	0.2	2.0
2000 年	7.6	0.7	－6.3	6.9	1.2	0.2	2.2
2001 年	11.5	0.8	－9.9	10.7	1.6	0.2	2.9
2002 年	23.1	1.5	－20.0	21.5	2.5	0.3	4.5
2003 年	29.2	2.4	－24.4	26.8	2.9	0.5	5.2
2004 年	37.8	2.7	－32.4	35.1	2.9	0.4	5.3
2005 年	42.2	3.0	－36.3	39.2	2.7	0.4	5.1
2006 年	61.1	4.0	－53.1	57.1	3.2	0.4	6.1
2007 年	98.9	7.0	－85.0	91.9	4.2	0.6	7.9
2008 年	132.2	7.8	－116.6	124.4	4.6	0.5	8.8
2009 年	113.9	8.4	－97.0	105.5	5.2	0.7	10.1
2010 年	165.5	12.1	－141.2	153.3	6.4	0.9	12.2
2011 年	205.7	16.7	－172.4	189.1	6.6	1.0	12.5
2012 年	173.4	16.7	－140.0	156.7	5.9	1.1	11.2
2013 年	174.0	19.2	－135.7	154.9	5.7	1.2	10.9
2014 年	194.6	20.4	－153.9	174.3	5.9	1.2	11.4
2015 年	208.5	18.5	－171.5	190.0	7.0	1.2	13.5
2016 年	195.6	19.1	－157.4	176.5	6.4	1.2	12.4
2017 年	229.1	24.1	－180.8	205.0	6.6	1.3	12.6
2018 年	286.4	25.8	－234.7	260.5	7.4	1.3	14.1
2019 年	308.1	24.7	－258.7	283.4	8.1	1.2	15.8

资料来源：世界综合贸易解决方案（WITS）数据库。

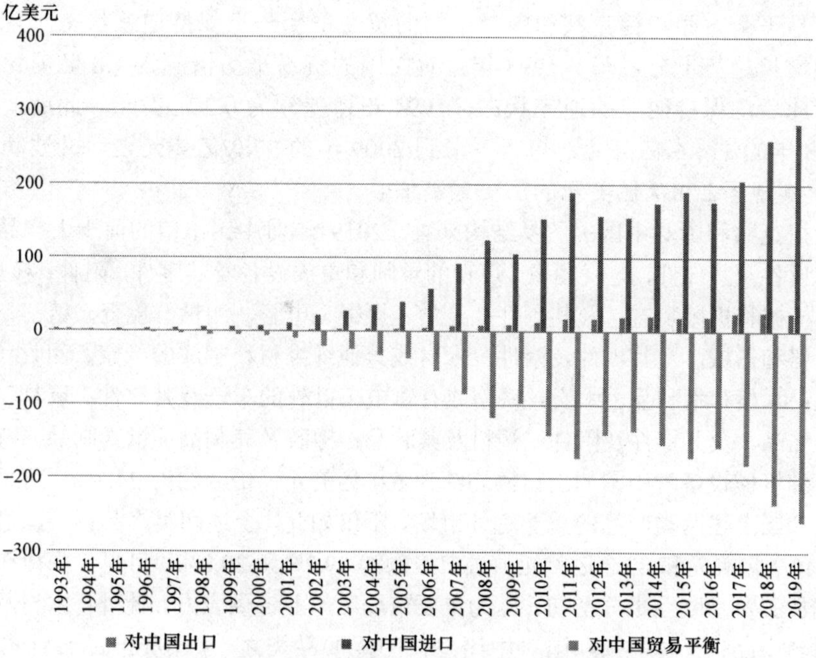

图 3.15　1993—2019 年捷克共和国对中国货物贸易情况

资料来源：世界综合贸易解决方案（WITS）数据库。

图 3.16　1993—2019 年捷克共和国对中国货物贸易份额情况

资料来源：世界综合贸易解决方案（WITS）数据库。

贸易平衡方面，捷克共和国对中国的贸易平衡一直保持逆差状态，且近年来逆差额增长趋势十分显著。1993 年，对中国的贸易平衡情况为 1.8 亿美元的顺差额，但此后均保持明显的逆差状态，1994 年逆差额为 0.2 亿美元，此后一直增长到 2008 年的 116.6 亿美元，短暂下滑到 2009 年的 97.0 亿美元之后又波动增长，2019 年实现了 258.7 亿美元的历史最高值。

就捷克共和国对中国的贸易结构来看，2019 年对中国出口的前十大产品分别是电机和设备及其部件，电视图像、声音的录制和重放设备及其零件、附件；核反应堆、锅炉、机械和机械装置，及其零件；光学、摄影、电影、测量、检查、精密、医疗或外科仪器和器械，及其零件及附件；木材或其他纤维材料制成的纸浆、回收（废）纸或纸板；木材和木制品、木炭；铁路或有轨电车以外的车辆及其零件；玩具、游戏和运动必需品，及其零件及附件；塑料及其制品；橡胶及其制品；钢铁制品。特别是电机设备和机械设备对中国的出口额均约为 6.0 亿美元，份额约为 24.3%，可见中国是捷克共和国上述两类产品的重要海外市场。不仅如此，上述两类产品自中国进口额分别为 140.7 亿美元和 82.2 亿美元，进口份额为 49.7%和 29.0%。可见，中捷在这两类产品的加工贸易联系十分密切，互为重要市场和产业链供应方。此外，木材及其制品等原材料产品也是捷克共和国对中国出口的重要品类之一，两类产品合计占比达到 12.4%。而中国对捷克共和国出口方面，除了电机设备和机械器具，玩具、服装、塑料、鞋类、家具等制成品的占比较高，合计占比约为 9.3%（如表 3.13 所示）。

表 3.13　　2019 年捷克共和国对中国的贸易结构情况

HS2 位编码产品类别	出口额（亿美元）	份额（%）	HS2 位编码产品类别	进口额（亿美元）	份额（%）
电机和设备及其部件，电视图像、声音的录制和重放设备及其零件、附件	6.0	24.3	电机和设备及其部件，电视图像、声音的录制和重放设备及其零件、附件	140.7	49.7
核反应堆、锅炉、机械和机械装置，及其零件	6.0	24.2	核反应堆、锅炉、机械和机械装置，及其零件	82.2	29.0
光学、摄影、电影、测量、检查、精密、医疗或外科仪器和器械，及其零件及附件	2.2	9.0	玩具、游戏和运动必需品，及其零件及附件	5.7	2.0
木材或其他纤维材料制成的纸浆、回收（废）纸或纸板	1.6	6.3	非针织或钩编的服装和服装配件	4.4	1.6
木材和木制品、木炭	1.5	6.1	铁路或有轨电车以外的车辆及其零件	4.3	1.5
铁路或有轨电车以外的车辆及其零件	1.2	4.7	塑料及其制品	4.2	1.5

续表

HS2 位编码产品类别	出口额（亿美元）	份额（%）	HS2 位编码产品类别	进口额（亿美元）	份额（%）
玩具、游戏和运动必需品，及其零件及附件	0.8	3.2	针织或钩编的服装和服装配件	4.1	1.4
塑料及其制品	0.8	3.1	鞋类、护腿等产品	4.0	1.4
橡胶及其制品	0.5	2.0	家具床上用品、床垫及支架、靠垫等，灯具和照明配件；照明标志、照明铭牌等	3.9	1.4
钢铁制品	0.3	1.4	钢铁制品	3.6	1.3

资料来源：世界综合贸易解决方案（WITS）数据库。

就捷克共和国对中国贸易结构的变动趋势来看，近年来这一结构没有发生较大变化。出口方面，电机设备和机械器具是前两大产品，且出口贸易额呈现明显的波动增长趋势，分别由 2010 年的 2.7 亿美元和 3.7 亿美元增长至约 6.0 亿美元。除汽车及其零件产品在近年来略有下滑外，其他出口产品则呈现了相对平缓的增长趋势（如图 3.17 所示）。进口方面，电机设备和机械器具仍旧是前两大产品，

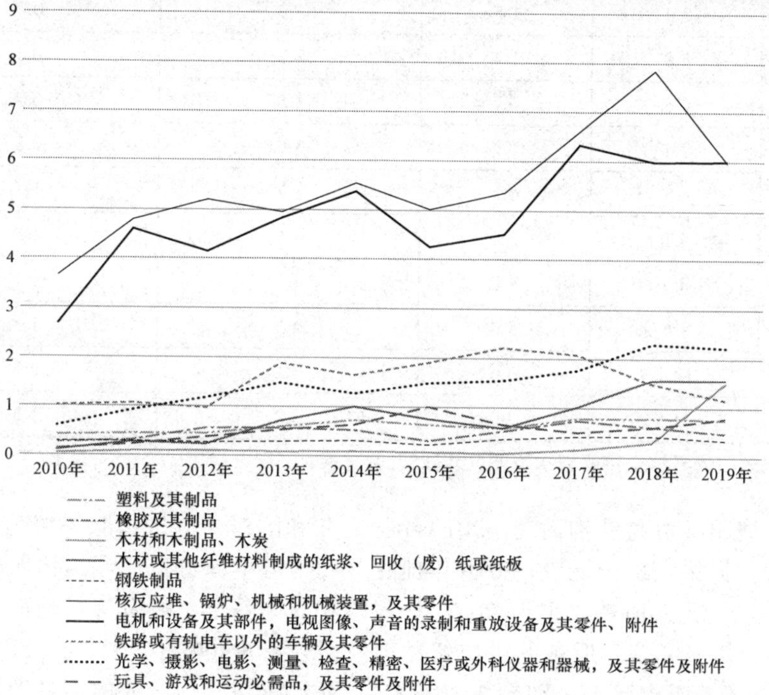

图 3.17 2010—2019 年捷克共和国对中国出口前十大产品贸易情况

资料来源：UN COMTRADE 数据库。

但两者的上升幅度出现差异。电机设备由 2010 年的 61.3 亿美元增长至 2019 年的 140.7 亿美元，但机械器具由 57.7 亿美元仅增长至 82.2 亿美元。相比而言，其他产品的进口额相差较大，均在 10 亿美元以下，且近年来呈现平缓增长趋势。

3.2.2 中捷服务贸易

近年来，中捷服务贸易方面也实现了较大发展。2010 年，捷克共和国对中国服务贸易进口额为 7.0 亿美元，占总服务贸易出口额的 3.9%，对中国服务贸易出口额为 1.5 亿美元，占总服务贸易出口额的 0.7%。此后，捷克共和国对中国的服务贸易不断增长，2019 年，进出口服务贸易额分别达到 13.5 亿美元和 7.0 亿美元，份额也分别增长至 5.2%和 2.3%（如表 3.14、图 3.18 所示）。

表 3.14　　2010—2019 年捷克共和国对中国服务贸易情况

年份	对中国服务贸易进口额（亿美元）	对中国服务贸易出口额（亿美元）	对中国进口服务贸易占总进口贸易比重（%）	对中国出口服务贸易占总出口贸易比重（%）
2010 年	7.0	1.5	3.9	0.7
2011 年	5.8	1.4	2.8	0.6
2012 年	6.6	1.7	3.3	0.7
2013 年	7.4	1.9	3.6	0.8
2014 年	8.3	4.3	3.7	1.7
2015 年	9.1	3.6	4.6	1.5
2016 年	8.5	4.0	4.3	1.7
2017 年	9.6	5.0	4.4	1.8
2018 年	12.7	6.6	5.1	2.2
2019 年	13.5	7.0	5.2	2.3

资料来源：世界综合贸易解决方案（WITS）数据库。

就中捷服务贸易结构而言，2019 年捷克共和国对中国进口服务贸易方面，交通运输业占据绝大部分比重，2019 年捷克共和国对中国进口交通运输服务贸易额为 12.28 亿美元，所占比重为 90.6%。保险和养老基金、研发等其他商业服务以及电信、计算机和信息服务的进口贸易额分别达到 5 300 万美元、4 900 万美元和 1 700 万美元，所占比重分别为 3.9%、3.6%和 1.3%。其他行业的服务贸易进口额较低，所占比重均在 1%以下（如表 3.15 所示）。

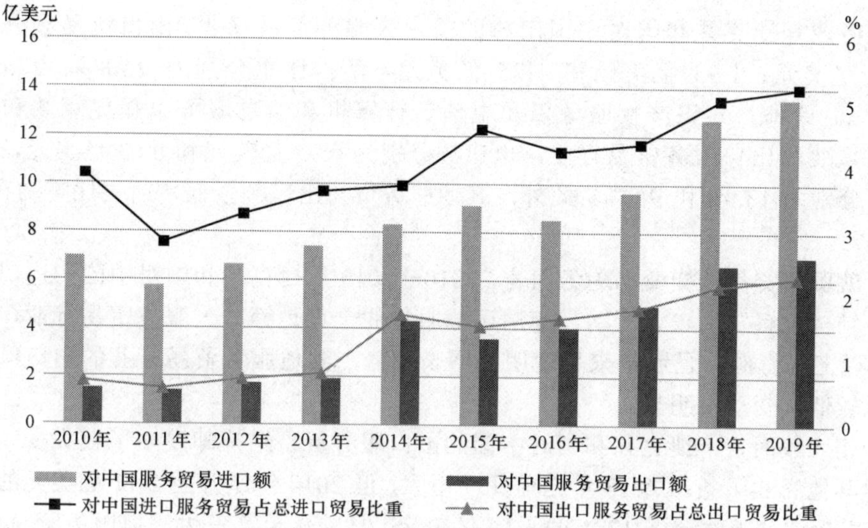

图 3.18 1993—2019 年捷克共和国对中国服务贸易情况

资料来源：世界综合贸易解决方案（WITS）数据库。

表 3.15 2019 年捷克共和国对中国服务贸易分类情况

服务分类	进口贸易额（百万美元）	份额（%）	出口贸易额（百万美元）	份额（%）
对他人拥有的有形投入进行的制造服务	2	0.1	1	0.1
别处未包括的保养和维修服务	1	0.1	3	0.4
交通运输	1 228	90.6	125	17.9
旅游	2	0.1	193	27.6
建筑	0	0	0	0
保险和养老基金	53	3.9	6	0.9
金融服务	1	0.1	0	0
别处未包括的知识产权使用费	1	0.1	97	13.9
电信、计算机和信息服务	17	1.3	63	9.0
其他商业服务	49	3.6	201	28.8
个人、文化及娱乐服务	0	0	1	0.1
别处未包括的政府货物和服务	2	0.1	9	1.3

资料来源：OECD International Trade in Services Statistics（ITSS）数据库。

对中国出口服务贸易方面，2019 年，研发等其他商业服务、旅游和交通运输服务业是捷克共和国对中国出口的前三大服务贸易行业，出口贸易额分别为2.01 亿美元、1.93 亿美元和 1.25 亿美元，所占比重分别为 28.8%、27.6%和 17.9%。此外，知识产权服务以及电信、计算机和信息服务也是捷克共和国对中国重要的出口服务贸易行业，出口额分别为 0.97 亿美元和 0.63 亿美元，所占比重分别为 13.9%和 9.0%。此外，其他服务贸易出口额较低，所占比重均在 1%左右。

就服务贸易结构变动趋势而言，2010—2019 年捷克共和国对中国的进口服务贸易结构没有发生较大变动，交通运输服务业一直是第一大服务贸易行业，占据90%以上的份额，且近年来呈现明显增长趋势，其他服务贸易行业的出口额所占比重较低，变动不明显。

相比较而言，捷克共和国对中国的出口服务贸易结构却发生了较大变动。研发等其他商业服务在 2013 年之前变动不大，但 2014 年跃升至 2.11 亿美元的最高值，之后波动下降至 2017 年的 1.16 亿美元，且跌落至第三大进口服务贸易行业，此后稳步增长至 2019 年的 2.01 亿美元，重回第一地位。旅游业在 2013 年以前一直为第一大进口服务贸易行业，但 2013 年被交通运输业反超，位列第二，此后一直在第二、三位徘徊，由 2011 年的 6 400 万美元稳步增长至 2019 年的 1.93 亿美元。交通运输业则呈现总体增长趋势，由 2010 年的 5 100 万美元增长至 2018 年的 1.34 亿美元，但 2019 年略微下滑至 125 亿美元。此外，知识产权服务和电信、计算机和信息服务均呈现了十分明显的增长，分别由 2010 年的 0 和 200 万美元增长至 2019 年的 6 300 万美元和 2.01 亿美元。

3.2.3 中捷经贸协议签署概况

中国同捷克斯洛伐克于 1949 年 10 月 6 日建交，双方经贸关系始于 20 世纪 50 年代。1950 年，中国同捷克斯洛伐克签订了第一个双边贸易协定，1973 年签订了易货贸易和清算办法议定书，1990 年 9 月签订了《中华人民共和国政府和捷克和斯洛伐克联邦共和国政府贸易协定》，1991 年 12 月签订了《中华人民共和国政府与捷克斯洛伐克联邦共和国政府促进和保护投资协定》，1992 年 7 月签订了《中华人民共和国政府和捷克和斯洛伐克联邦共和国政府海关事务合作协定》。

1993 年 1 月 1 日，捷克共和国成立，中方即予以承认并与之建立了大使级外交关系。双方商定，继续沿用 1949 年 10 月 6 日为两国建交日。1994 年 10 月，时任中国外交部副部长戴秉国和捷外交部副部长翁德拉签署换文协议，确认中国与捷克斯洛伐克联邦缔结的条约、协定继续有效。并且中捷两国政府还陆续签订了新的中捷经贸协定，相互给予最惠国待遇。

1993年2月，中捷海关事务合作协定生效。1993年11月，中捷签订《中华人民共和国政府和捷克共和国政府经济贸易协定》，并于次年2月生效。2004年4月，中捷签订《中华人民共和国政府和捷克共和国政府经济合作协定》，替代《中华人民共和国政府与捷克共和国政府经济贸易协定》。2005年12月，中捷签订《中华人民共和国和捷克共和国关于促进和投资保护的协定》及总金额约4.7亿美元的商务合作文件，替代《中华人民共和国政府与捷克斯洛伐克联邦共和国政府关于促进和相互保护投资协定》。2009年8月，中捷签署《中华人民共和国政府和捷克共和国政府对所得避免双重征税和防止偷漏税的协定》。

与此同时，中捷通过政府间经济联合委员会机制定期举行会议，磋商具体贸易和投资计划，并解决相互贸易和投资中存在的问题，为中捷经贸关系发展起到了宏观指导作用。并且，随着"一带一路"倡议的开启，中捷在"一带一路"倡议背景下形成良好合作态势，深挖合作潜力，发挥互补优势，为中捷经贸合作创造了新的合作机遇。

2014年8月，中捷政府间经济合作联合委员会第九次例会在布拉格召开。同年10月，中捷签署《中华人民共和国国家能源局与捷克共和国工业和贸易部关于民用核能合作的谅解备忘录》《促进中捷企业双向投资银行间合作协议》。2015年5月，时任捷中央银行行长辛格出席在上海举行的中亚、黑海及巴尔干地区央行行长组织第三十三届行长会议。2015年9月，两国政府间经济联合委员会第10次例会在北京召开，海南航空开通北京至布拉格直航，中国银行（匈牙利）有限公司布拉格分行挂牌成立。

2015年11月，中捷双方签署了共同推进"一带一路"建设的谅解备忘录，捷克共和国成为首批与中国签署这一备忘录的中东欧国家之一。两国以此为契机，积极推动"16+1合作"与"一带一路"建设。同年，中捷还签署了《中国工业和信息化部与捷克工业和贸易部合作谅解备忘录》《中国工商银行与捷克政府金融战略合作协议》等多项部门间合作协议，积极拓展能源、制造、金融等领域的经贸合作。

2016年3月，习近平主席对捷进行国事访问期间，两国关系提升为战略伙伴关系。两国元首共同见证签署《中华人民共和国政府与捷克共和国政府关于共同编制中捷合作规划纲要的谅解备忘录》《中华人民共和国国家发展和改革委员会与捷克共和国工贸部关于加强"网上丝绸之路"建设合作促进信息互联互通的谅解备忘录》《中华人民共和国商务部与捷克共和国工业和贸易部关于工业园区合作的谅解备忘录》《中国银行业监督管理委员会与捷克国家银行跨境危机管理合作协议》等15项商业合作协议，总金额达58.7亿美元。同年6月，捷工贸部第一副部长哈弗利切克出席在宁波举行的第二次中国—中东欧国家经贸促进部长级会议，东方航空开通上海至布拉格直航；8月，四川航空开通成都至布拉格直航；11月，在第五届中国—中东欧国家领导人会晤期间，中捷两国政府签署了《在“一带一路”倡议框架下的双边合作规划》，商定中捷在基建、投资、贸易、能源、金融、运输等19个领域的合作计划，也成为中国与欧洲国家共同编制的首个双边合作规划，为中捷落实共建“一带一路”倡议奠定坚实基础、树立合作典范。

2017年5月，在中国举办“一带一路”国际合作高峰论坛期间，中捷两国政府确定建立“一带一路”中捷合作中心，以推动中捷优先合作项目，成为“一带一路”倡议下第一个双边合作中心，两国经贸部门还签署了关于中小企业合作的谅解备忘录。同年6月，捷克担任在宁波举行的中国—中东欧国家投资贸易博览会主宾国。同年7月，两国在“一带一路”框架下的“中捷合作中心”首次工作组会议在捷克召开，浙江义乌至布拉格的中欧班列正式开通。同年9月，中国工商银行在布拉格设立分行。同年10月，东方航空开通西安至布拉格直航。2018年6月，两国召开协调推动“一带一路”合作规划工作会议。同年10月，交通银行获捷中央银行颁发的分行牌照。

2019年10月，两国领导人就两国建交70周年互致贺电，两国政府间经济联合委员会第11次例会在捷克召开。同年11月，捷克担任第二届中国国际进口博览会主宾国。但由于2019年捷克国内政治争斗升级，虽然巴比什总理出席了在克罗地亚杜布罗夫尼克举行的第八次中国—中东欧国家领导人会晤，泽曼总统来华参加了第二届“一带一路”国际合作高峰论坛，但此前一年一度的中国投资论坛并未举行。

2021年2月，习近平主席以视频方式主持召开了第九次中国—中东欧国家领导人峰会，捷克总统泽曼出席。其间，两国签署了《关于建立贸易促进合作工作组的谅解备忘录》等经贸、农业和金融领域多项政府和商业合作文件。同年7月，两国元首通话，就双边关系和发展合作交换意见。引领双方政策不断沟通，机制不断完善，为中捷合作指明方向。

3.3 外贸主管部门

捷克共和国的工业和贸易部门负责制定和实施贸易政策。捷克共和国的工业和贸易部门积极参与欧盟议程，包括欧盟内部市场规则、欧盟共同贸易政策、出口支持、国际法和欧洲法等相关立法政策的制定。该部门还在其权限范围内，将欧盟层面的法律转换成为国内层面的立法，并负责相关政策的落地实施。该部门还管理捷克共和国的出口战略，并参与制定捷克共和国的对外经济关系和经济外交政策。该部门根据国家经济需求及国际承诺执行许可管理，负责特殊领域许可和授权制度的制定和实施。此外，该部门还管理捷克贸易捐助组织。

3.4 海关监管制度

欧盟成员国间的商品进出口被视为欧盟内部贸易流通，免征关税。非欧盟国家的货物进出口执行欧盟的统一关税政策和税率，具体税率可访问欧委会海关总司 TARIC 查询系统网站：https://ec.europa.eu/taxation_customs/dds2/taric/taric_consultation.jsp。

进口方面，对进口商品根据国别分类征税，进口税率主要分为普通税率、最惠国税率和普惠制税率三类。此外，还根据情况加征各种附加税，并且对随自然人迁移的个人物品和进口商品还有免税条款。出口方面，除了对某些类型的出口货物（兽医产品、文化价值物品、武器、弹药和爆炸物、成瘾物质和药物、财政资金）存在出口限制外，捷克共和国对任何非商业性质的货物出口均不征收出口税或任何其他出口费用，还实行退还增值税的政策。

关于欧盟成员国之间商品流通增值税，由各成员国在欧盟有关原则指导下，依照本国税法单独结算，并作为各国政府财政收入来源。对从非欧盟国家进口的货物，进口商可选择在进入欧盟的第一个进口地海关清关，也可选择到进口目的地海关清关。欧盟货物出口的程序同进口一样，但货物必须经过欧盟边境国海关离开欧盟关税区。

3.5 贸易法规体系

自 2004 年 5 月捷克共和国加入欧盟后，捷克共和国执行欧盟统一关税、贸易保护措施、最惠国协定等共同贸易政策，不再拥有单独规定海关税率和制定贸易政策的权力。欧盟对外实施的反倾销、反补贴和配额等贸易保护措施以及环保、技术标准等要求同等适用于捷克共和国。

早在欧洲共同体时期，1958 年生效的《建立欧洲经济共同体条约》第 3 条规定，共同体将建立针对第三国的共同海关税则和共同商业政策；第 9 条规定，共同体以关税同盟为基础；第 110－116 条确定了共同体的对外贸易政策，规定共同商业政策应建立在各项统一原则的基础之上，包括关税税率修改、关税和贸易协定的缔结、解除贸易限制措施的统一化、出口政策、保护贸易措施，其中包括为反对倾销和补助（补贴）所应采取的保护贸易措施等。1999 年 5 月生效的《阿姆斯特丹条约》中，将进出口政策覆盖范围由之前的只包括货物贸易扩展到大部分服务贸易。2003 年 2 月生效的《尼斯条约》又将其扩及所有服务贸易和与贸易相关的知识产权。2009 年 12 月生效的《里斯本条约》则重点在外国直接投资（FDI）领域进一步扩大了欧盟权限。围绕上述规定，欧共体相继颁发了一系列法律法规，如关税法、原产地制度、海关估价规则、共同进出口制度、反倾销法和反补贴法，构筑了共同体对外贸易法律制度的雏形，并在之后不断完善。其中，欧盟层面有关贸易政策主要包括：共同出口政策［欧委会规定（EEC）No.2603/69］、关于出口信贷保险的规定（欧委员指令 98/29/EC）、有关欧盟农产品出口的规定［欧委会规定（EEC）No.3911/92］、关于对进口实施共同规则的规定［（EC）No.3285/94 号］、关于从某一非欧盟国家进口的规定［欧委会规定（EC）No.519/94］、欧盟关于进口的数量限制程序［欧委会规定（EC）No.520/94］、欧盟反倾销措施［欧委会规定（EC）No.384/96］、欧盟反补贴措施［欧委会规定（EC）No.2026/97］、欧盟反贸易壁垒措施［欧委会规定（EC）No.3286/94］等。

3.5.1 统一关税政策

欧盟的统一关税政策是实行统一的对外差别关税，根据不同的贸易伙伴课征不同的税率。欧盟统一关税政策分为内部机制和外部机制。

1. 统一关税的内部机制

（1）取消成员国之间的关税。欧盟成员国必须撤销对伙伴国的关税障碍，并且欧盟制止成员国之间设置新的进出口关税或有同等效力的其他捐税，制止在相互贸易中恢复和提高已削减的关税。同时，欧盟规定在本区域内流通的商品（包括在成员国之间流通的第三国产品，但成员国申请保留的产品除外）享受非歧视待遇，对不遵守条约义务的成员国，执行委员会和其他成员国都有权向欧洲法院提出申诉。

（2）禁止具有和关税同等效力的各种捐税。和关税同等效力的捐税，是指不对国内产品征收，转对成员国产品进行出口征收的，不论采取什么方式和叫什么名称的一种税，目的是使进口品价格提高，如进口营业税、进口包装税等。

（3）取消成员国之间的数量限制。欧盟内部工业制成品的限额已全部取消，但对食品和农产品的流通存在部分数额限制。

（4）禁止与数量限制同等效力的措施。与数量限制同等效力的措施，是指任何直接或间接实施或有可能阻碍欧盟内贸易的国家措施。

2. 统一关税的外部机制

（1）普通税率

普通税率又称为自主税率，是欧盟对进口商品所征收的最高税率。然而，在实际的执行中，此关税税率仅具有“威慑”作用，很少使用。因为欧盟大部分外贸都是按优惠税率执行的。

（2）优惠税率

欧盟根据不同的国家和地区设置了差异化的优惠税率，已达到其本身的政治和经济目的，具体如下。

① 最惠国待遇税率。欧盟在此执行的是关贸总协定的规定，但此类关税不仅适用于总协定的缔约方，也适用于与欧盟签订贸易协定的相互给予最惠国待遇的非总协定缔约方国家（如中国）。这实际上是使用最为广泛的普通关税，无论是发展中国家、发达国家，国有贸易国家还是市场经济国家，只要与欧盟有互惠关系，都可享受这一税率。因此，欧盟的最惠国待遇体现的是平等互利的原则，而不是优惠待遇原则。

② 普遍优惠制税率。自 1971 年，欧盟对发展中国家产品进入其市场实行普惠制优惠。现行普惠制方案从 2005 年 7 月 1 日起执行，其宗旨是致力于统一和简化相关管理，强化劳工、社会和环境标准，有效打击走私和贩毒行为，对最不发达国家采取特别优惠。具体为：发达国家对于发展中国家或地区输入发达国家的商品，尤其是半成品和制成品，给予普遍的、非互惠的和非歧视的优惠关税待遇，这是对所有发展中国家的一种优惠税率。欧盟在发达经济体中是第一个响应并实施普惠制的。目前，欧盟普惠制的优惠范围覆盖了 143 个国家和 36 个地区，给予的国家范围较为广泛，但在减税幅度和给惠商品范围方面却更多地注重自身利益，尚未完全贯彻普惠制的宗旨。中国曾经是欧盟普惠制最大的受惠国。欧盟普惠制将进口产品分为非敏感产品和敏感产品两类，其中大部分工业品属于非敏感产品，绝大多数农产品属于敏感产品。工业品中的敏感产品主要包括服装、纺织品、鞋类、地毯。在普惠制框架下，受惠国非敏感产品享受免关税，敏感产品享受低于欧盟从量税 30%的优惠准入，或低于正常关税 3.5 个百分点，但涉及普惠制第 50—63 章的产品（主要是服装和纺织品）关税优惠幅度为 20%。此外，欧盟普惠制还规定了毕业标准。当某些受惠国或其某行业达到毕业标准，该国产

品或该类产品不再享受普惠制待遇。

③ 协定税率。该税率适用于欧盟签订自由贸易协议的欧洲自由贸易联盟（EFTA）国家。双方自 1977 年 7 月 1 日开始工业品自由流通。随着越来越多的 EFTA 国家加入欧盟，协定税率将逐步取消。

④ 特惠税率。这是欧盟最优惠的税率，主要用于洛美协定国家和欧洲自由联盟国家以及地中海地区的部分发展中国家。根据洛美协定有关特惠税的规定，欧盟成员国将在不限量、免税的条件下接受上述国家中 96%的农产品和全部工业品的进口。

3.5.2 贸易保护措施

欧盟的贸易保护措施主要有：技术性贸易壁垒、绿色贸易壁垒、反倾销、反补贴、差额进口税、进口配额制度。

1. 技术性贸易壁垒

技术性贸易壁垒是欧盟实施贸易保护措施中强有力的手段，包括技术标准和法规、合格认证、包装和标签三种方式。

（1）技术标准和法规。目前欧盟已发布了关于安全和卫生方面的技术标准规定达 300 多个，如禁止电动车辆使用镉电池指令、能耗产品生态设计指令、电磁兼容性指令、关于禁止 6 类酞酸盐用于玩具生产的指令。针对各种进口产品，欧盟制定的详细技术标准达到了十多万个。欧盟规定，进口产品必须满足指令的要求才能在欧盟市场上销售。各成员国也有各自的严格标准。这些技术法规涉及环保、商品技术、包装、卫生、安全等各个方面。同时，欧盟凭借资本、技术和社会发展优势，制定的技术标准十分严格，甚至部分美国、日本的产品都难以符合。

（2）合格认证。外国产品进入欧盟市场，必须按照欧盟法律规定取得一系列合格认证。在质量标准方面，欧盟规定进口产品的质量必须获得 ISO9000 国际质量标准体系合格证书，并且部分进口产品还须达到欧洲标准 EN，取得欧洲标准化委员会 CEN 认证标志。此外，欧盟强行推广 CE 标志，无论是欧盟国家生产的，还是欧盟以外国家生产的产品，如果要在欧盟市场上销售，必须获得且使用 CE 标志，但产品获得和使用 CE 标志须通过欧盟的专门机构进行认证。欧盟以外国家的有关机构在欧盟认可的情况下，对本国要求获得 CE 标志的产品进行鉴定和检测。

（3）包装、标签。欧盟对其内部市场上销售的商品，规定了许多标签与包装的要求。如对易爆品、有毒品、易燃品、腐蚀品，法律规定其包装和标签都要符合一系列特殊标志。对于纺织品等进口产品，欧盟要求加贴生态标签，最为流行的生态标签是 OKO—Tex Standard 100。

2. 绿色贸易壁垒

绿色贸易壁垒又称为环境贸易壁垒，是指进口国政府以保护自然资源、生态环境以及动植物和人类的健康为由，以限制进口、保护贸易为根本目的，通过颁布复杂多样的环保法规、条例，建立严格的环境技术标准，编制烦琐的审批、检验程序等方式对进口产品设置贸易障碍。绿色壁垒是欧盟最为严厉的一种贸易壁垒，主要有以下四种。

（1）绿色技术标准。欧盟制定了许多发展中国家难以达到的环境标准，用以限制国外产品进口。比如，欧盟启动的 ISO14000 的环境管理系统，要求进入欧盟国家的产品从生产前到制造、销售、使用以及最后的处理阶段都要达到规定的技术标准，一般以消费品为主，不含服务业和已有严格环保标准的食品及药品，优先考虑的是纸制品、纺织品、家庭清洁用品、电池、鞋类、包装材料、洗衣机、洗护发用品、建材等 26 类产品。

（2）绿色环境标志。欧盟规定，发展中国家产品要在欧盟成员国自由通行，必须获得“绿色通行证”，即“绿色环境标志”，这种标志表明该产品不仅质量符合标准，而且在生产、使用、处理过程中符合欧盟的环保要求，对人类健康和生产环境均无损害。发展中国家的产品要获此标志，必须提出申请，经批准后才能得到。

（3）绿色包装制度。绿色包装是指能节约能源，用后易于回收再生或再用，减少废弃物，易于自然分解，不污染环境的包装。该制度强调重复使用、可降解、减量、再循环的“3R + 1D”原则。

（4）绿色卫生检疫制度。欧盟对食品的安全卫生标准十分严格，特别是对重金属含量、放射性残留、农药残留的要求越来越严。欧盟对在食品中残留的 22 种主要农药制定了最高残留限量，从严控制食品中的残留量。由于生产条件和水平的限制，发展中国家的部分产品很难达到这一标准，发展中国家出口到发达国家的食品和农产品数量受到显著影响。

3. 反倾销政策

反倾销是欧盟限制进口政策的一项非常重要的措施。与澳大利亚和加拿大相比，欧盟是使用反倾销、反补贴措施频率最高的经济体之一，仅次于美国。与关税不同，反倾销税被视为抵制不公平竞争的手段，而非当作限制进口的贸易壁垒。现行的欧盟反倾销法令规定了采取反倾销措施的条件是：有倾销行为，倾销行为对欧盟产业产生了损害威胁或造成了实质性损害，实施反倾销措施要符合欧盟的整体利益。

对倾销行为的认定，现行法令规定，一项产品在其出口到欧盟市场的价格低于其出口国在国内相同产品的正常价值时，就构成了倾销，并且欧盟法令还对出口价格和正常价值做了明确、详细的规定。

对于损害的认定，现行法令认为，损害是指倾销进口的商品对欧盟某一已建立的产业构成威胁，或造成实质性损害，或对某一产业的形成构成实质性阻碍。损害的判定主要看倾销产品是否导致欧盟内部市场上同类产品价格大幅降低，进口数量是否增长显著以及欧盟同类产品的生产者是否遭受不利影响。

对于共同体利益的认定，现行法令规定，“共同体利益”不仅包括欧盟内部生产者的利益，还包括欧盟进口产品使用者、消费者等的利益。

欧盟反倾销行动实施程序是提起诉讼、进行反倾销调查、采取反倾销措施和进行复查等。反倾销措施主要是接受价格承诺（由倾销方做出提高其产品出口价格的保证），或在关税以外征收附加的反倾销税（一般不追溯征收）。在对进口产品进行倾销行为调查时，欧盟将非欧盟成员国分为两类：一类是市场经济国家，另一类是非市场经济国家，并以此决定倾销商品的倾销幅度和正常价值的不同测定方式。对于市场经济国家的产品，欧盟将其国内同类产品的售价定为正常价值，如果某一产品出口价格低于国内售价，则该产品被判为有倾销行为，是否对该产品进行反倾销调查、征收反倾销税，就取决于欧盟同类工业部门厂商是否提出相应的申请。与市场经济国家不同，对于来自非市场经济国家的产品，欧盟不将该产品的国内售价定为其正常价值，而是选择生产同类产品的某一市场经济国家作为替代国，以确定欧盟从非市场经济国家进口该产品的正常价值和倾销幅度。

4. 反补贴政策

自欧盟成立以来，反补贴政策很少被使用。现行的欧盟反补贴法律对反补贴的定义是：原产地国政府或出口国政府或公共机构提供潜在的直接资金转移、直接资金转移、不征收或推迟征收某些到期的税额以及提供一般公用设施以外的服务或货物，或者由政府提供的任何形式的价格或收入支持，而接受补贴的产品因此受益，则称为补贴成立。

5. 差额进口税

差额进口税也称差价税，即当某种欧盟生产的产品价格高于同类进口产品的价格时，为了削弱进口商品的竞争力，保障欧盟生产者利益，对进口产品按照欧盟内价格与进口价之间的差额征收关税。差额进口税对保护欧盟农业起到了非常重要的作用，主要适用于家禽、猪、牛肉、蛋、乳制品、小麦、糖、橄榄油及上述产品的加工品。原则上，差额进口税是根据最低的到岸价（CIF）和进口门槛价之间的差额进行计算的。由于门槛价一般远远高于欧盟内部的市场价格和干预价格，因此差额进口税被广泛认为是实实在在的进口壁垒。

6. 进口配额制度

欧盟对进口商品配额限制包括两方面内容：一是自主配额，由欧盟完全自主地单方面强制规定在一定时期内从某个国家或地区进口某种商品的配额，而无须其他国家的同意；二是协议配额，是由出口国民间团体或政府与欧盟之间进行协商后确定的配额。

3.6 进出口贸易管理

捷克对外贸易管理的主要措施包括：专营许可、进出口关税、反倾销、反补贴、超量进口保护措施、消费者保护措施、卫生措施、环保措施、质量管理措施、检验检疫措施、知识产权保护、内贸市场流通规则和政府采购规则、财政补贴等。

在进口方面，捷克进口关税相对较低，但欧盟框架内存在较多反倾销、反补贴、检验检疫、消费者保护等贸易保护措施，还有其他技术壁垒。

在出口方面，仅对少数产品实施出口限制，主要涉及短缺物资、敏感技术、关系国家或社会公共利益以及人类和动植物健康等方面的产品，如铀矿、死刑用电椅及相关设备、武器、军民两用产品和技术等。捷克限制对中国出口武器和部分高技术产品，如高精密机床等。

3.6.1 进口管理规定

1. 进口货物运抵欧盟关境

（1）运抵报告

货物运抵欧盟口岸后，将货物运抵欧盟的承运人或其代理人，或货物运抵后负责其运输的承运人，应在 3 个小时内报告海关货物已运抵口岸（如报告时为海关下班时间，应在之后海关上班的第一个小时内向海关报告）。

（2）运输工具进境申报

将货物运抵欧盟的承运人、货物运抵后负责其运输的承运人、海运公司、航空公司、陆路运输公司或其代理人，应在发出运抵报告后 24 小时内，向海关进行运输工具进境申报。运输工具进境申报可与运抵报告合并进行。运输工具进境申报应使用 C1600 表格（英国海关使用）。如某些商业单证或计算机记录中已包含 C1600 表格中的必要信息，海关可以接受用上述商业单证或计算机记录申报。

以下为可接受的商业单证和记录：海运提单、空运单、集装箱舱单、装货单、发货记录（计算机系统中的发货记录）。

如需使用商业单证和记录申报，应联系卸货地海关，询问该海关可以接受的商业单证和记录。

如货物已在“欧共体过境手续”或“共同过境手续”下过境运输，目的地海关留存的过境单证副本可用来进行运输工具进境申报。空运或海运货物在“欧共体简化过境手续”下所使用的舱单亦可用来进行运输工具进境申报。

未经海关许可，不得卸货（发生紧急状况时，出于安全考虑，货物可在未经海关许可的情况下先行卸货，但卸货后应立即报告海关货物已运抵口岸）。海关要求卸货进行查验时，必须卸货。

货物取得进入口岸许可之后，将进入海关指定的临时存放区（海运货物不超过 45 天，其他货物不超过 20 天），未经海关许可不得搬运（为保存货物而进行的正常搬运除外）、打开或检查，直至海关批准可以进行以下处理或使用，否则可能被处以罚款或追究刑事责任：放行后自由流通；过境；进入海关监管区，等待海关批准，以用作他途；进行加工贸易；暂准进境；进入保税区或保税仓库。

2. 进口申报

（1）报关单形式

如欲从海关当局获得处理或使用货物的许可，须向海关提交“欧盟统一报关单”（Single Administrative Document，简称 SAD，进口、出口和过境通用，在英国又称海关 C88 表）。根据《欧共体海关法典》和《欧共体第 2454/93 号条例》，欧盟所有成员国均应使用“欧盟统一报关单”进行报关。“欧盟统一报关单”一式八联，第一联至第三联由出口国使用，第四联至第八联跟着货走。无论电子报关单还是纸质报关单，海关接受申报后，均会向报关人发放一个唯一的申报编号，格式为：三位口岸代码，六位号码（包括 0），一位字母，六位接受申报日期。示例：120－112034B 190302。

电子申报：“欧盟统一报关单”99%以电子方式提交海关（各成员国海关均有自己的通关系统）。如进口商或其代理人的计算机系统与海关通关系统兼容，进口商或其代理人获得海关批准后可以直接向海关通关系统（英国海关系统名称是 Customs Handling of Import and Export Freight，简称 CHIEF）录入通关所需信息（称为直接录入，Direct Trader Input，简称 DTI），之后海关通关系统会自动生成电子报关单。计算机自动生成的报关单可以大大加快通关进程。部分企业获得海关批准后，甚至可以通知海关当局进入企业计算机系统直接获取企业在自己的计算机系统中录入的报关单信息，而不必提交报关单。海关批准进口后，将向进口商或其代理人签发进口入境许可书。

纸质申报：在个别情况下，企业可在指定海关办公区域递交纸质报关单。海关将会把报关单信息录入通关系统。海关批准进口后，将直接在报关单上盖章，颁发进口入境许可。

（2）报关人

根据欧盟法律规定，报关人应为欧盟常住居民或在欧盟拥有永久营业地点或注册办公室的公司。但是，如系过境申报、暂准进口申报，或仅偶尔作为申报人申报进口货物（不进行经常性的进口活动），可不受此限制。

“欧盟统一报关单”可由进口商或其代理人提交海关当局。代理形式分为两种：a. 直接代理：代理人以委托人的名义代表委托人申报（委托人承担缴纳税费责任）。b. 间接代理：代理人以自己的名义代表委托人申报（连带责任，委托人和代理人均可被要求承担缴纳税费责任）。

（3）申报和受理时限

进口商及其代理人可在货物运抵口岸之前提前 4 天申报（但海关只有在货物运抵后才会接受申报），或在货物运抵口岸后 14 天内申报。

企业申报后，海关批准企业可以对货物进行处理或使用的手续一般应在以下期限内完成：运输工具进境申报提交之日起 45 天之内（海运货物）；运输工具进境申报提交之日起 20 天之内（非海运货物）。

（4）单证要求

申报企业应提供“欧盟统一报关单”（英国又称海关 C88 表格）、供货商发票、合同、提单、运单、装货单、装箱清单、保险证明、银行汇票，必要时还应提交重量证书、配额证明、原产地证（或者出口国发票上或其他商业文件上的原产地声明）、ATR 货物流通证书（仅针对土耳其零关税货物）、商品检验证书、动植物检疫证书、食品卫生检验证书、临时进口证书、特定减免税所需证明、批文、进口货物许可证等。

（5）归类

申报时，进口商或其代理人应根据进口国税则对商品进行归类。确定正确的商品编码和海关手续代码非常重要，归类错误有可能被处以罚款。录入或填写申报单时，如难以确定商品编码，可联系税则与统计办公室（Tariff and Statistical Office，简称 TSO），该办公室将免费签发具有法律效力的归类意见书（Binding Tariff Information，简称 BTI），决定商品归类编码。该意见书自签发之日起六年内有效。

3. 缴纳税费

海关接受申报并根据相应规则审核确定商品归类和完税价格后，进口货物应根据相关法律法规缴纳关税、增值税、特别消费税、农业税和（或）其他税费。多数情况下，经常进口货物的企业会通过使用延期缴纳账户（Deferment Account，须向海关申请）提供担保（银行或保险公司担保，须海关批准），并开设可直接向海关转账的账户，走担保放行手续。批准延期的税费金额不能超过担保金额，保证金应足以支付每个自然月所有延期缴纳税费。进口商或其代理人平均可推迟 30 天缴纳税费。

企业也可通过担保支票（填制担保表格 C&E307 表，或由银行背书）、银行汇票、BACS（Bankers' Automated Clearing Services）小额支付系统、CHAPS（Clearing House Automated Payment System）大额支付系统提供担保，但这些形式的担保可接受货币为欧元，而非英镑。

申请适用“简单进口增值税会计制度”（Simplified Import VAT Accounting，简称 SIVA）或“特别消费税担保制度”（Excise Payment Security System，简称 EPSS）的企业允许提供非全额进口增值税或非全额消费税担保。

海关批准申请后，会向申请人颁发延期缴纳税费批准号（Deferment Approval Number，简称 DAN），在填制报关单时，只有填写该批准号，才可享受延期缴纳税费待遇。

每月延期缴纳的关税和进口增值税应于下月的第 15 日一并缴纳。如该月第 15 日为非工作日，则应于第 15 日之后的第一个工作日缴纳（一共延期 2～6 周，即平均延期 30 天）。特别消费税可延期 30 天缴纳，但会计月度为每月 15 日至下月 14 日。延期缴纳的特别消费税应于第二个月的第 29 日缴纳（如为非闰年的 2 月份，则于 2 月 28 日缴纳）。如第 29 日（或非闰年 2 月 28 日）为非工作日，则于之前一日缴纳。

4. 验放

报关文件齐全、足额缴纳税费或按规定提供担保的进口货物，海关将予以放行。部分货物须进行查验（如根据风险分析确定为高风险货物等）。查验后，单货相符的货物，海关将予以放行。

3.6.2 出口管理规定

1. 出口货物申报

（1）出口货物的代理报关要求与进口相同

如出口商委托代理人办理出口手续，代理人仅代表其办理手续，如海关认为申报有需要进一步解释说明的地方，根据相关法律规定，出口商而非其代理人系法定的申报人，出口商应承担确保申报信息准确无误的责任。

（2）出口报关应提交的单证和文件

欧盟统一报关单；

报关所需的商业文件（如合同、发票、提单、运单、装箱单、保险单、载货清单等随附单证）；

运输（转运）文件；

批文、许可证、认证书和（或）限制性货物出口的许可文件；

计算海关税费的资料；

其他单证。

（3）出口申报时限

如报关人在出口之际已掌握海关要求申报的全部信息，则进行常规申报。如在出口之际，部分关于发货的详细信息仍无法获得（如临时增加货物等），企业可先向海关申报简要信息，并在启运之日起14天内补充申报全部详细信息。

（4）全球货物统一编码

出口申报时，除应提供货物原产地、目的国、商品编码、海关手续代码、价格等信息外，还应填写“全球货物统一编码”，这是最为重要的一条信息。2009年7月1日起，欧盟将要求企业在出口报关单中申报产品安全信息。英国海关是最早使用“全球货物统一编码”的海关之一，要求所有电子报关单必须包含此信息。

通过“全球货物统一编码”，出口商和海关可对货物通关状态和运输全过程进行跟踪（特别是在货物通过简化手续通关时）。如报关人未提供“全球货物统一编码”，海关通关系统将会为货物自动发放一个“全球货物统一编码”。该编码系根据世界海关组织的相关标准设定，共35位，由数字和字母组合而成，分为四个部分。有了“全球货物统一编码”这个货物识别码，货物每到达一个口岸，经认证的装货人便会通过该识别码把抵达信息传输至海关通关系统。如货物直接从英国出口至非欧盟国家，“货物离境信息”将被传输至海关通关系统。

2. 审单

海关收到出口报关单后，将审查货物是否符合出口管制规定，是否应提交许可证件、检验证件等。符合出口条件，承运人即可将货物装入拟离开欧盟关境的运输工具，并在海关提出查验要求时接受海关查验。

3. 税费缴纳和出口退税

目前，欧盟对出口货物不征收出口关税、出口环节税或其他税费，但欧盟委员会有可能临时决定征收出口环节税（如发生灾荒导致某种农产品出现短缺不宜出口等）。须临时征收出口税费时，海关和农业部门将会发布联合公告，告知出口商如何办理通关和税费缴纳手续。属于应缴出口税费的货物，出口商或其代理人应根据海关计算的出口税费金额及时足额缴纳税费。

如货物系在“共同农业政策”项下出口，可享受出口退税政策。

4. 验放

经海关单证审核无误的出口货物，海关将予以放行（部分货物查验后放行）。

3.6.3 便捷通关规定

1. 海关货运简化手续（Customs Freight Simplified Procedures，简称 CFSP）

该手续分为两步，须以电子方式申报。企业须向海关申请授权方可通过此简化手续通关。经认证的企业自大多数非欧盟国家进口的货物均可享受快速放行待遇。第一步，在边境口岸使用简化报关单提交最基本的信息，货物先期放行。第二步，放行后在规定期限内以电子方式向海关提交全面的用于海关贸易统计和财税方面的信息。企业借此可在现金流等方面获益。与一般报关手续结合使用，更能满足企业需要。但此类货物放行后，同其他货物一样，仍须接受海关反走私或其他后续监督管理。详见英国皇家税务与海关署网站英国海关 760 号公告（海关货运简化手续 CFSP）。

2. 经认证的经营者（Authorised Economic Operator，简称 AEO）制度

欧盟根据世界海关组织《全球贸易安全与便利标准框架》和美国的“海关—商界反恐伙伴计划”引入此制度，以确保国际贸易供应链安全，保护欧盟边境及其公民免受恐怖主义威胁。经认证的企业（AEO 企业）可享受快速通关及其他优惠待遇。欧盟与其他国家和地区实现 AEO 互认后，以及欧盟现代海关法典的实施条例颁布后，AEO 企业享受的优惠便利会进一步增加。欧盟已经对部分企业进行了 AEO 认证，包括进口商、出口商、货代、仓库运营商、码头运营商等。

3.7 进出口商品检验检疫

根据欧盟关于产品质量管理规则，非欧盟国家的产品必须经过欧盟授权检验机构检验并确认其质量符合欧盟标准，才能在欧盟市场销售。捷克产品技术标准和认证制度已同欧盟接轨，产品质量认证主要涉及机械设备技术标准规则、通用电压电子设备技术标准及统一评价规则、燃气用具技术标准规则、电磁兼容设备技术标准规则、玩具标准规则、武器弹药技术标准和评价程序规则、烟花制品技术标准和评价规则、非自动称重设备技术标准规则、其他规定设备技术标准规则，以及化工产品标准规则等。

在商品出口方面，只有外国进口商要求捷克出口商出具有关商品检验证书时，才办理出口商检手续。

动植物检疫工作由捷克农业部下属国家动物检疫局和国家植物检疫局负责。根据捷克有关规定，为保障国内食品安全和控制动物疫情，凡进口或过境运输活畜、鲜冻肉及其他肉食品等，进口商应向农业部申请动物检疫许可证，填写产地国、目的国、种类和数量等。植物或植物产品在进口或过境时，须出示产品原产国检疫机构签发的检疫证书，并接受边境口岸植物检疫人员的检查。此外，国家植物检疫局还公布禁止入境或过境的植物、植物产品及有害生物目录。

3.8 外贸管理的其他规定

3.8.1 非商业出口规定

捷克和外国国民（自然人）可以在未经任何许可的情况下从捷克共和国出口非商业性质的物品，就其种类和数量而言，是专门为满足这些人及其家庭成员的个人需求的物品，或作为礼物赠送的物品。出口物品的价值不受限制。

如果出口的物品受到法律法规的约束，例如兽医法规、文化价值保护法规、博物馆和画廊作品、健康和环境保护、安全等，海关官员将根据法规要求自然人提供出口许可。

3.8.2 金钱的进出口规定

进入或离开欧洲共同体（EC）领土的自然人必须向海关申报以捷克克朗或外币计价的支付工具、旅行支票、可兑换现金的汇票、无记名证券等的进出口情况，或总价值为 10 000 欧元或以上的任何其他投资工具，和/或总价值超过 10 000 欧元的高价值商品，包括但不限于贵金属、宝石等。

相关表格可从欧盟出入境点（捷克共和国的国际机场海关）获得。

3.8.3 自然人迁移随附物品的免税规定

在欧盟成员国之间移动时，自然人（旅客）的个人物品无须办理海关手续。其减免进口税的条件受第 1186/2009 号理事会条例（EC）管辖。根据下述条件，旅客将其个人物品带到捷克共和国境内，免征关税。

根据第 1186/2009 号理事会条例（EC）第 3 条，旅客常住地从第三国转移到共同体领土时进口的个人物品免征进口关税，以及在第 4 条至第 11 条规定的条件下，旅客从常住地转移至共同体关税区时进口的个人物品免征进口关税。

3.8.4 非商业进口规定

自捷克共和国加入欧盟后，捷克共和国与欧盟其他成员国之间国界沿线的常规海关管制已停止。常规的海关管制仅在从第三国（非欧盟成员国）向捷克共和国进口货物时在捷克国际机场进行。

1. 货物进口数量限制

旅客从第三国进口的货物免征关税、增值税（VAT）和消费税（ET）适用于非商业性质的货物进口，即进口人仅供个人使用的货物或作为送给私人的礼物，但仅限于偶尔进行此类进口。

2. 金额门槛

此类货物（由旅客进口）免征关税、增值税和消费税，总价值不超过每人 300 欧元。如果是空运和海运的旅客，每人不超过 430 欧元价值的货物可获关税减免。15 岁以下旅客进口商品时，上述金额减至每人 200 欧元。免税货物的总价值不包括以下货物。

（1）香烟和烟草制品、酒精、汽车燃料——此类商品的数量限制见下文；

（2）旅客临时进口到该国的货物；

（3）旅客临时出口后再进口的货物；

（4）旅客自用所需的药物。

3. 旅客在捷克共和国通过航空运输进口的货物数量限制

下列数量应免征关税、增值税和消费税。

（1）200 支香烟；

（2）或 100 支每支不超过 3 克的小雪茄；

（3）或 50 支雪茄；

（4）或 250 克烟丝。

（1）～（4）所述的数量均代表烟草制品总允许数量的 100%，即不可能同时允许所有的数量。但是，可以将某些比例的产品组合在一起，使其总和不超过 100%。例如：100 支香烟和 50 支小雪茄的组合。

此外，以下货物（由旅行者进口）免缴关税、增值税和消费税。

（1）总计 1 升酒精，和酒精含量超过 22%的酒精饮料，或酒精含量至少为 80%的未变性酒精；

（2）总共 2 升酒精，和酒精含量超过 22%的酒精饮料。

（1）～（2）项中描述的每个数量都代表总允许数量的100%，即可以组合某些比例的产品，使其总和不应超过 100%。如：0.5 升酒精和 1 升酒精含量超过22%的酒精饮料的组合。

（3）总共 4 升无气泡酒和 16 升啤酒。

注意：

烟草产品和酒精饮料免征关税、增值税和消费税的政策不适用于 17 岁以下的人。

（4）就每辆汽车而言，关税、增值税和消费税的减免适用于在普通汽车油箱中进口的汽车燃料，外加最多 10 升装在罐中的汽车燃料。

（5）旅行者个人使用数量的药物。

注意：

上述限额既适用于来欧盟的国际自然人，也适用于出国旅行归来的当地公民，如果个人进口货物的总价值较高，则不应将其与多人合并或扣除。

享受上述关税减免的旅客进口货物还包括在旅客的个人行李中，或在此类旅客进入共同体领土的车辆中的进口货物。

货物免征进口关税的进一步可能性，例如，从国外的常规居住地借调到共同体领土的人员，或在共同体领土内长期学习的学生进口的个人物品，或在共同体领土外临时居留终止时进口的个人物品，根据欧盟理事会第 1186/2009 号条例（EEC）的规定，可享受共同体关税减免。

4. 统一关税税率

统一关税从价税率为 2.5%，适用限额为 700 欧元。它仅适用于进口完全非商业货物。

只要符合进口关税条件的货物的实际价值不超过每批货物或每名旅客 700 欧元，则对私人寄送的货物或旅客个人行李中的货物适用 2.5%的统一从价税税率。

统一关税从价税率不适用于“关税税率”一栏中标有“无”字样的关税中的货物，也不适用于关税第 24 章（烟草和烟草制品）的货物，即装在托运货物或旅客个人行李中的货物数量超过已免除进口税的数量。

5. 边际价值货物的托运

关税减免适用于边际价值货物的托运。该限额规定为 150 欧元，适用于“边际价值货物的托运”，并涉及所有直接从第三国（非欧盟成员国）发货给位于欧盟关税同盟境内收件人的货物。但减免关税不适用于酒精产品、香水和花露水、烟草和烟草产品。

6. 私人之间交换的货物托运

非商业性质的货物在每批货物中免征进口关税的金额不得超过 45 欧元，包括下述商品价值，无须收件人向寄件人支付任何款项。

（1）烟草制品：

——50 支香烟；或者

——25 支小雪茄（每支重达 3 克的雪茄）；或

——10 支雪茄；或

——50 克烟丝；或

——此类产品的比例组合。

（2）酒精饮料：

——实际酒精含量超过 22%的酒精饮料和烈酒；酒精含量为 80% 或以上的未变性酒精：1 升；或者

——酒类和烈酒、由葡萄酒或酒精制成的开胃酒、塔菲亚酒、清酒或酒精含量不超过 22%的类似饮料；起泡酒、加强酒：1 升或此类产品的比例组合；和

——非起泡酒：2 升。

（3）香水：50 克；或花露水：0.25 升。

7. 免除证明货物原产地的责任

私人托运的小型货物，或旅客个人行李中的产品，在未按照所含表格和/或声明提交原产地证书的情况下，被视为原始产品声明在发票中，只要它们包含非商业性质的进口，并且声明符合适用该部分的先决条件，并且该声明的正确性不受质疑，它们就有权享受优惠待遇。

仅偶尔进行的进口，仅由专供个人消费或收货人或旅客或其家人消费的产品，视为非商业性质的进口，只要从产品的性质和数量清楚地看出它们是为非商业目的而设计的即可。

此外，对于小额托运，产品总价值不超过 500 欧元，对于旅行者个人行李中包含的利润，产品总价值不超过 1 200 欧元。

3.8.5 免税购物

来自欧盟境外的游客有权获得其在欧盟停留期间购买货物的增值税退款，前提是这些货物在离开欧盟时与增值税退税文件一起交给海关。这些文件通常由购买货物的商户准备，退款由商户直接进行。有一些商业公司可以充当商户的代理（例如，Global Blue、Premier 免税）。通常，商家或商业公司会从退款中扣除该服务的费用。由于退款计划是自愿的，旅行者应在购买商品之前查询商户是否参与

了该计划。

条件：

游客必须提供其居留身份证明（如非欧盟护照）；

货物必须在购买后3个月内从欧盟出口；

有资格获得退款的最低购买价值（捷克共和国为2 000捷克克朗）。

第4章
捷克共和国投资环境

4.1 投资概况

捷克共和国一直以稳定和高质量的投资环境吸引外国投资者。捷克共和国于2004年加入欧盟，它也是第一个加入经合组织的中东欧国家，是北约、世贸组织、国际货币基金组织和欧洲复兴开发银行的成员。作为欧盟成员国，捷克共和国与其他欧盟成员国均允许资本、货物、人员和服务在欧盟内部自由流动。地理位置方面，捷克共和国地处欧洲中部，交通、物流十分便捷。金融方面，捷克共和国通货膨胀率较低，利率适中，货币相对稳定且自由可兑换，为投资者提供了有利条件。投资方面，根据捷克共和国法律，公平对待外国与国内投资者，作为国际投资保护组织——多边投资担保机构（MIGA）的成员，捷克共和国与同属该机构的美国、英国、加拿大、以色列、澳大利亚和中国等国签署了多项支持和保护外国投资的双边投资条约。税收方面，捷克共和国与欧盟国家、美国、日本、澳大利亚、加拿大等签订了防止对股息、利息和特许权使用费双重征税的条约，以避免双重征税。劳动力方面，捷克共和国劳动力的教育水平较高，拥有高技能的熟练劳动力，且其劳动成本低于其他欧盟成员国，投资者和雇主能以较低的劳动成本获得同等技能水平。捷克共和国的失业率水平一直较低，2021年10月，失业率降至3.4%。此外，捷克共和国的高品质生活、安全、文化、环境、可负担的医疗保健和教育等也是其吸引外资的重要优势。自1993年以来，捷克共和国的外国直接投资总额已超过 1 300 亿欧元。目前，捷克共和国拥有近100 000家各种规模的外国公司。福特、雀巢、IBM、DHL、阿斯利康、罗克韦尔、宝洁、雷诺、西门子、霍尼韦尔、亚马逊和大众等著名跨国公司在捷克均设有子公司。

4.1.1 外商投资

近年来，捷克共和国吸引外资能力不断增强，但其波动起伏也十分明显。就流量情况而言，1998—2019年的外商直接投资流量经历了起伏波动较大的三个阶段。第一阶段为1998—2002年，捷克共和国的外商直接投资总体上呈现了增长趋势，由1998年的37.2亿美元增长至2002年的84.8亿美元，外商直接投资流量占GDP比重也由5.6%增长至10.3%。但2003年经历了较大幅度下滑，外商直接投资流量及其占GDP比重分别为21.0亿美元和2.1%。2003—2015年经历了较大波动，2005年达到了历史最高值，外商直接投资流量达到116.5亿美元，也经历了2015年外商直接投资流量及其占GDP比重仅为4.7亿美元和0.3%的谷值。此后，2016—2019年外商直接投资流量大涨，均维持在95亿美元以上水平，其占GDP比重也维持在4%～5%之间。但就世界范围来看，捷克的外商直接投资流量占世界总量比重维持在0.5%左右，仅2002年实现了1.4%的最高值。就存量水平来看，1998—2019年捷克共和国外商直接投资的存量情况经历了两个阶段的变动。1998—2012年，尽管偶有年份波动下滑，其外商直接投资存量呈现总体增长趋势，由1998年的143.8亿美元增长至2012年的1 364.9亿美元，外商直接投资存量占GDP比重也由1998年的5.6%增长至2012年的65.4%。但2012—2019年，外商直接投资存量经历了下滑后增长的变动趋势，特别是2015年仅为1 166.3亿美元，此后又逐步增长至2019年的1 713.3亿美元，近年来其外商直接投资存量占GDP比重维持在60%～70%之间。但就世界范围来看，捷克的外商直接投资存量占世界总量比重也是维持在0.5%左右（如表4.1、图4.1、图4.2所示）。

表4.1 1998—2019年捷克共和国的外商直接投资情况

年份	外商直接投资流量（亿美元）	外商直接投资存量（亿美元）	外商直接投资流量占GDP比重（%）	外商直接投资存量占GDP比重（%）	外商直接投资流量占世界总量比重（%）	外商直接投资存量占世界总量比重（%）
1998年	37.2	143.8	5.6	21.5	0.6	0.2
1999年	63.3	175.5	9.7	26.9	0.6	0.3
2000年	49.9	216.4	8.1	35.0	0.4	0.3
2001年	56.4	270.9	8.3	40.0	0.7	0.4
2002年	84.8	386.7	10.3	47.1	1.4	0.5
2003年	21.0	452.9	2.1	45.3	0.4	0.5
2004年	49.7	572.6	4.2	47.8	0.7	0.5

续表

年份	外商直接投资流量（亿美元）	外商直接投资存量（亿美元）	外商直接投资流量占 GDP 比重（%）	外商直接投资存量占 GDP 比重（%）	外商直接投资流量占世界总量比重（%）	外商直接投资存量占世界总量比重（%）
2005 年	116.5	606.6	8.5	44.2	1.2	0.5
2006 年	54.6	798.4	3.5	51.1	0.4	0.6
2007 年	104.4	1 124.1	5.5	59.1	0.6	0.6
2008 年	64.5	1 131.7	2.7	47.8	0.4	0.8
2009 年	29.3	1 258.3	1.4	60.7	0.2	0.7
2010 年	61.4	1 285.0	2.9	61.5	0.4	0.7
2011 年	23.2	1 205.7	1.0	52.5	0.1	0.6
2012 年	79.8	1 364.9	3.8	65.4	0.5	0.6
2013 年	36.4	1 340.8	1.7	63.3	0.3	0.5
2014 年	54.9	1 215.1	2.6	58.0	0.4	0.5
2015 年	4.7	1 166.3	0.3	62.0	0.0	0.4
2016 年	98.1	1 218.5	5.0	62.1	0.5	0.4
2017 年	95.2	1 559.9	4.4	71.4	0.6	0.5
2018 年	110.1	1 642.2	4.4	66.0	0.8	0.5
2019 年	101.1	1 713.3	4.0	68.4	0.7	0.5

资料来源：UNCTAD 数据库。

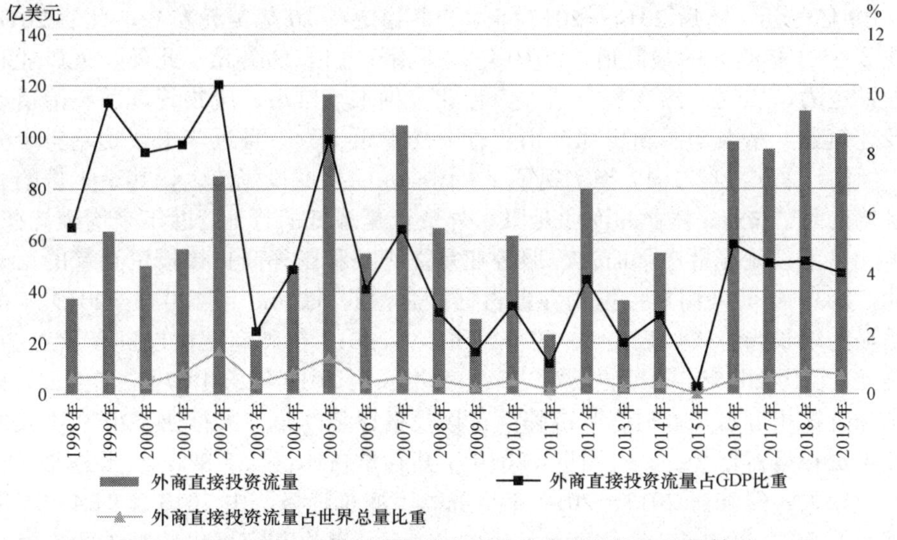

图 4.1　1998—2019 年捷克共和国的外商直接投资流量情况

资料来源：UNCTAD 数据库。

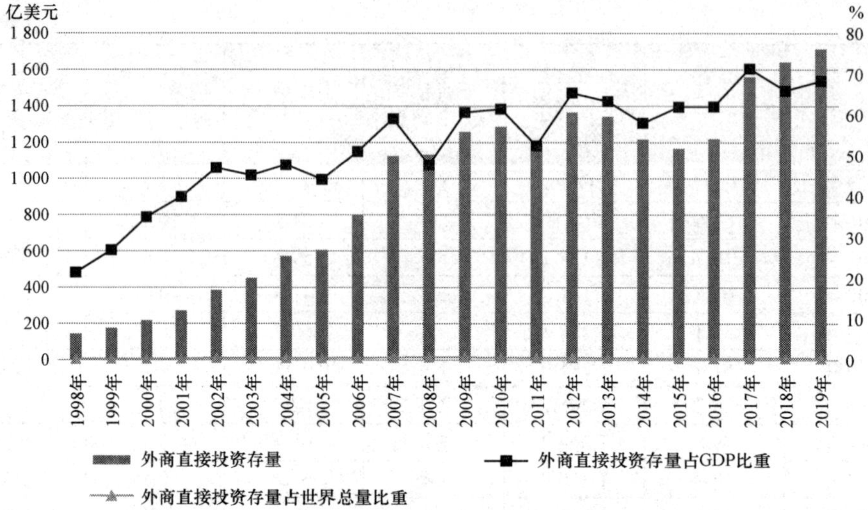

图 4.2　1998—2019 年捷克共和国的外商直接投资存量情况

资料来源：UNCTAD 数据库。

就外商直接投资的行业结构来看，2013—2019 年，制造业和服务业是吸引外商投资的前两大行业，且其水平波动较大。2013 年，服务业外商直接投资流量为 44.2 亿美元，在 2015 年却又突降至 – 3.3 亿美元，此后剧增至 2016 年的 68.7 亿美元，2019 年实现了 78.3 亿美元流入。制造业是第二大吸引外资行业，2013 年为 – 1.9 亿美元，随后 2014—2017 年增长并稳定在 20 亿美元左右，此后 2018 年实现了 37.3 亿美元的最高值，2019 年又下滑至 15.5 亿美元。此外，采矿业和采石业，电力、燃气、蒸汽和空调供应行业，供水、排污、废物管理和整治活动，以及建筑业、私人购买和房地产销售行业的差距不大，且近年来波动趋势十分明显。例如，采矿业除 2017 年实现了 1.7 亿美元的外商投资流入，其余年份的外资流量均为负。农业、林业和渔业是吸引外资流量最低的行业，近年来均维持在 0.5 亿美元以下。就存量水平而言，服务业是捷克共和国外商直接投资存量的第一大行业，2019 年其外商直接投资存量占据了总量的 63.7%，且 2013—2019 年呈现了明显的增长趋势（如表 4.2、图 4.3 所示）。2013 年外商直接投资存量为 766.3 亿美元，经历 2015 年的短暂下滑之后，又增长至 2018 年的 1 079.7 亿美元，2019 年也保持在相近水平。制造业是外商直接投资存量的第二大行业，2019 年其外商直接投资存量占据 28.3%的比重，2019 年其存量占比仅为 2.8%，与服务业和制造业差距较大。但其在 2013—2019 年呈现稳步增长趋势，由 2013 年的 439.4 亿美元增长至 2019 年的 477.6 亿美元。电力、燃气、蒸汽和空调供应是外商投资存量的第三大行业，2019 年其存量占比约 2.6%，但近年来呈现下降趋势，由 2013 年的 67.0 亿美元下降至 2019 年的 47.0 亿美元。私人购买和房地产销售行业及建筑业紧随其后，近年来波动不大，其外商直接投资存量分别维持在 30 亿～40 亿美元以及 20 亿～30 亿美元。供水、排污、废物管理和整治活动，采矿业和采石业以及农业、林业和渔业的外商直接投资存量较低，均在 10 亿美元以下，特别是农业、林业和渔业在 3 亿美元左右，存量占比仅为 0.2%（如表 4.3、图 4.4 所示）。

表 4.2　　2013—2019 年捷克共和国不同行业外商直接投资流量情况

单位：亿美元

年份	农业、林业和渔业	采矿业和采石业	制造业	电力、燃气、蒸汽和空调供应	供水、排污、废物管理和整治活动	建筑业	服务业	私人购买和房地产销售
2013 年	−0.3	−6.7	−1.9	3.6	0.4	−4.3	44.2	1.4
2014 年	0.2	−9.0	25.7	−10.1	−1.1	3.4	47.9	−2.1
2015 年	0	−6.9	20.1	0.8	−1.2	−2.4	−3.3	−2.5
2016 年	0.3	−5.6	23.1	5.4	3.1	0.1	68.7	3.0
2017 年	−0.2	1.7	16.0	3.1	−0.4	4.5	69.2	1.4
2018 年	0.3	−0.1	37.3	4.6	−2.0	3.2	60.9	6.0
2019 年	−0.5	−0.5	15.5	−0.4	0.1	5.2	78.3	3.4

资料来源：IMF《国际收支和国际投资头寸手册》（第六版）数据库。

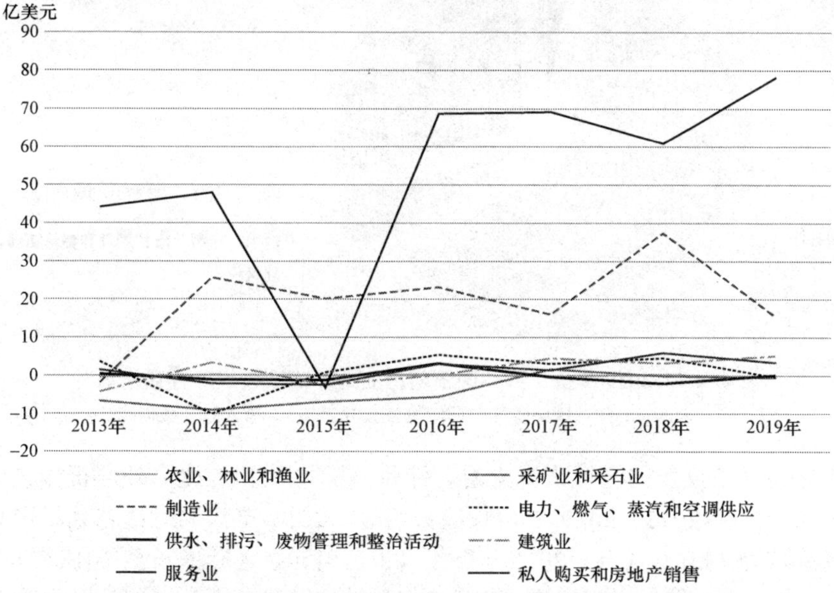

图 4.3　2013—2019 年捷克共和国不同行业的外商直接投资流量情况

资料来源：IMF《国际收支和国际投资头寸手册》（第六版）数据库。

表 4.3　　2013—2019 年捷克共和国不同行业外商直接投资存量情况

单位：亿美元

年份	农业、林业和渔业	采矿业和采石业	制造业	电力、燃气、蒸汽和空调供应	供水、排污、废物管理和整治活动	建筑业	服务业	私人购买和房地产销售
2013 年	2.1	22.9	439.4	67.0	10.2	18.1	766.3	37.7
2014 年	2.8	15.9	446.9	42.0	8.8	19.0	767.8	33.6
2015 年	2.4	8.9	387.1	35.9	6.9	13.2	696.8	25.9
2016 年	3.4	7.1	403.5	40.5	9.8	18.2	766.1	29.6
2017 年	3.1	6.1	414.4	43.2	9.5	23.2	888.2	33.0
2018 年	3.8	6.6	482.4	51.4	7.1	24.7	1 079.7	42.1
2019 年	3.3	5.8	477.6	47.0	6.6	28.3	1 077.4	44.2

资料来源：IMF《国际收支和国际投资头寸手册》（第六版）数据库。

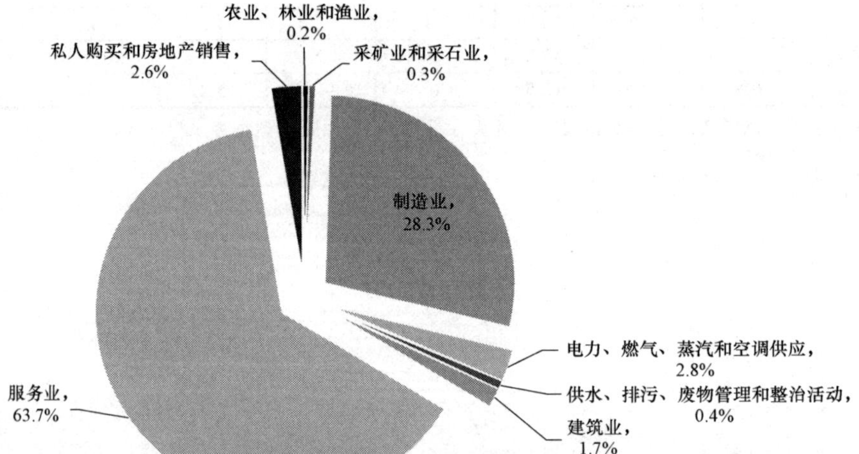

图 4.4　2019 年捷克共和国不同行业的外商直接投资存量情况

资料来源：IMF《国际收支和国际投资头寸手册》（第六版）数据库。

就外商直接投资的区域来源来看，流量方面，欧洲是捷克外商直接投资流量最大来源地，且 2013—2019 年增长趋势明显。2013 年欧洲对捷克共和国外商直接投资流量为 34.0 亿美元，2015 年降至 4.3 亿美元，之后增长至 2018 年的 107.3 亿美元，但 2019 年又出现略微下降，降至 96.0 亿美元水平。亚洲是捷克共和国外商直接投资流量的第二大来源地，但近年来其外资流入逐渐降低。2013 年实现了5.8亿美元，2016年增长至11.8亿美元，2018年降至1.1亿美元的最低水平，2019年反弹至2.4亿美元水平。美洲对捷克共和国的外商直接投资流量呈现较大波动，2013年实现了13.2亿美元的历史最高值，此后在2015年、2017年均跌至负值，2019年维持在2亿美元左右。大洋洲和非洲地区的外商直接投资流量一直较低，均维持在1亿美元以下（如表4.4、图4.5所示）。

表4.4　2013—2019年捷克共和国分区域外商直接投资流量情况

单位：亿美元

年份	欧洲	非洲	美洲	亚洲	大洋洲
2013年	34.0	−0.41	13.2	5.8	0.3
2014年	46.4	−0.02	0.9	7.5	0.2
2015年	4.3	−0.03	−7.2	7.0	−0.2
2016年	86.7	0.02	0.1	11.8	0.3
2017年	92.8	0.06	−4.1	5.1	1.2
2018年	107.3	−0.32	2.2	1.1	−0.1
2019年	96.0	0.35	2.0	2.4	0.2

资料来源：IMF《国际收支和国际投资头寸手册》（第六版）数据库。

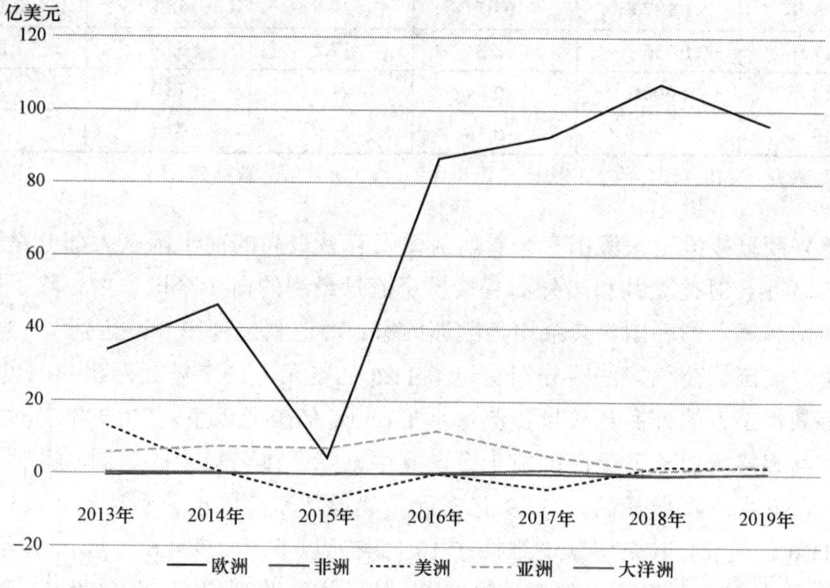

图4.5　2013—2019年捷克共和国分区域外商直接投资流量情况

资料来源：IMF《国际收支和国际投资头寸手册》（第六版）数据库。

存量方面，欧洲对捷克共和国的外商直接投资存量水平一直较高，远超过其他地区，且在 2013—2019 年呈现降低后增长的总体趋势。2013 年欧洲对捷克共和国的外商直接投资存量为 1 266.0 亿美元，2015 年降低至 1 107.3 亿美元，此后又稳步攀升至 2018 年的 1 600.1 亿美元，2019 年也维持在相近水平。亚洲地区是外商直接投资存量的第二大区域，且近年来呈现稳步增长趋势，由 2013 年的 38.7 亿美元增长至 2019 年的 77.4 亿美元。美洲地区紧随其后，但却呈现了逐年降低趋势，2013 年其外商直接投资存量为 57.8 亿美元，2019 年仅为 20.9 亿美元。大洋洲和非洲地区的外商直接投资存量较低，但大洋洲呈现增长趋势，由 2013 年的 0 美元增长至 2019 年的 1.55 亿美元，非洲地区则由 2013 年的 0.17 亿美元降低至 2019 年的－0.15 亿美元（如表 4.5 所示）。

表 4.5　　2013—2019 年捷克共和国分区域外商直接投资存量情况

单位：亿美元

年份	欧洲	非洲	美洲	亚洲	大洋洲
2013 年	1 266.0	0.17	57.8	38.7	0
2014 年	1 235.3	0.15	54.2	45.9	0.03
2015 年	1 107.3	0.04	22.6	45.5	－0.19
2016 年	1 197.6	0.07	20.6	58.8	0.18
2017 年	1 335.3	0.23	17.2	65.4	1.28
2018 年	1 600.1	－0.04	21.8	73.3	1.34
2019 年	1 589.0	－0.15	20.9	77.4	1.55

资料来源：IMF《国际收支和国际投资头寸手册》（第六版）数据库。

就外商直接投资来源国家来看，流量及存量最高的前十国家大部分是欧洲国家。2013 年，对捷克共和国外商直接投资流量最高的前十个国家中，除了排名第二的美国和第六的韩国，其余均为欧洲国家。奥地利位列第一，达到了 13.3 亿美元投资，美国、荷兰、法国分别实现了 11.5 亿美元、10.7 亿美元和 10.4 亿美元。瑞士等其他国家的外商直接投资流量水平在 10 亿美元以下。2019 年，对捷克共和国外商直接投资流量最高的前十个国家中，除了排名第十的美国，其他均为欧洲国家。其中卢森堡最高为 34.9 亿美元，奥地利和英国也分别达到了 23.1 亿美元和 11.6 亿美元，其余国家均维持在 10 亿美元以下（如表 4.6 所示）。存量方面，2013 年前十国家中除了排名第八的美国，其余均为欧洲国家。荷兰最高，为 390.3 亿美元，奥地利和德国则为 191.0 亿美元和 153.8 亿美元。卢森堡等其他国家均在 100 亿美元水平以下。2019 年，美国也跌出前十名，前十国家均为欧洲国家，但最高的荷兰对捷克共和国对外直接投资存量为 308.6 亿美元，较 2013 年水平有降低趋势。卢森堡、德国、奥地利、法国的存量水平分别为 287.2 亿美元、251.3 亿美元、178.9 亿美元和 117.7 亿美元，均在 100 亿美元以上（如表 4.7 所示）。

表 4.6　2013 年和 2019 年对捷克共和国外商直接投资流量最大的前十国家

单位：亿美元

国家	2013 年	国家	2019 年
奥地利	13.3	卢森堡	34.9
美国	11.5	奥地利	23.1
荷兰	10.7	英国	11.6
法国	10.4	荷兰	7.2
瑞士	8.3	比利时	7.0
韩国	5.6	塞浦路斯	6.5
英国	4.4	匈牙利	3.1
斯洛伐克	4.3	意大利	3.0
爱尔兰	4.2	列支敦士登	2.8
塞浦路斯	4.1	美国	2.6

资料来源：IMF《国际收支和国际投资头寸手册》（第六版）数据库。

表 4.7　2013 年和 2019 年对捷克共和国外商直接投资存量最大的前十国家

单位：亿美元

国家	2013 年	国家	2019 年
荷兰	390.3	荷兰	308.6
奥地利	191.0	卢森堡	287.2
德国	153.8	德国	251.3
卢森堡	82.9	奥地利	178.9
法国	77.8	法国	117.7
瑞士	67.8	瑞士	65.2
比利时	56.0	塞浦路斯	57.1
美国	50.9	斯洛伐克	51.7
塞浦路斯	48.3	意大利	47.9
斯洛伐克	45.6	英国	47.4

资料来源：IMF《国际收支和国际投资头寸手册》（第六版）数据库。

4.1.2 对外投资

就捷克共和国的对外直接投资情况来看，流量方面，1998—2019 年，捷克共和国对外直接投资能力得到了明显提升。1998 年，对外直接投资流量仅为 1.3 亿美元，2008 年增长至 43.2 亿美元，其占 GDP 比重也由 1.2%增至 5.3%。此后经历了 2009—2011 年的波动下降后，2013 年反弹至 40.2 亿美元，且其占 GDP 比重也增长至 9.7%。2018 年，捷克共和国对外直接投资流量达到 86.6 亿美元，成为近年来的历史新高。但世界范围来看，其对外直接投资流量实现了较大增长，但仍维持在较低水平。1998 年，对外直接投资流量占世界比重为 0.02%，2018 年达到了 0.99%，但 1998—2019 年均在 1%以下（如表 4.8、图 4.6 所示）。

表 4.8　1998—2019 年捷克共和国的对外直接投资情况

年份	对外直接投资流量（亿美元）	对外直接投资存量（亿美元）	对外直接投资流量占 GDP 比重（%）	对外直接投资存量占 GDP 比重（%）	对外直接投资流量占世界总量比重（%）	对外直接投资存量占世界总量比重（%）
1998 年	1.3	8.0	0.19	1.2	0.02	0.01
1999 年	0.9	7.0	0.14	1.1	0.01	0.01
2000 年	0.4	7.4	0.07	1.2	0	0.01
2001 年	1.7	11.4	0.24	1.7	0.02	0.02
2002 年	2.1	14.7	0.25	1.8	0.04	0.02
2003 年	2.1	22.8	0.21	2.3	0.04	0.02
2004 年	10.1	37.6	0.85	3.1	0.11	0.03
2005 年	−0.2	36.1	−0.01	2.6	0	0.03
2006 年	14.7	50.2	0.94	3.2	0.11	0.03
2007 年	16.2	85.6	0.85	4.5	0.07	0.05
2008 年	43.2	125.3	1.83	5.3	0.25	0.08
2009 年	9.5	148.0	0.46	7.1	0.08	0.08
2010 年	11.7	149.2	0.56	7.1	0.08	0.07
2011 年	−3.3	132.1	−0.14	5.8	−0.02	0.06

续表

年份	对外直接投资流量（亿美元）	对外直接投资存量（亿美元）	对外直接投资流量占GDP比重（%）	对外直接投资存量占GDP比重（%）	对外直接投资流量占世界总量比重（%）	对外直接投资存量占世界总量比重（%）
2012年	17.9	173.7	0.86	8.3	0.14	0.08
2013年	40.2	206.3	1.90	9.7	0.28	0.08
2014年	16.2	182.4	0.77	8.7	0.12	0.07
2015年	24.9	185.9	1.32	9.9	0.15	0.07
2016年	21.8	194.3	1.11	9.9	0.14	0.07
2017年	75.6	323.6	3.46	14.8	0.47	0.10
2018年	86.6	410.0	3.48	16.5	0.99	0.13
2019年	41.3	451.3	1.65	18.0	0.34	0.13

资料来源：UNCTAD数据库。

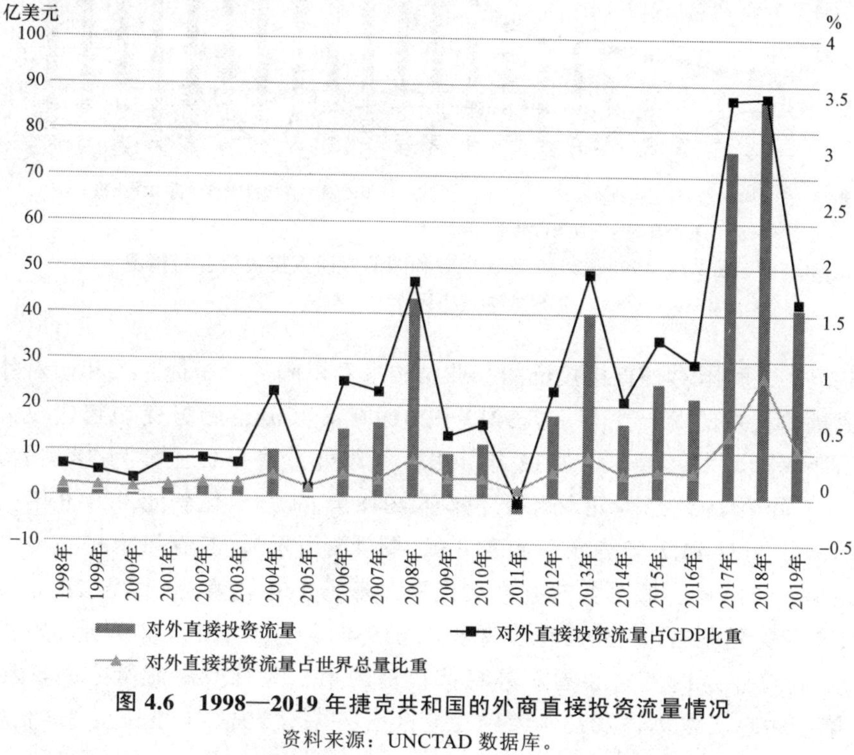

图4.6　1998—2019年捷克共和国的外商直接投资流量情况

资料来源：UNCTAD数据库。

存量方面，捷克共和国的对外直接投资存量在 1998—2019 年实现了明显增长。1998 年仅为 8.0 亿美元，2019 年达到 451.3 亿美元，且其占 GDP 比重也由 1.2%增长至 18.0%。但在世界范围来看，捷克共和国的对外直接投资水平较低，1998—2017 年存量占比均维持在 0.1%以下，仅 2018 年及 2019 年达到 0.13%（如图 4.7 所示）。

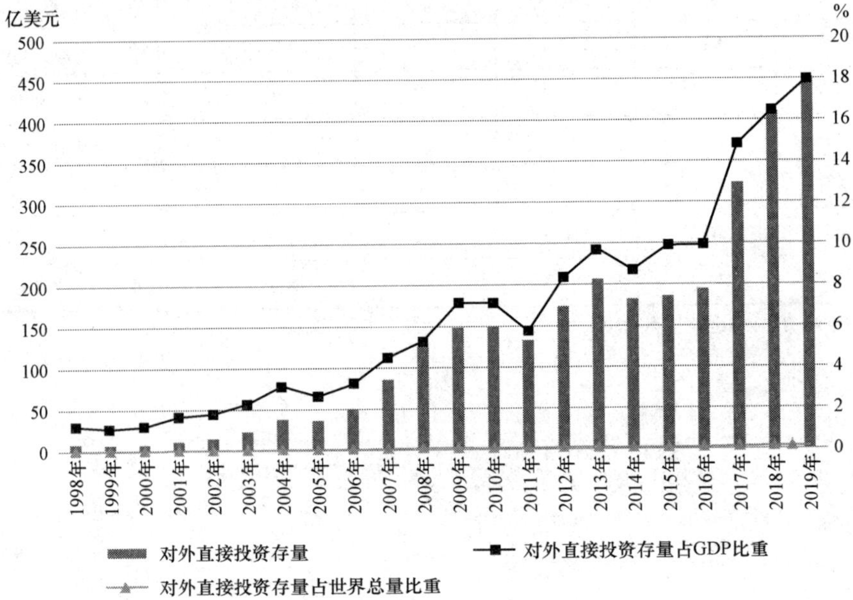

图 4.7 1998—2019 年捷克共和国的外商直接投资存量情况

资料来源：UNCTAD 数据库。

就捷克共和国对外直接投资的行业结构来看，服务业是捷克共和国对外直接投资流量和存量的第一大行业，2013—2019 年，其流量趋势变动起伏较大，存量略有下降之后稳步增长。2013 年，服务业对外直接投资流量为 38.7 亿美元，2016 年下降至 10.7 亿美元，此后反弹至 2018 年的 75.5 亿美元，2019 年又出现下降趋势，仅为 45.2 亿美元（如表 4.9、图 4.8 所示）。其存量水平呈现了稳步增长趋势，2013 年，服务业对外直接投资存量为 170 亿美元，尽管 2016 年下降至 151.5 亿美元左右，但此后稳步增长，2019 年实现了 381.3 亿美元（如表 4.10 所示）。制造业是捷克共和国对外直接投资的第二大行业。流量方面，2013—2019 年变动起伏较大，2013 年为 1.2 亿美元左右，2014 年增长至 5.7 亿美元，此后又呈现总体下降趋势，2019年仅为1.4亿美元左右。存量方面，近年来制造业对外直接投资存量维持在30亿美元左右，2013—2019年呈现小幅波动趋势。2013年为12.5亿美元，2014年增长至20.7亿美元，2015年下降至14.5亿美元，随后逐步上升至2019的34.2亿美元。电力、燃气、蒸汽和空调供应行业的对外直接投资流量变动幅度较大，2015年为－3.7亿美元，2018年又增至9.0亿美元左右，2019年又降为－1.7亿美元。存量方面，该行业的对外直接投资存量一直维持在15亿美元左右，2013年实现了21.7亿美元最高值之后一直下跌，2017年仅为7.8亿美元，此后增长至2018年的16.7亿美元，2019年为13.5亿美元左右。建筑业的对外投资流量变动趋势也较为明显，2013年为－570万美元，2016年增长至5.4亿美元后又再次下滑至2018年的0.7亿美元，2019年为－3.3亿美元。建筑业对外投资存量从2013年的2.05亿美元，增长至2017年的13.8亿美元，此后在2018年经历波谷，又在2019年维持在13 亿美元左右。此外，农业、林业和渔业，采矿业和采石业，供水、排污、废物管理和整治活动，以及私人购买和房地产销售行业的流量变动较小，且其存量均维持在5亿美元以下水平。

表4.9　　2013—2019年捷克共和国不同行业的对外直接投资流量情况

单位：百万美元

年份	农业、林业和渔业	采矿业和采石业	制造业	电力、燃气、蒸汽和空调供应	供水、排污、废物管理和整治活动	建筑业	服务业	私人购买和房地产销售
2013年	－4.9	－0.2	117.8	/	/	－5.7	3 870.2	/
2014年	/	3.2	574.8	－346.9	－0.6	－21.6	1 410.6	/
2015年	/	－0.4	－344.8	－373.8	/	262.4	2 915.4	6.4
2016年	10.7	4.9	260.1	/	0.2	543.9	1 071.5	－3.4
2017年	0.5	1.6	444.3	/	－0.2	234	6 954.9	27.3
2018年	－11.1	10.6	170.4	907.2	－0.3	66.4	7 549.2	－7.7
2019年	/	－6.4	137.8	－165.4	5.3	－325.2	4 521.9	2.4

注：“/”为数值缺失。

资料来源：OECD数据库。

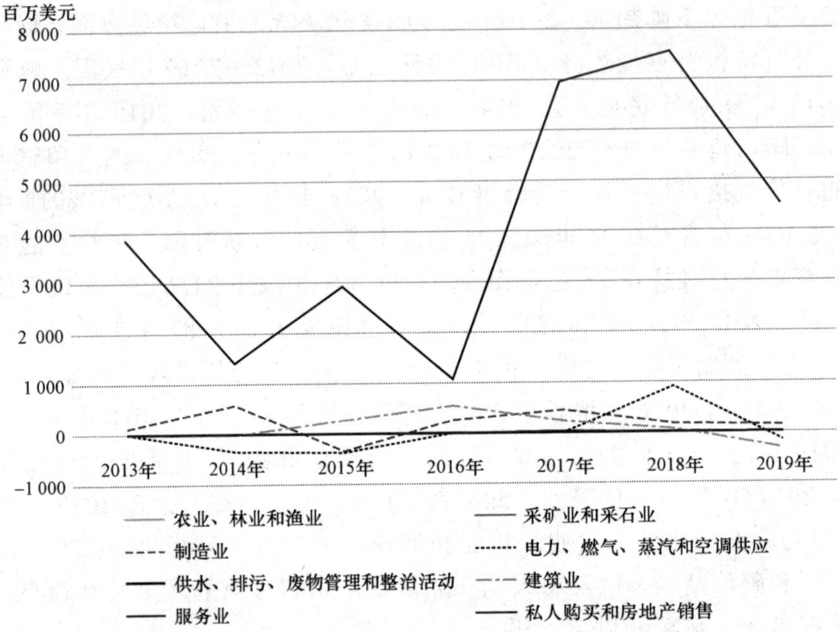

图 4.8　2013—2019 年捷克共和国不同行业的对外直接投资流量情况

资料来源：OECD 数据库。

表 4.10　2013—2019 年捷克共和国不同行业的对外直接投资存量情况

单位：百万美元

年份	农业、林业和渔业	采矿业和采石业	制造业	电力、燃气、蒸汽和空调供应	供水、排污、废物管理和整治活动	建筑业	服务业	私人购买和房地产销售
2013 年	/	10.2	1 245.2	2 165.6	0.7	204.9	17 000.0	/
2014 年	/	4.6	2 065.2	1 137.1	0.7	/	16 110.0	449.4
2015 年	53.9	7.4	1 450.5	/	0.8	409.4	15 219.9	413.4
2016 年	61.7	14.9	1 581.3	/	1.9	832.5	15 147.0	400.2
2017 年	69.8	14.7	2 421.3	779.2	2.2	1 382.4	26 560.5	481.9
2018 年	58.8	32.3	3 143.4	1 667.7	1.7	995.6	34 223.1	456.7
2019 年	/	17.9	3 423.9	1 348.1	7.1	1 319.5	38 137.0	453.6

注："/" 为数值缺失。

资料来源：OECD 数据库。

就捷克共和国对外直接投资的区域分布来看，欧洲是第一大对外投资目的地，2013—2019年，捷克共和国对其投资流量呈现了先降低后增长再降低的趋势。2013年为38.4亿美元，2014年降至14.1亿美元，此后增至2018年的78.9亿美元，2019年又降至42.2亿美元（如表4.11、图4.9所示）。存量方面，捷克共和国对欧洲地区直接投资的存量稳步增长，由2013—2015年的200亿美元左右，增长至2019年的431.1亿美元（如表4.12所示）。亚洲是捷克共和国对外直接投资的第二大目的地，2013—2019年，捷克共和国对其投资流量约为1～2亿美元，投资存量由2013年的2.9亿美元增长至2019年的11.7亿美元。对美洲地区的投

表4.11　　2013—2019年捷克共和国分区域对外直接投资流量情况

单位：亿美元

年份	欧洲	非洲	美洲	亚洲	大洋洲
2013年	38.4	/	/	0.6	－0.02
2014年	14.1	/	0.5	/	/
2015年	25.0	/	0.5	/	－0.32
2016年	21.8	/	－0.4	0.6	/
2017年	73.3	/	0.9	1.3	/
2018年	78.9	0.7	5.2	1.9	－0.05
2019年	42.2	－1.0	0.9	－0.8	－0.02

资料来源：OECD数据库。“/”为数值缺失。

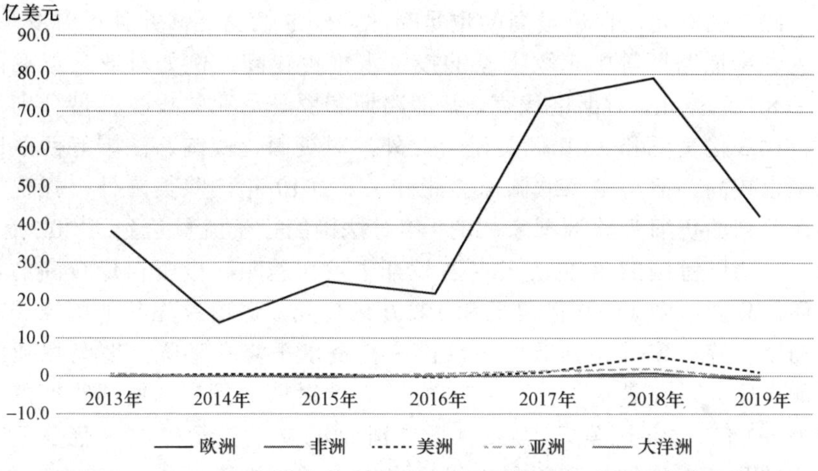

图4.9　2013—2019年捷克共和国对不同区域的对外直接投资流量情况

资料来源：OECD数据库。

资紧随其后，除2018年实现了5.2亿美元的最高值，其余年份的投资流量维持在1亿美元以下，存量则由2014年的1.2亿美元增长至2019年的7.9亿美元。捷克共和国对非洲和大洋洲地区的投资较少，投资流量仅维持在百万美元级别，与其他地区差距较大。

表4.12　2013—2019年捷克共和国分区域对外直接投资存量情况　单位：亿美元

年份	欧洲	非洲	美洲	亚洲	大洋洲
2013年	201.6	/	/	2.9	0.17
2014年	176.2	/	1.2	/	/
2015年	180.4	/	1.7	2.4	/
2016年	/	/	/	/	/
2017年	311.9	/	1.8	8.6	/
2018年	392.2	1.4	7.6	8.5	–0.04
2019年	431.1	0.4	7.9	11.7	–0.06

注：“/”为数值缺失。

资料来源：OECD数据库。

就捷克共和国对外直接投资的国家来看，投资流量和存量排在前列的大多为欧洲国家（如表4.13、表4.14所示）。2013年捷克对外直接投资流量最大的为荷兰，12.7亿美元，存量最高的也是荷兰，86.5亿美元。并且，对罗马尼亚、斯洛伐克、塞浦路斯等中东欧国家的投资水平也较高，例如对罗马尼亚投资流量达到了8.7亿美元，对斯洛伐克、塞浦路斯和罗马尼亚的投资存量分别为29.9亿美元、14.3亿美元和13.0亿美元。此外，对英国、德国、法国等西欧国家的投资水平也较高，但与中东欧国家差距较大。2019年，除美国外，投资流量和存量排在前列的仍旧为欧洲国家。2019年对法国的投资流量达到了20.3亿美元，且与荷兰、德国等国的8亿美元左右拉开了较大差距。投资存量较高的是荷兰和卢森堡，分别达到119.9亿美元和102.0亿美元，遥遥领先其他国家。对罗马尼亚、斯洛伐克、塞浦路斯等中东欧国家投资水平略有下降，罗马尼亚跌出投资流量前十序列，存量水平仅为15.6亿美元，对斯洛伐克和塞浦路斯的投资流量水平为5.3亿～5.4亿美元，存量水平分别为43.9亿美元和40.8亿美元。此外，值得注意的是，对俄罗斯和美国的投资也进入了投资流量前十序列，对其投资流量水平分别为2.1亿美元和1.0亿美元左右，但鉴于对美俄的前期投资较低，美俄均未进入投资存量前十序列。

表 4.13　　2013 年和 2019 年捷克共和国对外直接投资流量最大的前十国家　　单位：亿美元

国家	2013 年	国家	2019 年
荷兰	12.7	法国	20.3
罗马尼亚	8.7	荷兰	8.6
希腊	4.1	英国	8.3
波兰	3.7	斯洛伐克	5.4
英国	3.4	塞浦路斯	5.3
德国	1.2	瑞士	2.6
斯洛伐克	1.0	俄罗斯	2.1
马耳他	1.0	匈牙利	2.0
土耳其	0.9	波兰	1.2
格鲁吉亚	0.7	美国	1.0

资料来源：OECD 数据库。

表 4.14　　2013 年和 2019 年对捷克共和国对外直接投资存量最大的前十国家　　单位：亿美元

国家	2013 年	国家	2019 年
荷兰	86.5	荷兰	119.9
斯洛伐克	29.9	卢森堡	102.0
塞浦路斯	14.3	斯洛伐克	43.9
罗马尼亚	13.0	塞浦路斯	40.8
爱尔兰	11.4	英国	30.4
保加利亚	5.8	罗马尼亚	15.6
英国	4.3	波兰	13.1
希腊	4.1	瑞士	13.0
波兰	4.0	法国	10.4
德国	3.9	保加利亚	8.4

资料来源：OECD 数据库。

4.1.3 双边投资条约

自 20 世纪 90 年代以来，捷克共和国与数十个国家陆续签署了双边投资协议，所有已签订的双边投资条约如表 4.15 所示，另外还有部分协议正在制订过程中。

表 4.15　　捷克共和国签订的双边投资条约情况

协议方	状态	签署日期	终止日期	终止类型
捷克共和国—伊朗伊斯兰共和国	已签署	2017/12/18	/	/
阿塞拜疆—捷克共和国	已生效	2011/5/17	/	/
捷克共和国—斯里兰卡	已生效	2011/3/28	/	/
捷克共和国—沙特阿拉伯	已生效	2009/11/18	/	/
捷克共和国—格鲁吉亚	已生效	2009/8/29	/	/
加拿大—捷克共和国	已生效	2009/5/6	/	/
捷克共和国—土耳其	已生效	2009/4/29	/	/
捷克共和国—阿拉伯叙利亚共和国	已生效	2008/11/21	/	/
捷克共和国—也门	已生效	2008/5/20	/	/
柬埔寨—捷克共和国	已生效	2008/5/12	/	/
巴林—捷克共和国	已生效	2007/10/15	/	/
中国—捷克共和国	已生效	2005/12/8	/	/
捷克共和国—危地马拉	已生效	2003/7/8	/	/
波斯尼亚和黑塞哥维那—捷克共和国	已生效	2002/4/17	/	/
捷克共和国—马耳他	已结束	2002/4/9	2010/9/30	经同意终止
捷克共和国—墨西哥	已生效	2002/4/4	/	/
捷克共和国—尼加拉瓜	已生效	2002/4/2	/	/
捷克共和国—斯洛伐克	已结束	2002/3/26	2004/5/1	经同意终止
捷克共和国—南斯拉夫马其顿共和国	已生效	2001/6/21	/	/
塞浦路斯—捷克共和国	已结束	2001/6/15	2021/12/10	经同意终止
捷克共和国—摩洛哥	已生效	2001/6/11	/	/
阿尔及利亚—捷克共和国	已签署	2000/9/22	/	/
捷克共和国—萨尔瓦多	已生效	1999/11/29	/	/
捷克共和国—津巴布韦	已签署	1999/9/13	/	/
捷克共和国—巴拿马	已生效	1999/8/27	/	/

续表

协议方	状态	签署日期	终止日期	终止类型
捷克共和国—摩尔多瓦共和国	已生效	1999/5/12	/	/
捷克共和国—巴基斯坦	已签署	1999/5/7	/	/
捷克共和国—毛里求斯	已生效	1999/4/5	/	/
保加利亚—捷克共和国	已结束	1999/3/17	2021/12/10	经同意终止
捷克共和国—南非	已签署	1998/12/14	/	/
哥斯达黎加—捷克共和国	已生效	1998/10/21	/	/
捷克共和国—巴拉圭	已生效	1998/10/21	/	/
捷克共和国—印度尼西亚	已生效	1998/9/17	/	/
捷克共和国—朝鲜民主主义人民共和国	已生效	1998/2/27	/	/
捷克共和国—蒙古国	已生效	1998/2/13	/	/
捷克共和国—越南	已生效	1997/11/25	/	/
捷克共和国—黑山	已生效	1997/10/13	/	/
捷克共和国—塞尔维亚	已生效	1997/10/13	/	/
捷克共和国—以色列	已生效	1997/9/23	/	/
捷克共和国—约旦	已生效	1997/9/20	/	/
捷克共和国—黎巴嫩	已生效	1997/9/19	/	/
捷克共和国—乌兹别克斯坦	已生效	1997/1/15	/	/
捷克共和国—突尼斯	已生效	1997/1/6	/	/
白俄罗斯—捷克共和国	已生效	1996/10/14	/	/
捷克共和国—印度	已结束	1996/10/11	2017/4/25	单方面终止
捷克共和国—哈萨克斯坦	已生效	1996/10/8	/	/
阿根廷—捷克共和国	已生效	1996/9/27	/	/
捷克共和国—乌拉圭	已生效	1996/9/26	/	/
捷克共和国—马来西亚	已生效	1996/9/9	/	/
捷克共和国—爱尔兰	已结束	1996/6/28	2011/12/1	经同意终止
克罗地亚—捷克共和国	已结束	1996/3/5	2021/12/10	经同意终止
捷克共和国—意大利	已结束	1996/1/22	2009/4/30	经同意终止

续表

协议方	状态	签署日期	终止日期	终止类型
捷克共和国—科威特	已生效	1996/1/8	/	/
捷克共和国—委内瑞拉玻利瓦尔共和国	已生效	1995/4/27	/	/
智利—捷克共和国	已生效	1995/4/24	/	/
捷克共和国—新加坡	已生效	1995/4/8	/	/
捷克共和国—菲律宾	已生效	1995/4/5	/	/
捷克共和国—阿拉伯联合酋长国	已生效	1994/11/23	/	/
捷克共和国—立陶宛	已结束	1994/10/27	2021/12/10	经同意终止
捷克共和国—拉脱维亚	已结束	1994/10/25	2019/7/1	经同意终止
捷克共和国—爱沙尼亚	已结束	1994/10/24	2011/2/20	经同意终止
阿尔巴尼亚—捷克共和国	已生效	1994/6/27	/	/
捷克共和国—俄罗斯联邦	已生效	1994/4/5	/	/
捷克共和国—乌克兰	已生效	1994/3/17	/	/
捷克共和国—秘鲁	已生效	1994/3/16	/	/
捷克共和国—泰国	已生效	1994/2/12	/	/
捷克共和国—塔吉克斯坦	已生效	1994/2/11	/	/
捷克共和国—葡萄牙	已生效	1993/11/12	/	/
捷克共和国—罗马尼亚	已结束	1993/11/8	2022/3/24	经同意终止
澳大利亚—捷克共和国	已生效	1993/9/30	/	/
捷克共和国—波兰	已结束	1993/7/16	2019/9/25	经同意终止
捷克共和国—埃及	已生效	1993/5/29	/	/
捷克共和国—斯洛文尼亚	已结束	1993/5/4	2010/8/13	经同意终止
捷克共和国—匈牙利	已结束	1993/1/14	2021/12/10	经同意终止
捷克共和国—斯洛伐克	已结束	1992/11/23	2003/7/14	被新协议取代
捷克共和国—土耳其	已结束	1992/4/30	2012/3/18	被新协议取代
捷克共和国—韩国	已生效	1992/4/27	/	/
中国—捷克共和国	已结束	1991/12/4	2006/9/1	被新协议取代
捷克共和国—美国	已生效	1991/10/22	/	/

续表

协议方	状态	签署日期	终止日期	终止类型
澳大利亚—捷克共和国	已结束	1991/7/29	1994/6/29	被新协议取代
捷克共和国—希腊	已结束	1991/6/3	2021/12/10	经同意终止
捷克共和国—挪威	已生效	1991/5/21	/	/
捷克共和国—荷兰	已结束	1991/4/29	2021/12/10	经同意终止
捷克共和国—丹麦	已结束	1991/3/6	2009/11/18	经同意终止
捷克共和国—西班牙	已结束	1990/12/12	2021/12/10	经同意终止
加拿大—捷克共和国	已结束	1990/11/15	2012/1/22	被新协议取代
捷克共和国—瑞典	已生效	1990/11/13	/	/
捷克共和国—芬兰	已生效	1990/11/6	/	/
奥地利—捷克共和国	已生效	1990/10/15	/	/
捷克共和国—瑞士	已生效	1990/10/5	/	/
捷克共和国—德国	已结束	1990/10/2	2021/12/10	经同意终止
捷克共和国—法国	已结束	1990/9/13	2021/12/10	经同意终止
捷克共和国—英国	已生效	1990/7/10	/	/
比利时—卢森堡经济联盟—捷克共和国	已生效	1989/4/24	/	/

资料来源：联合国贸易发展会议投资政策中心网站。

4.2 投资环境

4.2.1 营商环境

捷克共和国是中欧繁荣稳定的市场经济国家之一，一直以其开放自由的营商环境吸引外国投资和贸易。根据世界银行《2020年营商环境报告》，捷克共和国的营商环境分数为76.3分，在190个经济体中排第41名。其中，开办企业指标得分为82.1，排名第134位；办理施工许可证指标得分为56.2，排名第157位；获得电力指标得分为95.6，排名第11位；登记财产指标得分为79.7，排名第32位；获得信贷指标得分为70.0，排名第48位；保护少数投资者指标得分为62.0，排名第 61 位；纳税指标得分为 81.4，排名第 53 位；跨境贸易指标得分为 100.0，排名第 1 位；执行合同指标得分为 56.4，排名第 103 位；办理破产指标得分为 80.1，排名第 16 位。由此可见，在全球范围内，捷克共和国的营商环境排在中上游水平，特别是在跨境贸易、办理破产、获得电力、登记财产等方面，营商便利度较高，为捷克共和国吸引外商投资提供了基础。但值得注意的是，在开办企业和办理施工许可证方面，捷克共和国的得分较低，排名在下游，拖累其营商环境的改善（如表 4.16 所示）。

表 4.16　　2020 年捷克共和国营商环境得分与排名

项目名称	得分（满分 100）	排名（共 190 个经济体）
整体营商环境	76.3	41
开办企业	82.1	134
办理施工许可证	56.2	157
获得电力	95.6	11
登记财产	79.7	32
获得信贷	70.0	48
保护少数投资者	62.0	61
纳税	81.4	53
跨境贸易	100.0	1
执行合同	56.4	103
办理破产	80.1	16

资料来源：世界银行《2020 年捷克共和国营商环境报告》。

在世界经济论坛发布的《2019 年全球竞争力报告》中，捷克共和国在全球最具竞争力的 141 个国家（地区）中排名第 32 位，得分为 70.9（满分 100），相比 2018 年排名下降 3 位、得分下降 0.3。从各指标分数来看，行政效率指标得分为 60.9，排名第 44 位；基础设施指标得分为 83.8，排名第 20 位；信息通信技术应用指标得分为 68.4，排名第 42 位；宏观经济稳定性指标得分为 100，排名第 1 位；国民健康指标得分为 85.6，排名第 48 位；国民技能指标得分为 72.9，排名第 29 位；产品市场指标得分为 57.3，排名第 55 位；劳动力市场指标得分为 63.3，排名第 48 位；金融系统指标得分为 67.6，排名第 47 位；市场规模指标得分为 64.8，排名第 42 位；商业活力指标得分为 68.7，排名第 32 位；创新能力指标得分为 56.9，排名第29位。综合来看，2019年捷克共和国在国民健康、产品市场、金融系统、商业活力等方面较2018年排名下降较多，分别下降7位、8位、7位和7位，其他方面排名变化不大（如表4.17所示）。

表4.17　　2018年和2019年捷克共和国全球竞争力指标排名情况

指标	2019年得分	2019年排名	2018年得分	2018年排名
全球竞争力指标	70.9	32	71.2	29
行政效率	60.9	44	60.5	43
基础设施	83.8	20	83.5	18
信息通信技术应用	68.4	42	65.7	42
宏观经济稳定性	100	1	100	1
国民健康	85.6	48	87.8	41
国民技能	72.9	29	73.7	25
产品市场	57.3	55	60.4	47
劳动力市场	63.3	48	63	47
金融系统	67.6	47	67.5	40
市场规模	64.8	42	64.6	42
商业活力	68.7	32	70.2	25
创新能力	56.9	29	57.3	29

资料来源：世界经济论坛《2019年全球竞争力报告》。

4.2.2 投资成本

1. 水、电、油、气价

捷克共和国的水价由水费、污水处理费以及15%的增值税三部分组成，2019年水费为每立方44.23捷克克朗，污水费为每立方42.34捷克克朗，不含增值税的水价为86.57捷克克朗，附加15%增值税后，水价为99.55捷克克朗。以捷克共和国北波希米亚地区居民平均用水量为每天89升计算，2019年每人每天的饮用水费用约为4.53 捷克克朗（含15%附加税），污水费为每天4.33捷克克朗（含15%附加税），共计8.86捷克克朗（含15%附加税）。

捷克共和国的电价分为居民家用和非居民家用，电价由电力费用、配电费用和税收等部分组成。并且，针对不同用电量，电价也存在差异。具体而言，居民家用电价分为五个档次，非居民家用电价分为七个档次。2019 年，居民家用电价约为每千瓦时 0.15 欧元（不含税价）、每千瓦时 0.2 欧元（含税价），非居民家用电价约为每千瓦时 0.09 欧元（不含税价）、0.13 欧元（含税价）。2019 年捷克共和国的不同档次类型电价如表 4.18、表 4.19 所示。

表 4.18　　2019 年捷克共和国居民家用电价情况　　单位：欧元/kWh

电价档次	2019 上半年（不含税价）	2019 下半年（不含税价）	2019 上半年（含税价）	2019 下半年（含税价）
年耗电量低于 1 000kWh	0.24	0.25	0.32	0.32
年耗电量在 1 000kWh 到 2 500kWh 之间	0.17	0.17	0.23	0.23
年耗电量在 2 500kWh 到 5 000kWh 之间	0.12	0.13	0.17	0.18
年耗电量在 5 000kWh 到 15 000kWh 之间	0.09	0.09	0.14	0.14
年耗电量超过 15 000kWh	0.09	0.09	0.14	0.14

资料来源：EUROSTAT 数据库。

表 4.19　　2019 年捷克共和国非居民家用电价情况　　单位：欧元/kWh

电价档次	2019 上半年（不含税价）	2019 下半年（不含税价）	2019 上半年（含税价）	2019 下半年（含税价）
年耗电量低于 20MWh	0.17	0.17	0.23	0.23
年耗电量在 20MWh 到 500MWh 之间	0.12	0.12	0.17	0.17
年耗电量在 500MWh 到 2 000MWh 之间	0.06	0.07	0.09	0.09
年耗电量在 2 000MWh 到 20 000MWh 之间	0.06	0.07	0.09	0.09
年耗电量在 20 000MWh 到 70 000MWh 之间	0.07	0.07	0.09	0.09
年耗电量在 70 000MWh 到 150 000MWh 之间	0.06	0.06	0.08	0.09
年耗电量超过 150 000MWh（自愿报告）	/	/	/	/

资料来源：EUROSTAT 数据库。

捷克共和国的天然气价分为居民家用和非居民家用，针对不同用气量的气价存在差异。具体而言，居民家用气价分为三个档次，非居民家用气价分为六个档次。2019 年，居民家用气价约为每吉焦耳 17.1 欧元（不含税价）、每吉焦耳 20.7 欧元（含税价），非居民家用气价约为每吉焦耳 7.7 欧元（不含税价）、9.8 欧元（含税价）。2019 年，捷克共和国的不同档次类型气价如表 4.20、表 4.21 所示。此外，2018—2022 年捷克共和国石油产品的平均消费价格如表 4.22 所示。

表 4.20　2019 年捷克共和国居民家用气价情况　单位：欧元/GJ

气价档次	2019 上半年（不含税价）	2019 下半年（不含税价）	2019 上半年（含税价）	2019 下半年（含税价）
年耗气量低于 20GJ	25.5	25.7	30.9	31.1
年耗气量在 20GJ 到 200GJ 之间	13.4	13.5	16.3	16.3
年耗气量超过 200GJ	12.2	12.2	14.8	14.8

资料来源：EUROSTAT 数据库。

表 4.21　2019 年捷克共和国非居民家用气价情况　单位：欧元/GJ

气价档次	2019 上半年（不含税价）	2019 下半年（不含税价）	2019 上半年（含税价）	2019 下半年（含税价）
年耗气量低于 1 000GJ	9.4	9.6	11.7	12.0
年耗气量在 1 000GJ 到 10 000GJ 之间	8.3	8.2	10.4	10.3
年耗气量在 10 000GJ 到 100 000GJ 之间	7.8	7.6	9.8	9.6
年耗气量在 100 000GJ 到 1 000 000GJ 之间	6.9	6.5	8.7	8.3
年耗气量在 1 000 000GJ 到 4 000 000GJ 之间	6.8	6.2	8.7	8.0
年耗气量超过 4 000 000GJ（自愿报告）	/	/	/	/

资料来源：EUROSTAT 数据库。

表 4.22　2018—2021 年捷克共和国石油产品平均消费价格

单位：捷克克朗/升

电价档次	2018	2019	2020	2021
95 号汽油	32.1	31.9	28.2	32.8
98 号汽油	35.7	35.7	32.1	36.0

续表

电价档次	2018	2019	2020	2021
超低硫柴油	31.6	31.7	28.0	31.3
液化石油气	14.7	14.2	12.6	14.5

资料来源：捷克共和国统计局。

2. 土地及房屋价格

捷克共和国土地面积约有420.8万公顷，其中76.5%为自然人所有，13.8%为法人所有，5.5%为城市地区所有，4.2%为国家所有。

农业用地方面，约30.6%的农业用地为自然人所管理，约69.4%的农业用地由法人企业管理，其中农民管理28.2%的农业用地。土地整理程序负责确保土地所有权的实际有效性和可识别性。2016年，关于土地整理和土地登记的第139/2002 Coll号法案修正案生效，大大简化了土地整理过程。该计划每年完成大约总面积为15万公顷、约200个土地整理程序。截至2016年12月31日，约28%的农业土地资源已进行了简单全面的土地整合，而约9%的土地正处于解决土地整合的阶段。

农业用地的土地价格方面，土地市场上有两种价格，即官方价格和市场价格。官方价格用于征税，市场价格则根据当前市场供求情况波动。影响市场价格的主要因素是土地类型、土壤质量、位置、非农业用途潜力等。2017年，耕地的平均市场价格约为15捷克克朗/平方米，草地为11捷克克朗/平方米。国有农业用地私有化的特点是，在农民优先购买期间，甚至在自由出售期间，市场价格高于官方价格。例如永久性草地，其价格上涨较为稳定，且在很大程度上不受农业生产盈利能力波动的影响。农民愿意支付官方地价的200%～300%。一般而言，捷克共和国农业用地市场价格平均每年上涨6%～10%，与欧盟15国相比较低，与新欧盟12国相当或更高。农业用地的租用价格方面，超过74%的农业用地用于出租。2017年，农业用地的租金约为3 000～6 000捷克克朗/公顷不等。甜菜和玉米生产区的租金最高，山区最低。

捷克共和国的工业用地由约960万平方米的现代化A级仓储空间组成，近90%的工业用地位于四个地区——大布拉格地区、比尔森地区、布尔诺地区和俄斯特拉发地区，南波希米亚地区和兹林地区几乎没有工业用地。

捷克共和国的工业用地市场于2005年开始蓬勃发展，截至2021年第四季度，捷克在建的 A 级仓储面积超过 110 万平方米，与上一季度相比增长 23%（约 200 万平方米），与 2020 年同期相比增长 240%。2021 年第四季度，新交付的工业仓储空间约为 14.9 万平方米，较上季度相比下降了 12%，同比增长了 14%。2021 年全年交付近 49.2 万平方米的新工业仓储空间，与 2020 年相比减少了 29%。截至 2021 年第四季度末，捷克共和国在建工业仓储空间面积达到 111 万平方米的历史最高水平，比上一季度增长 23%，比上一年同期相比增长了约 240%。目前约 25%的在建工业仓储空间位于奥洛穆茨地区，约 15%位于摩拉维亚—西里西亚州，约 11%位于比尔森州。2021 年第四季度约有 33.35 万平方米的工业仓储空间新开工。

工业用地空置率方面，截至 2021 年第四季度末，捷克共和国的工业用地空置率达到 1.6%，约为 15.68 万平方米，与上一季度相比大幅减少了 0.36 个百分点，与上年同期水平相比减少了 2.51 个百分点。这表明，尽管疫情反复和经济危机叠加，但捷克工业市场依旧存在较强韧性。特别是大布拉格地区的空置率仅为 0.7%。工业用地租金方面，2021 年，捷克共和国的工业用地租金在 4 到 6 欧元/平方米/月左右波动。其中，布拉格的租金价格最高，为 4.9 至 6.5 欧元/平方米/月，中波希米亚州为 4.8 至 5.5 欧元/平方米/月，南摩拉维亚州为 4.6 至 5.9 欧元/平方米/月，比尔森州为平方米 4.1 至 4.5 欧元/平方米/月。

房价方面，尽管疫情引发经济下滑，但捷克共和国房地产市场依旧强劲。捷克共和国是欧盟房地产价格升值率最高的国家之一，其房价自 2013 年以来实现强劲增长，特别是公寓住宅的平均价格远高于单户住宅和多层住宅。2015—2021 年累计增长率约为 60%。2021 年第三季度，同比增长 22%、环比增长 7.3%，远高于欧盟 9.2%、3.1%的平均水平，在欧盟范围内最为强劲（如表 4.23 所示）。就各区房价来看，2017—2019 年，捷克共和国的公寓平均房价为 1 060.6 欧元/平方米，单户住宅平均房价为 105.8 欧元/平方米，多户住宅平均房价为 102.1 欧元/平方米。其中，布拉格直辖市的房价最高，其公寓、单户住宅和多户住宅平均房价分别为 2 498.4 欧元/平方米、376.7 欧元/平方米和 266.9 欧元/平方米。南摩拉维亚州也较高，三类住宅平均房价分别为 1 464.1 欧元/平方米、114.9 欧元/平方米和 156.5 欧元/平方米。中波希米亚州紧随其后，三类住宅平均房价分别为 1 128.5 欧元/平方米、150.6 欧元/平方米和 99.7 欧元/平方米。比尔森州、赫拉德茨—克拉洛韦州、帕尔杜比采州、兹林州也是房价较高的区域，并与其他区域住宅房价拉开一定差距。乌斯季州房价最低，三类住宅房价分别为 360.8 欧元/平方米、82.8 欧元/平方米和 75.6 欧元/平方米（如表 4.24 所示）。

表 4.23　　2007—2019 年捷克共和国住宅房价情况

年份	公寓（欧元/平方米）	单户住宅（欧元/平方米）	多层住宅（欧元/平方米）	房屋价格指数 2015=100	房租价格指数 2015=100
2007 年	672.9	75.2	71.3	2 008	107.8
2008 年	894.3	96.2	82.9	107.8	71.21
2009 年	828.5	94.7	77.7	102.75	82.94
2010 年	805.0	101.2	84.4	100.48	89.91
2011 年	834.8	106.1	83.6	98.82	92.34
2012 年	781.2	102.1	83.0	95.31	96.31
2013 年	737.3	97.5	73.1	94.67	98.26
2014 年	679.6	89.0	68.2	96.18	99.15
2015 年	727.0	91.8	72.9	100	100
2016 年	831.9	91.4	80.7	106.71	101.18
2017 年	940.1	94.8	92.1	116.51	103.36
2018 年	1 041.5	103.7	99.7	123.4	106.43
2019 年	1 117.0	110.4	105.7	131	110.4
2020 年	/	/	/	138.23	113.82
2021 年	/	/	/	160.55	116.53

资料来源：捷克共和国统计局、OECD 数据库。

表 4.24　　2017—2019 年捷克共和国不同区域平均住宅房价情况

	公寓（欧元/平方米）	单户住宅（欧元/平方米）	多层住宅（欧元/平方米）
全国平均	1 060.6	105.8	102.1
布拉格直辖市	2 498.4	376.7	266.9
中波希米亚州	1 128.5	150.6	99.7
南波希米亚州	764.6	94.2	94.9
比尔森州	1 017.4	102.8	92.6

续表

	公寓 （欧元/平方米）	单户住宅 （欧元/平方米）	多层住宅 （欧元/平方米）
卡罗维发利州	591.4	100.2	97.8
乌斯季州	360.8	82.8	75.6
利贝雷茨州	804.9	99.4	79.1
赫拉德茨—克拉洛韦州	919.2	96.4	80.1
帕尔杜比采州	969.0	79.4	69.6
维索基纳州	868.0	81.8	70.9
南摩拉维亚州	1 464.1	114.9	156.5
奥洛穆茨州	842.8	85.4	81.4
兹林州	919.2	100.2	78.3
摩拉维亚—西里西亚州	685.4	94.6	73.8

资料来源：捷克共和国统计局。

建筑成本方面，由疫情引发的运输受限、全球供应链受阻等问题，导致建筑材料供应趋紧、建筑成本不断攀升。自2015年起，捷克共和国的建筑成本经历了较大幅度上涨，截至2022年第二季度，总建筑成本增长36.2%，住宅建筑、非住宅建筑、非住宅工业建筑、土木工程及水利工程的建筑成本分别上涨40.7%、38.1%、32.9%、35.5%和33.6%（如表4.25所示）。

表4.25　　2015—2022年捷克共和国建筑成本指数（2015＝100）

	总建筑成本指数	住宅建筑成本指数	非住宅建筑成本指数	非住宅工业建筑成本指数	土木工程建筑成本指数	水利工程建筑成本指数
2015第一季度	100.2	99.9	100.2	100.1	100.4	100.2
2015第二季度	100.4	100.1	100.2	100.3	100.6	101.0
2015第三季度	100.0	100.1	100.0	100.0	99.8	99.9
2015第四季度	99.5	99.9	99.6	99.6	99.2	99.0
2016第一季度	98.8	99.7	99.4	99.4	98.1	97.4
2016第二季度	99.4	100.1	99.8	99.9	98.7	98.8

续表

	总建筑成本指数	住宅建筑成本指数	非住宅建筑成本指数	非住宅工业建筑成本指数	土木工程建筑成本指数	水利工程建筑成本指数
2016 第三季度	99.7	100.4	100.2	100.0	99.1	99.1
2016 第四季度	100.3	101.0	100.7	100.6	99.7	100.1
2017 第一季度	101.3	101.9	101.8	101.6	100.8	101.1
2017 第二季度	101.8	102.7	102.6	102.0	101.1	101.0
2017 第三季度	102.0	103.2	102.9	102.1	101.2	101.1
2017 第四季度	102.8	104.0	103.6	102.8	102.0	102.1
2018 第一季度	103.7	105.2	104.7	103.8	102.9	103.1
2018 第二季度	105.0	106.1	105.7	104.7	104.4	104.1
2018 第三季度	106.5	107.9	107.0	105.8	106.1	106.4
2018 第四季度	107.6	109.3	108.1	106.6	107.2	107.2
2019 第一季度	109.2	111.5	110.0	108.5	108.5	108.5
2019 第二季度	110.8	113.1	111.3	110.0	110.1	110.9
2019 第三季度	111.5	113.8	112.0	110.6	110.8	111.5
2019 第四季度	111.6	113.9	112.1	110.8	111.0	111.7
2020 第一季度	112.3	114.5	112.7	111.9	111.4	112.3
2020 第二季度	112.4	115.2	113.4	112.8	111.0	110.5
2020 第三季度	113.0	115.5	113.7	113.1	111.9	112.0
2020 第四季度	113.9	116.3	114.7	113.9	112.8	112.4
2021 第一季度	116.2	118.0	116.8	115.7	115.5	115.1
2021 第二季度	119.9	121.5	120.6	118.7	119.7	117.4
2021 第三季度	125.6	128.0	127.2	122.9	125.5	121.0
2021 第四季度	128.9	132.5	130.9	125.6	128.4	125.0
2022 第一季度	136.2	140.7	138.1	132.9	135.5	133.6

资料来源：捷克共和国统计局。

4.3 外商投资的管理规定

4.3.1 外商投资政策概述

捷克政府不断完善政策，积极主动吸引外国投资。2019 年 9 月 6 日生效的《捷克共和国投资激励法》，即修订的第 72/2000 Coll 号法案，为专注研发以及吸引大学毕业生就业的高附加值跨国企业和投资提供了激励措施。该法案取消了针对低技能劳动力的投资激励措施，并为航空航天、信息和通信技术、生命科学、纳米技术和汽车行业等一系列先进领域的技术投资提供了更有利的政策支持。此外，为应对疫情冲击，捷克共和国政府于 2020 年 11 月 30 日批准了对该法案的修正案，对个人医疗防护设备、医疗器械、药品生产商及供应商给予了更积极的投资激励、更便利的营商环境。

外国个人或实体可在捷克共和国境内，与本国人相同的条件下经营业务。其中，外国实体需要在捷克共和国的商业登记处注册其常设分支机构；专业人士（如建筑师、医生、律师、审计师和税务顾问等）必须在相关专业协会注册成为会员。一般来说，商业许可和会员要求对国内外个人和实体同样适用。

捷克共和国过去的外商投资政策一直非常宽松，外商投资仅在弹药制造、烟火工业、电子通信行业或银行和能源等特定行业受到监管。但为响应欧盟委员会 2017 年 9 月的投资审查指令，捷克共和国政府于 2021 年 2 月颁布了关于审查外国投资的第 34/2021Coll 号法案。该法案旨在保护捷克共和国内的经济安全及公共秩序，通过引入外国投资审查机制来评估外国企业和投资者风险、加强对外国投资的有效控制，这一机制包括强制性的许可申请和由工业和贸易部发起的审查程序，该法案已于 2021 年 5 月 1 日生效。

4.3.2 主管部门

捷克共和国的外资管理部门是投资促进局（CzechInvest），该机构成立于 1992 年，是隶属于捷克共和国工业和贸易部的投资促进机构，该机构是国家主管机构，代表捷克政府与外国投资者进行谈判。该机构在外商投资项目实施过程中提供协助，为进入捷克市场的外国投资者提供咨询服务和政策支持，并为创新创业公司发展提供帮助。

4.3.3 外商投资监管

2021年5月1日生效的关于审查外国投资的第34/2021 Coll号法案是关于外商投资监管的主要法律。

1. 适用范围

该法案适用于欧盟成员国以外的“外国投资者”在捷克共和国进行“外国投资”。

“外国投资者”被定义为已经或打算进行外国投资的自然人或法人，并且不是：

捷克公民或欧盟其他成员国公民；

位于欧盟内部的法人；

由符合上述条件的人直接或间接控制的法人；

或信托基金的受托人，前提是信托基金的创始人或受托人、基金设立的利益相关者或其他能够控制这些人的人满足上述条件。“信托基金”一词也适用于外国法律下的任何类似机构。

因此，鉴于上述情况，“外国投资者”的定义还包括来自英国、瑞士、列支敦士登和挪威的投资者。

“外国投资”是指外国投资者为在捷克共和国从事经济活动而进行的任何类型的投资，前提是外国投资者能够有效控制该经济活动。

“经济活动的有效控制”为：

外国投资者在从事经济活动的实体中享有至少10%的投票权或相应影响力（包括与外国投资者共同管理或共同实践的人员的投票权）；

外国投资者或与其有密切关系的人是从事经济活动实体的选举机构（如董事）成员；

外国投资者持有进行经济活动的财产所有权；

或外国投资者拥有另一级控制权，使其能够获得对保护捷克共和国公共安全或内部秩序至关重要的信息、系统或技术。此外，在进行投资后，外国投资者的人员变更被视为新的交易（外国投资），因此，需要经过新的审查程序。

综上所述，“外国投资”的定义包括间接收购、股份和资产交易、现有业务扩张，甚至可能包括集团内部重组。

2. 覆盖行业

该法案对以下行业的外商投资进行管制。

（1）特定行业，例如制造、研究、开发、创新和维护军事装备的生命周期；

关键基础设施和服务的运营（例如与能源、水资源管理、食品和农业、医疗保健、交通、信息和通信系统、金融、应急服务或公共管理相关的基础设施）；为此类关键基础设施和服务提供信息系统服务的管理和开发；制造或开发欧盟第428/2009号条例附件IV中列出的两用物品（即可用于民用和军用目的的物品）。

（2）媒体行业，全国广播或电视广播许可证持有者，或上一日历年平均每天至少印刷100 000份期刊的出版商。

（3）所有其他部门。

3. 备案类型

该法案要求外国投资者根据其投资行业提供三种类型的备案：

（1）对特定行业外国投资的强制性许可申请；

（2）对媒体行业外国投资的强制性咨询提案；

（3）对其他行业外国投资的自愿咨询提案。

许可申请和咨询提案必须以第178/2021 Coll号政府法规规定的捷克语提交。

外国投资者必须提供以下信息作为备案材料：

关于外国投资者的信息，例如名称、注册办事处和/或居住地、法人成立所依据的法律、身份证号码（如有）；外国投资者法定机构、监管机构或其他机构成员的信息，例如姓名、居住地、电话号码、电子邮件地址、出生日期和地点；关于外国投资者所有权结构的信息，包括关于最终投资者和控制外国投资者的人的信息、其份额以及该信息在过去一年中的变化；外国投资者的产品或服务、业务活动和营业地信息；关于外国投资的信息，如融资来源和金额，以及投资的时间框架；目标公司的信息，例如名称、注册办事处、识别号（如有）、所有权结构、业务活动和营业地点的信息。如有必要评估投资，工业和贸易部可要求投资者或目标公司（或其所有者）提供该法案或政府法规中未列出的任何其他详细信息。

4. 处罚

违反提交许可申请或建议咨询的备案义务将被视为行政犯罪。违反备案义务的罚款高达违规者上一财政年度总营业额的1%；如果无法查询到年度总营业额，该法案规定最低罚款约2 000欧元，最高罚款约200万欧元。此外，如果未经事先许可对特定行业进行投资，工业和贸易部有权禁止继续投资，投资者可能因此出售资产或被迫停止行使投票权。未能遵守审查结果命令的投资者，将被处以上一财政年度总营业额2%的罚款。

5. 备案及审查流程

对于强制性许可申请或自愿咨询提案的备案，工业和贸易部必须在收到完整备案之日起 45 天内，发布启动审查的决定通知，或发布未发现任何启动审查理由的通知，并将咨询结果通知外国投资者。工业和贸易部必须在其启动审查程序之日起 90 天内要求政府作出决议（对于更复杂的案件，将给予额外的 30 天期限），政府必须在 45 天内发布决议。然后，工业和贸易部必须即刻发布政府决定。

该法案不要求公布备案或决定，投资审查（或咨询）也不公开。包含商业机密和其他机密的文件与所提交的备案材料分开保存，任何在审查程序或咨询过程中获得此类信息的人都必须保密。

工业和贸易部负责审查投资备案并就行政诉讼进行磋商。但也需要结合其他部门或机构的意见，例如国防部、外交部、警方、捷克国家银行以及欧盟委员会和欧盟第 2019/452 号条例规定的其他欧盟成员国等。只有在获得政府决议批准后，工业和贸易部才可作出相关决定。该法案未发布任何评估影响国家安全或公共秩序的标准指南。

6. 质疑或上诉

该法案排除了对政府事先批准的任何决定（即禁止投资、禁止继续投资，或对投资施加条件的决定）提出上诉的可能性。在这种情况下，向法院提起行政诉讼是唯一可以对该决定提出质疑的措施。上诉必须在判决交付之日起两个月内提出，且无中止效力。行政诉讼可由权利受到该决定损害的人提起——从理论上讲，可以是外国投资者，也可能是目标公司或其股东之一。

4.3.4 收购房地产

位于捷克共和国的房地产（土地和建筑物）必须在捷克共和国地籍办公室的国家地籍登记处登记。地籍登记册包含有关土地和建筑物、住房单元和非住宅楼宇、留置权的信息和其他信息，并在线公开。房地产所有权转让（例如买卖协议）自书面协议签署之日起生效，所有权转让在国家地籍登记处登记。没有明确所有权的土地比例可以忽略不计。如果合法购买的财产空置或无人居住，财产所有权不会归于擅自占有者。

自 2011 年 5 月 1 日起，所有外国人（无论是法人实体还是个人，来自欧盟或非欧盟国家），在捷克共和国收购的房地产类型不受到任何限制。外国投资者可以通过直接购买房地产资产进行投资。在捷克共和国进行房地产投资有几种可能的途径，包括直接收购房地产（资产交易）、通过公司间接收购（股份交易）、通过合伙收购以及收购企业或其分公司。对于房地产投资，没有针对组织或公司的特定条件。还应注意的是，由非捷克实体设立和控制的捷克公司实体在捷克共和国购买房地产时不受限制。通过设立这样的公司收购房地产，包括农业用地，是非欧盟投资者的普遍做法。

2014 年 1 月 1 日起生效的新民法典引入了“地上权”的概念，这意味着建筑物始终属于其土地的所有人。然而，在某些情况下，建筑物和土地仍然保持独立状态，例如：

（1）截至 2013 年 12 月 31 日，当一块土地的所有者与位于该土地上的建筑物的所有者不同时，该建筑物和该土地的合法所有权继续保持分离状态；

（2）当建筑物和其所在土地产权负担的各套物权是不同的，且不允许该建筑物的所有权与该土地的所有权合并时；

（3）当建筑物仅具有临时性质时；或

（4）在法律法规明确规定某些类型的建筑物不属于其所在土地的情况下（例如电缆、污水管或某些类型的道路）。

如果建筑物与其所在的土地保持分离，其所有者相互具有优先购买权（例如，建筑物所有者必须在将其出售给任何第三人之前将其优先出售给土地所有者）。

4.3.5 建造工厂

在捷克共和国建造新工厂的程序与其他欧洲国家类似。捷克共和国提供了有效的规划流程和快速施工能力。在大多数情况下，建造工厂所需时间约为 1～2 年。

建设项目通常必须通过以下步骤获得相关部门的批准：第一步，环境影响评估程序（Environmental Impact Assessment，简称 EIA）；第二步，规划许可程序；第三步，综合污染防治程序（也称综合许可程序，Integrated Pollution Prevention and Control，简称 IPPC）；第四步，建筑许可程序（施工许可程序）；第五步，最终批准程序。

第一步“环境影响评估程序”和第三步“综合许可程序”适用于超过各自法律规定限制的大型投资项目，或者是在主管当局（环境部或区域当局）要求下进行。主管当局不得在未完成任何类型的环境影响评估的情况下批准任何项目。

1. 环境影响评估程序

第 100/2001 Coll 号法案中规定了环境影响评估的规则和方法。该法案的附件 1 定义了两类项目：始终接受评估的项目，以及需要“筛选和范围界定程序”的项目。

始终接受评估的项目，即须接受完整的“EIA 程序”的项目。EIA 程序适用于达到或超过该类别规定阈值的项目，通常为具有重大环境影响的项目。

需要“筛选和范围界定程序”的项目，筛选程序（俗称“短期 EIA”或“EIA 第一阶段”）用于评估项目的环境影响，并确定是否需要完整的 EIA 程序。最终决定由主管当局（地区当局，在特殊情况下则是环境部）作出。该筛选和范围界定程序通常需要 2～3 个月。如果不需要完整的环境影响评估程序，则主管当局会发表声明，并且不会执行后续程序。在相反的情况下，必须完成 EIA 程序，包括公开听证会。该过程的持续时间通常为额外的 5～8 个月。上述任何程序的声明是获得规划和建筑许可证的强制性条件。

2. 规划许可程序

规划许可证是投资者进行项目所需的重要文件（主要涉及规划建筑的外观、其对周围环境的影响——噪声、排放等基础设施和公用设施连接情况）。规划许可程序从申请规划许可文件开始（详细介绍概念设计等），包括投资者相关部门的几份声明，可在 3～4 个月内完成（无需获得声明）。之后，通常可以开始项目的建筑工程或景观美化。规划许可证中明确了为拟议目的分配的土地，并规定了投资者必须遵守的条件。许可证有效期为两年或五年，建筑办公室可根据要求延长有效期。

3. 综合污染防治程序

第 76/2002 Coll 号法案规定了某些工业装置运营商应遵循的关键原则。其中包括废物处理装置、能源生产加工的工业装置、冶金、化学品、食品和某些原材料以及其他被视为对环境影响高度密集的生产作业（如纸张生产、皮革加工、纺织纤维加工、表面处理、碳生产等）。在综合许可证中，根据最佳可用技术（Best Available Techniques，简称 BAT）为安装操作设定条件。IPPC 过程通常需要 5～10 个月。需结束 IPPC 程序后才可启动建筑许可程序。

4. 建筑许可程序

建筑许可程序需要更详细地阐述许可证要求，主要涉及规划结构的内部布局及其技术质量、消防安全等。在建筑许可程序中，需要非常详细的建筑许可证文件（通常是基本设计的详细信息），包括相关行政当局的数十份声明。整个许可程序应耗时 23 个月（无须获得声明）。许可证有效期为两年，建筑办公室可根据要求延长有效期。

5. 最终批准程序

最终批准文件在施工完成后发布。建筑办公室检查所有颁发的许可证、声明和相关立法规定的履行情况。最终批准允许投资者开始使用建筑物。

4.3.6 公司实体类型

捷克共和国法律承认四种类型的公司实体形式，包括：有限责任公司、股份公司、无限合伙企业、有限合伙企业。此外，以下欧洲形式的法律实体被允许在捷克共和国经营：欧洲经济利益集团、欧洲公司和欧洲合作社。外国公司也可以在捷克共和国设立分支机构。外国公司的分支机构须在商业登记处登记，但不具有法人资格，而是作为外国公司的代表开展业务。该分支机构必须有一名董事，该董事有权代表外国公司就分支机构行事。

所有企业和外国公司的分支机构都须在捷克共和国商业登记册处注册登记。就成立企业而言，需要捷克公证人签署的公证书。

1. 有限责任公司

有限责任公司是捷克共和国最常见的公司实体形式之一。其注册资本由股东出资组成，股东以其出资额为限对公司承担责任，公司以其全部资产对公司的债务承担责任。有限责任公司的注册资本最低金额为1捷克克朗，每个股东成员对注册资本的最低出资额为1捷克克朗。股东须以至少30%的现金出资，现金出资须在公司注册之日起5年内缴清。有限责任公司是捷克共和国中小型企业中非常流行的公司实体形式。其创始人契据或组织大纲必须以公证书的形式签署。

有限责任公司不发行股份。股东的所有者权益代表股东对公司的参与以及由此产生的权利和义务。股东的所有者权益的大小基本上取决于股东对公司注册资本的投资比例。有限责任公司的所有者权益不如股份公司的股份容易转让。转移所有者权益需要一份书面协议（带有公证签名）。未经股东大会批准，股东可将其所有权转让给另一名股东（除非公司章程另有规定）。经股东大会批准，股东也可以将其所有者权益转让给第三方（除非创始人契约或公司章程规定无须此类批准）。

有限责任公司有两个法定机构，即股东大会和执行董事，以及一个自愿性机构，即监事会（非强制性）。有限责任公司的主要决策和权力机构为股东大会，或是行使股东大会权力的唯一股东。股东大会决定公司章程委托给它的所有事项，如公司章程的变更、公司注册资本的增减、高管人员的选任和罢免等。有限责任公司可设立一名或多名执行董事，执行董事负责有限责任公司的业务管理。如果公司任命了多名董事，则除非公司章程另有规定，否则需要大多数董事同意才能决定公司的业务管理。董事人员由股东大会从公司成员或其他自然人中选举和罢免。有限责任公司也可以设立监事会，只有在公司章程中有规定的情况下才能成立。

有限责任公司的主要优点是：注册简单；没有最低资本要求；公司结构简单；业务范围广；股东责任有限，股东以其认缴的出资额为限对公司承担责任；税收优化。有限责任公司的主要缺点是：如果尚未在捷克共和国商业登记处登记全额注册资本，则股东应承担连带责任，最高为有限责任公司在捷克共和国商业登记处登记的未缴注册资本；股权转让的程序比股份公司复杂。

2. 股份公司

股份公司指以公司注册资本为股份所组成的公司。股东以其认购的股份为限对公司承担责任，公司以其全部财产对公司的债务承担责任。股份公司的注册资本最低金额为200万捷克克朗（若公开发行则为2 000万捷克克朗），至少30%注册资本必须以现金缴清并在公司注册成立时支付。公司章程必须以公证书的形式签署。

股份公司可以发行无记名股票或记名股票，其形式可以是认证股票或入账股票。自2014年1月1日起，不再允许使用无记名认证股票，现有无记名认证股票必须存放在银行，或转换为入账股票。入账股票的可转让性可能受到限制（例如，要求股东大会批准股票转让），但不受公司章程的限制。无记名股票的可转让性不受限制。记名认证股票通过口头/书面协议、背书和股份移交的方式转让。入账股票通过新持有人在中央证券存管机构的登记进行转让。

股份公司的法定机构包括股东大会、董事会和监事会。股东大会是股份公司的最高机构，负责公司章程中委托的所有事项（如变更公司章程、增减公司注册资本、选举和罢免董事会和监事会成员等）。普通股东大会必须每年至少举行一次。如果公司注册资本超过1亿捷克克朗，则要求持有至少3%注册资本的股东发起才可召开临时股东大会；如果公司注册资本为1亿捷克克朗及以下，则要求持有至少5%注册资本的股东发起才可召开临时股东大会；如果公司注册资本为5亿捷克克朗及以上，则要求持有至少1%注册资本的股东发起才可召开临时股东大会。董事会负责管理公司活动及业务，董事会至少由三名成员组成，董事会成员由股东大会选举和罢免，董事会成员任期为一年，除非公司章程另有规定。监事会负责监督董事会行使其权力及管理公司业务活动，监事会有权查阅与公司活动有关的所有文件和记录、检查记账是否符合实际情况、公司的经营活动是否符合法律规定等。监事会至少由三名成员组成，监事会成员由股东大会选举和罢免，监事会成员任期为三年，除非公司章程另有规定。股份公司的治理体系可以是两级的（有董事会和监事会），也可以是单级的（有一个行政委员会和一个法定董事），但无论治理体制如何，主要的治理和决策机构都是股东大会。

股份公司的主要优点是：公司资本性质清晰，股票在某些情况下可能在证券交易所上市，股东不承担任何责任，股东的权益可免受公司债权人的侵害。股份公司的主要缺点是：注册资本高，股份公司的设立和注册过程相当复杂。

3. 无限合伙企业

捷克商法典允许至少两个人（自然人和/或法人实体）建立无限合伙企业。无限合伙企业无须注册资本。股东对无限合伙企业的出资是自愿的。每位合伙人都有权代表企业行事，都有权在其他合伙人同意的范围内管理合伙企业，并对企业的义务承担无限的连带责任。无限合伙企业的公司账目不需要审计，除非满足以下三个条件中的至少两个：营业额超过 8 000 万捷克克朗；资产超过 4 000 万捷克克朗；员工人数超过 50 人。

无限合伙企业的主要优点是：注册简单，没有最低资本要求；公司结构简单。

4. 有限合伙企业

有限合伙是指由至少一名对公司债务承担有限责任（称为特殊合伙人或有限合伙人）的合伙人以及至少一名对公司债务承担无限责任（称为普通合伙人或无限合伙人）的合伙人组成的企业。有限合伙人必须按照合同规定的金额以现金缴纳企业注册资本。有限合伙人以其认缴的出资额为限对合伙企业承担债务责任，无限合伙人对于合伙企业债务承担无限连带责任。只有无限合伙人有权代表企业开展业务，有限合伙人能够转让其所有者权益。有限合伙企业的公司账目不需要审计，除非满足以下三个条件中的至少两个：营业额超过 8 000 万捷克克朗；资产超过 4 000 万捷克克朗；员工人数超过 50 人。

有限合伙企业的主要优点是：无须注册资金。有限合伙企业的主要缺点是：无限合伙人对于合伙企业债务承担无限连带责任；有限合伙人无权代表企业开展业务。

5. 合作社

合作社是一个由不限人数组成的社区，其成立的目的是为其成员或第三方提供支持、开展业务。合作社至少有 3 名成员组成，成员人数无上限。无最低注册资本，股东对合作社债务不承担责任。

4.3.7 设立公司程序

在商业登记处注册之前，公司创始人必须将出资额存入专门为此目的开立的特殊银行账户中。银行不允许公司（或任何其他人）在公司注册登记之前使用存入该银行账户的资金，除非该资金用于支付设立相关费用。该银行账户将根据银行与公司捐款管理人之间签订的协议开立。捐款管理人是指（在公司登记注册之前）负责支付出资额（货币和非货币）的个人（创始人或其他人）。捐款管理员也可以是外国人。

在登记注册之前，外国公司的分支机构和公司都必须从贸易许可办公室获得贸易许可证或其他形式的业务授权。为此，他们必须任命一名授权代表，负责获得贸易许可证。在自由贸易许可证涵盖的 80 项一般商业活动中不需要任命代表。一名代表可能负责公司的多个营业执照。

具体注册登记程序包括：

公司是在商业登记处注册登记成立，商业登记处可通过网络公开访问。公司的执行机构必须在公司成立后的六个月内向商业登记处申请注册，除非创始文件（即创办人契据或公司章程）另有规定。商业登记申请书必须附有证明文件，包括以下内容。

（1）证明创办人的有效成立和存在（通常是创办人在商业登记册上的摘录）及其代表其行事的权力成立文件，有效期限在三个月内。

（2）证明公司注册资本已按最低要求金额缴足的证据（银行对账单证明）。

（3）执行和监督机构各成员签署的宣誓书，以及记入商业登记册的各成员的详细信息、每位成员的刑事登记摘录。刑事登记摘录摘自捷克刑事登记簿，对于捷克公民和当前居住地在捷克共和国的欧盟公民，摘录将由法院自行获取；如果成员是欧盟公民，则摘录摘自其原籍国的刑事登记簿或其最后居住的欧盟国家的刑事登记簿，如果成员不是欧盟公民，则摘录摘自其最后居住的欧盟国家的刑事登记簿。对于欧盟国家公民，应提供其原籍国刑事登记簿的摘录；所有这些文件、摘录有效期不得超过三个月。

（4）贸易许可证登记簿或与其业务活动有关的其他授权证明。

（5）公司注册办事处所在地的所有者同意（如果该处所是租赁的）；该所有者的同意书必须经公证签字，且有效期不得超过三个月。

（6）执行上述任何文件或申请所需的授权书或任何其他文件（例如，如果申请由律师提交，则为执行机构所有成员提交申请的授权书）。

所有公司必须在 2019 年 1 月 1 日之前在新设立的受益所有者登记册中登记其受益所有者，或者如果受益所有者在 2018 年期间发生变更，则在此类变更后不得无故延迟。登记册将由登记法院保存，不会公开。有关受益所有者的信息将仅提供给选定的公共机构和根据反洗钱立法要求进行客户身份识别的人员。

4.3.8 承包当地工程

捷克公共采购法不排斥外国公司直接参加工程投标。但在实践中，参与捷克工程建设投标的外国企业一般先在捷克设立公司，在商业登记部门注册并取得相关营业执照，然后缴纳项目建设总额 1%的竞标保证金，才能参加公开投标。自然人不能直接承揽工程承包项目。

捷克法律规定，外国承包商只要符合法律规定的条件，均可在捷克注册包括建筑公司在内的各类公司，取得相关的执照，并享有与捷克本国承包企业相同的待遇。外国公司承揽军工工程、对环境有可能造成污染的工程项目、某些资源开采项目等，须获得许可。600 万捷克克朗以上公共建筑项目必须通过招标方式实施，小额公共合同可通过内部或小范围议标方式实行。私人建筑工程项目可自主决定是否采用公开招标方式。

4.3.9 其他相关法律法规

针对市场竞争，捷克共和国的保护竞争办公室（Office for the Protection of Competition，简称 UOHS）是负责创造并保护市场竞争有效性的国家机构。该办公室于 1996 年 11 月 1 日开始运作，负责促进并保护市场竞争有效性，监督公共采购授予程序，并履行特别法案规定的其他职责（国家援助计划及滥用农产品和食品销售监管等）。

捷克共和国关于促进竞争及反垄断方面的法律法规包括关于竞争保护的第 143/2001 Coll 号法案（2017 年更新版）；2016 年 9 月 8 日第 294/2016 Coll 号法令，规定了集中通知的理由细节和证明对集中起决定性作用事实的文件；竞争保护办公室第 252/2009 Coll 号法令，规定与经营者集中通知有关的细节；经第 187/1999 Coll 号法案、第 359/2004 Coll 号法案、第 626/2004 Coll 号法案、第 264/2006 Coll 号法案修订的，关于竞争保护办公室的权限范围的第 273/1996 Coll 号法案；经 2004 年 5 月 4 日第 340/2004 Coll 号法案、2004 年 8 月 5 日第 484/2004 Coll 号法案、2 月 22 日第 127/2005 Coll 号法案、2005 年 8 月 19 日第 361/2005 Coll 号法案、2007 年 4 月 4 日第 71/2007 Coll 号法案、2008 年 1 月 1 日第 296/2007 Coll 号法案、2009 年 9 月 1 日第 155/2009 Coll 号法案、2012 年 9 月 19 日第 360/2012 Coll 号法案修订的，2001 年 4 月 4 日关于保护竞争和修订某些法案（保护竞争法）的第 143/2001 Coll 号综合法案。

强制征用和补偿方面，捷克共和国政府以非歧视性的，且完全符合国际法的方式进行强制征用或购买。但该行为必须符合公共利益，并给予赔偿。参与国有公司私有化的投资者可与捷克共和国政府签订具有约束力的合同，以免受归还索赔。

破产方面，捷克共和国政府于2019年6月1日修订了破产法，扩大了符合清偿条件的债务人类别。此外，为了保护受疫情影响的企业免于破产，政府于2020年4月通过了一项法律，暂停向所有公司申请债务催收，直至2020年8月结束。该期限后来延长至2021年6月30日，该法律还暂停了如果公司无法履行其责任，则在2021年6月底之前申请破产的义务。此外，为响应欧盟关于破产的指令，捷克政府提出了一项破产法修正案，目前尚待议会批准。该修正案将个人债务减免期限从五年缩短至三年，要求捷克共和国在2021年7月17日之前更新其立法。

反腐败方面，捷克共和国政府于2000年批准了《经合组织反贿赂公约》，并于2014年批准了《联合国反腐败公约》。捷克现行法律将行贿和受贿均定为刑事犯罪。官员受贿或滥用职权的刑期最高可达12年。捷克法律要求立法者、内阁成员和其他选定的公职人员每年申报其资产，对违规行为处以最高50 000捷克克朗（约合2 280美元）的罚款。法律还要求法官、检察官和研究机构负责人披露他们的资产。除财务披露法外，政府还对政党融资、公共采购和公共合同登记进行监管。公共合同登记法要求所有国家、地区和地方当局以及私营公司在30天内公开所有新签订的价值50 000捷克克朗（2 280美元）或以上的合同（包括补贴和可偿还的财政援助），不合规则视合同无效。此外，自2019年11月起，除少数情况外，主要国有企业必须公布所有合同。公共采购法要求每个订约当局在签订后15个工作日内在其网站上发布中标合同。除有限的例外情况外，法律规定所有公共采购的投标人数不得超过一名，并要求投标人在投标前披露其所有权结构。泽曼总统于2021年1月22日签署了“实益所有权法案”。该法律是欧盟反洗钱和反恐融资公约转换的一部分，要求对寻求补贴或公共合同的公司的真实所有权具有透明度。该法律禁止匿名拥有的公司申请公共补贴或招标。

在外商投资的外汇监管方面，捷克共和国的货币是捷克克朗，没有外汇管制或限制。根据经修订的外汇法第219/1995 Coll号法令和捷克国家银行的若干实施法令，货币可自由兑换。

此外，捷克共和国的商法典（第90/2012 Coll号法案）、民法典（第89/2012 Coll号法案）商业公司法（第513/1991 Coll号法案）也是外商投资的主要相关法律。其中，商法典和商业公司法详细规定了与法人实体有关的规则，管理商业和投资活动。商业公司法主要涉及对公司管理团队的绩效、决策过程以及薪酬和损害责任的监督，关于合并的详细规定，当局对公司登记的决定时限，以及对债权人和少数股东的保护等。民法典主要处理当事人之间的合同关系。

4.4 吸引外资政策

4.4.1 行业部门

捷克共和国为制造业、技术研发中心、商业支持服务中心、保障生命健康的战略产品生产的外商投资提供投资激励措施。支持领域包括：制造业部门的生产引进或产能扩张，技术研发中心的建设或扩大，以及商业支持服务中心的投资建设，包括商业支持服务中心、软件开发中心和高科技维修中心的启动或扩张。

4.4.2 激励计划

捷克共和国的外资激励计划包括税收优惠、就业创造补助金、资本投资的现金补助、场地支持等。

税收优惠包括两种形式。如果为投资项目成立新公司（法人实体），新公司可享受最长 10 年的企业所得税减免。如果投资为在现有捷克公司（法人实体）内扩展项目的形式，则该公司有资格获得最长 10 年的部分企业所得税减免。当公司不符合援助条件时，税收减免将终止。

就业创造机会及培训和再培训补助金方面。就业创造机会补助金为每位员工 50 000 捷克克朗。培训和再培训补助金则为失业率至少高于全国平均水平 50%的地区的公司提供培训和再培训补助。根据公司规模大小，培训和再培训补助金分别为大型公司、中型公司、小型公司提供其员工培训和再培训总成本的 25%、35%和 45%的补助。

资本投资的现金补助方面。为某些战略项目提供高达 20%的资本投资的现金补助，此类补助仅适用于技术研发中心的相关战略项目。由捷克共和国政府来决定投资是否符合补助条件。

场地支持方面，国家或市政所有的土地，或是国家或市政所有的带有基础设施的土地是可以优先转让的，但取决于土地所有者签订的关于优先转让的协议。

1. 技术研发中心

雇员少于 50 人，且年营业额和年度资产负债表的资产总额不超过 1 000 万欧元的小型企业，其获得投资激励的最低条件为：提供 10 个新工作岗位，且其长期资产投资达到 250 万捷克克朗。可获得的投资激励包括：长达 10 年的企业所得税减免，每个工作岗位 20 万捷克克朗的就业创造补助金，覆盖 70%培训费用的培训和再培训补助金。对小型企业的最高国家援助是其合格成本的40%～60%（取决于地区）。

雇员数量在50至250人之间、年营业额不超过5 000万欧元、年资产负债表的资产总额不超过4 300万欧元的中型企业，其获得投资激励的最低条件为：提供10个新工作岗位，且其长期资产投资达到500万捷克克朗。可获得的投资激励包括：长达10年的企业所得税减免，每个工作岗位20万捷克克朗的就业创造补助金，覆盖60%培训费用的培训和再培训补助金。对中型企业的最高国家援助是其合格成本的30%～50%（取决于地区）。

雇员数量高于250人、年营业额超过5 000万欧元、年资产负债表的资产总额超过4 300万欧元的大型企业，其获得投资激励的最低条件为：提供20个新工作岗位，且其长期资产投资达到1 000万捷克克朗。可获得的投资激励包括：长达10年的企业所得税减免，每个工作岗位20万捷克克朗的就业创造补助金，覆盖50%培训费用的培训和再培训补助金。对大型企业的最高国家援助是其合格成本的20%～40%（取决于地区），且在以下地区只支持新的经济活动：中波希米亚州、比尔森州、南波希米亚州、南摩拉维亚州、维索基纳州，其他地区则无此限制。

技术中心战略投资项目，其获得投资激励的最低条件为：提供70个新工作岗位，且其长期资产投资达到2亿捷克克朗。可获得的投资激励包括：长达10年的企业所得税减免，每个工作岗位20万捷克克朗的就业创造补助金，覆盖50%培训费用的培训和再培训补助金、高达20%的资本投资的现金补助。

2. 制造业

雇员少于50人，且年营业额和年度资产负债表的资产总额不超过1 000万欧元的制造业小型企业，其获得投资激励的最低条件为：发达地区小型企业的长期资产投资达到2 000万捷克克朗，并附加高附加值条件；国家特殊支持地区小型企业的长期资产投资达到1 000万捷克克朗，无须附加高附加值条件。可获得的投资激励包括：长达10年的企业所得税减免，每个工作岗位20或30万捷克克朗的就业创造补助金，覆盖70%培训费用的培训和再培训补助金，但后两项需要该企业所在地区满足失业率高于7.5%，同时超过捷克共和国平均水平50%的条件。对制造业小型企业的最高国家援助是其合格成本的40%～60%（取决于地区）。

雇员数量在50至250人之间、年营业额不超过5 000万欧元、年资产负债表的资产总额不超过4 300万欧元的制造业中型企业，其获得投资激励的最低条件为：发达地区中型企业的长期资产投资达到4 000万捷克克朗，并附加高附加值条件；国家特殊支持地区中型企业的长期资产投资达到2 000万捷克克朗，无须附加高附加值条件。可获得的投资激励包括：长达10年的企业所得税减免，每个工作岗位 20 万或 30 万捷克克朗的就业创造补助金，覆盖 60%培训费用的培训和再培训补助金，但后两项需要该企业所在地区满足失业率高于 7.5%，同时超过捷克共和国平均水平 50%的条件。对制造业中型企业的最高国家援助是其合格成本的 30%～50%（取决于地区）。

雇员数量高于 250 人、年营业额超过 5 000 万欧元、年资产负债表的资产总额超过 4 300 万欧元的制造业大型企业，其获得投资激励的最低条件为：发达地区大型企业的长期资产投资达到 8 000 万捷克克朗，并附加高附加值条件；国家特殊支持地区大型企业的长期资产投资达到 4 000 万捷克克朗，无须附加高附加值条件。可获得的投资激励包括：长达 10 年的企业所得税减免，每个工作岗位 20 或 30 万捷克克朗的就业创造补助金，覆盖 50%培训费用的培训和再培训补助金，但后两项需要该企业所在地区满足失业率高于 7.5%，同时超过捷克共和国平均水平 50%的条件。对制造业大型企业的最高国家援助是其合格成本的 20%～40%（取决于地区），且在以下地区只支持新的经济活动：中波希米亚州、比尔森州、南波希米亚州、南摩拉维亚州、维索基纳州，其他地区则无此限制。

制造业战略投资项目，其获得投资激励的最低条件为：提供 250 个新工作岗位，且其长期资产投资达到 20 亿捷克克朗，并且根据地区不同有不同的高附加值条件。就使用关键使能技术的医药产品和制剂，计算机、电子和光学设备，飞机及其发动机，航天器及相关设备等行业，发达地区的制造业战略投资项目长期资产投资达到 8 000 万捷克克朗，国家特殊支持地区的制造业战略投资项目长期资产投资达到 4 000 万捷克克朗，且均需附加高附加值条件。可获得的投资激励包括：长达 10 年的企业所得税减免，合理成本的 10%～20%的资本投资现金补助，每个工作岗位 20 万捷克克朗的就业创造补助金，覆盖 50%培训费用的培训和再培训补助金，后两项需要该企业所在地区满足失业率高于 7.5%，同时超过捷克共和国平均水平 50%的条件。

3. 商业支持服务中心

雇员少于 50 人，且年营业额和年度资产负债表的资产总额不超过 1 000 万欧元的小型企业，其获得投资激励的最低条件为：软件开发中心提供 10 个新工作岗位，数据中心提供 10 个新工作岗位，共享服务中心提供 35 个新工作岗位，高科技维修中心提供 25 个新工作岗位，且上述商业支持服务中心至少要在三个州提供服务。其可获得的投资激励为长达 10 年的企业所得税减免。对小型企业的最高国家援助是其合格成本的 40%～60%（取决于地区）。

雇员数量在 50 人至 250 人之间、年营业额不超过 5 000 万欧元、年资产负债表的资产总额不超过 4 300 万欧元的中型企业，其获得投资激励的最低条件和可获得的投资激励与小型企业相同，但对中型企业的最高国家援助是其合格成本的30%～50%（取决于地区）。

雇员数量高于 250 人、年营业额超过 5 000 万欧元、年资产负债表的资产总额超过 4 300 万欧元的大型企业，其获得投资激励的最低条件为：软件开发中心提供 20 个新工作岗位，数据中心提供 20 个新工作岗位，共享服务中心提供 70 个新工作岗位，高科技维修中心提供 50 个新工作岗位，且上述商业支持服务中心至少要在三个州提供服务。其可获得的投资激励为长达 10 年的企业所得税减免。对大型企业的最高国家援助是其合格成本的 20%～40%（取决于地区），且在以下地区只支持新的经济活动：中波希米亚州、比尔森州、南波希米亚州、南摩拉维亚州、维索基纳州，其他地区则无此限制。

商业支持服务中心战略投资项目，其获得投资激励的最低条件为：提供 100 个新工作岗位，且其长期资产投资达到 20 亿捷克克朗，且该项目至少要在三个州提供服务，其可获得的投资激励包括：长达 10 年的企业所得税减免，合理成本的 20%的资本投资现金补助。

4. 保障生命健康的战略产品生产

雇员少于 50 人，且年营业额和年度资产负债表的资产总额不超过 1 000 万欧元的小型企业，其获得投资激励的最低条件为：发达地区小型企业的长期资产投资达到 2 000 万捷克克朗，国家特殊支持地区小型企业的长期资产投资达到 1 000 万捷克克朗，均无须附加高附加值条件。可获得的投资激励包括：长达 10 年的企业所得税减免，合理成本的 10%的资本投资现金补助，每个工作岗位 20 或 30 万捷克克朗的就业创造补助金，覆盖 70%培训费用的培训和再培训补助金，但后两项需要该企业所在地区满足失业率高于 7.5%，同时超过捷克共和国平均水平 50%的条件。对小型企业的最高国家援助是其合格成本的 40%～60%（取决于地区）。

雇员数量在 50 至 250 人之间、年营业额不超过 5 000 万欧元、年资产负债表的资产总额不超过 4 300 万欧元的中型企业，其获得投资激励的最低条件为：发达地区小型企业的长期资产投资达到 4 000 万捷克克朗，国家特殊支持地区小型企业的长期资产投资达到 2 000 万捷克克朗，均无须附加高附加值条件。可获得的投资激励包括：长达 10 年的企业所得税减免，合理成本的 10%的资本投资现金补助，每个工作岗位 20 或 30 万捷克克朗的就业创造补助金，覆盖 60%培训费用的培训和再培训补助金，但后两项需要该企业所在地区满足失业率高于 7.5%，同时超过捷克共和国平均水平 50%的条件。对中型企业的最高国家援助是其合格成本的 30%～50%（取决于地区）。

雇员数量高于 250 人、年营业额超过 5 000 万欧元、年资产负债表的资产总额超过 4 300 万欧元的大型企业，其获得投资激励的最低条件为：发达地区小型企业的长期资产投资达到 8 000 万捷克克朗，国家特殊支持地区小型企业的长期资产投资达到 4 000 万捷克克朗，均无须附加高附加值条件。可获得的投资激励包括：长达 10 年的企业所得税减免，合理成本的10%的资本投资现金补助，每个工作岗位 20 或 30 万捷克克朗的就业创造补助金，覆盖 50%培训费用的培训和再培训补助金，但后两项需要该企业所在地区满足失业率高于 7.5%，同时超过捷克共和国平均水平 50%的条件。对大型企业的最高国家援助是其合格成本的 20%～40%（取决于地区），且在以下地区只支持新的经济活动：中波希米亚州、比尔森州、南波希米亚州、南摩拉维亚州、维索基纳州，其他地区则无此限制。

4.4.3 管理规定

首先，外商投资者应联系捷克共和国投资促进局（CzechInvest），投资促进局将协助投资者确定是否可以申请投资激励。然后，投资促进局将为投资者提供需要填写和提交的所有材料，并协助投资者提交申请。外商投资者应填写申请表并将其提交给投资促进局，投资促进局会将申请提交给捷克共和国工业和贸易部。之后，将在其他政府部门（如财政部、环境部等）进行一轮审批，随后将提交捷克共和国政府审批。如果申请获得批准，工业和贸易部将给予投资激励。

投资激励受关于投资激励的第 72/2000 Coll 号法案管辖，并由第 450/2020 Coll 号法案修订。所有投资激励申请都由捷克共和国政府评估和批准，政府将综合考虑到国家和地区利益进行评估和批准。投资激励的申请人必须在申请中量化其投资项目对公共预算的预期贡献，以及其对劳动力市场的影响。申请人还必须在申请中描述其投资项目如何将研究和开发纳入其经济活动，如何与研究机构和学校展开合作，如何利用当地供应商的潜力并为当地的基础设施发展做出贡献。

对于上述所有类型项目的投资激励，在投资促进局发出项目登记确认书之前，投资者不得开始项目工作，即不得购买或收购任何资产，包括机器和设备订单，不得开始建设工程等。并且投资者应在利用国家援助的整个期间（至少 5 年）保持所需的资产并创造就业机会。

此外，投资促进局还为外商投资者提供专门的善后护理（After Care）工作，即为在捷克共和国经营的公司提供支持。具体来说，投资促进局为外商投资者提供有关捷克共和国商业环境、地方立法、劳动法的免费专家咨询，提供投资激励、欧盟结构性基金等金融支持工具，为外国雇员和外国公司的高层管理人员提供工作和居留签证以及员工注册服务，推荐满足其业务需求的本地和国际人才，推荐收购、合资和供应合作伙伴以及大学、应用研究机构，为外商投资者和相关政府机构搭建沟通渠道，组织外国企业与政府当局的相关会议，为外国投资者举办签证研讨会、区域性人力资源活动和全国性会议等。

4.5 税收规定

捷克共和国现行税制于 1993 年 1 月出台，共分为直接税、间接税和其他税三个基本税种。自 2004 年 5 月 1 日捷克共和国加入欧盟以来，捷克共和国税收制度不断与欧洲立法相协调，与欧盟和非欧盟国家建立了广泛的双重征税条约网。

其中，直接税包括：根据捷克所得税法征收的个人所得税与企业所得税，根据捷克房地产税法与道路税法征收的财产税，根据捷克房地产购置税法征收的转让税。间接税包括：根据捷克增值税法征收的增值税，根据捷克消费税法征收的消费税，根据捷克海关税法征收的关税，根据能源税专项法律征收的生态税。其他税种包括：根据各相关捷克法律强制性征收的捷克社会保险和公共医疗保险，市政费则根据各地具体法律进行征收。

4.5.1 企业所得税

企业所得税方面，居民纳税企业须就其全球收入纳税。如果企业在捷克共和国注册成立或其管理层位于捷克共和国，则该企业被视为居民纳税企业。捷克非居民纳税企业仅对其来源于捷克共和国的收入征税，此类征税可能受到相应税收协定的限制。从 2010 年 1 月 1 日起，企业所得税的标准税率为 19%。

企业可以选择日历年或会计年度作为其纳税年度。纳税申报必须在纳税年度结束后的四个月内提交。

资本收益纳税方面。捷克或其他欧盟母公司转让在捷克共和国或其他欧盟国家设立的子公司股份而实现的资本收益，如果母公司持续持有至少 10%的子公司股份，则可以免税至少连续 12 个月。捷克或欧盟母公司转让其在缔约国（即与捷克共和国签订了税收协定的第三国）的子公司股份而实现的资本收益，如果满足以下条件，也可以免税：子公司的法律形式类似于捷克股份公司、有限责任公司或合作社；母公司至少连续 12 个月持有子公司至少 10%的所有者权益（此条件可能在转让之日后满足）。子公司应在母公司核算相应资本收益的纳税期间和上一纳税期间按至少 12%的税率缴纳类似于企业所得税的税款。

有下列情形之一的，不适用免税：

母公司或子公司免征其管辖范围内适用的企业所得税或类似税项；

母公司或子公司可以选择豁免其管辖范围内适用的企业所得税或类似税项；

母公司或子公司在其管辖范围内适用零企业所得税或类似税项；

其他已实现的资本收益包含在其他应税收入中，并按常规企业所得税税率征税。

股息纳税方面。一般而言，股息须按15%的税率缴纳最终预扣税。向来自欧盟和欧洲经济区以外国家的捷克非税收居民支付股息的税率提高到35%，因为这些国家尚未与捷克共和国签订双重征税条约或双边或多边税收信息交换协议。捷克公司向位于欧盟国家的母公司支付的股息，根据欧盟母子公司指令免征预扣税至少一年的期限。两家捷克公司之间的股息分配在类似条件下免税。

利息和特许权使用费方面。来自捷克共和国的利息和特许权使用费通常在捷克共和国按15%的税率缴纳预扣税。但是，如果收款人是有资格享受欧盟特许权使用费指令产生的利益的外国公司，则豁免适用。此外，作为与捷克共和国缔结双重征税条约的国家的税务居民的收款人，只要他们是收到的利息或特许权使用费的实际受益人，就会受益于较低税率。在没有所得税条约的情况下，预扣税率为总利息或特许权使用费收入的35%。

4.5.2 个人所得税

个人所得税方面，2018年捷克共和国纳税人缴纳税款情况如表4.26所示。

表4.26　　2018年捷克共和国纳税人的个人所得税缴纳情况表

税种	税率
个人所得税	个人所得税采取15%的单一税率
	总雇佣收入的计算应加入医疗保险和社会保险（雇主支付部分），应缴税金应按上述方法增加后的税基加以计算
	若就业和/或业务收入超过平均工资的48倍则适用23%的税率
增值税（VAT）	大部分商品和服务的增值税标准税率为21%
	基本食品、特定医药产品、报纸、特殊医疗设备、供暖、社会住房的增值税税率为15%
	基本婴幼儿营养食品、特定药品、书籍、磨坊产品和其他适合无麸质饮食产品的增值税税率为10%

续表

税种	税率
房地产税	房产税根据土地占用面积计算，税率为建筑物每平方米 2～10 捷克克朗不等，在某些特殊情况下税率会有所增加。 农用地的房地产税率为被征收价值的 0.75%。森林、湖泊、池塘适用于特殊税率。 建筑用地的房地产税率为每平方米 2 捷克克朗，改善商业用地的房地产税率为每平方米 5 捷克克朗，其他情况为每平方米 0.2 捷克克朗
	房地产税可以在企业所得税税前列支
房地产购置税	除非双方同意由买方支付，否则房地产购置税应由房地产出售人支付
	税率为房地产售价或参考价（两者中较高者）的 4%
能源税	能源税对电力供应、天然气与其他燃气以及固体燃料征收
	只对在捷克共和国境内交付上述能源的供应商征收能源税
	关于能源税免税范围相对较大（如冶金或矿物过程中使用的能源）。申请豁免须得到海关的批准
消费税	消费税对在捷克共和国境内生产或向捷克共和国进口的特定产品（包括碳氢化合物燃料和润滑剂、烈酒、蒸馏酒、啤酒、葡萄酒、烟草产品）的实体征收
	消费税以商品数量为基础征收，对特定商品只征税一次
道路税	道路税通常对在捷克共和国境内注册并从事商业运营的车辆征收
	乘用车的税率为 1 200 至 4 200 捷克克朗不等，其他车辆的税率为 1 800 至 50 400 捷克克朗不等
继承与赠与税	从 2014 年 1 月 1 日起，继承或赠予须缴纳所得税。除近亲之间，涉及礼品的赠送均须缴纳所得税

资料来源：捷克国家投资局网站。

4.5.3 社会保险

社会保险方面，捷克共和国的国家社会保障制度包括公共医疗保险、养老金、就业保险、疾病保险以及与子女有关的福利和其他社会服务。雇主和雇员均须为社会保障体系做出贡献。2017 年捷克共和国纳税人缴纳社会保险情况如表 4.27 所示。

表 4.27　　2017 年捷克共和国居民社会保险情况表　　单位：%

保险种类	雇主承担份额	雇员承担份额
医疗保险	9.0	4.5
养老保险基金	21.5	6.5
就业保险基金	1.2	0
疾病保险基金	2.3	0
共计	34.0	11.0

资料来源：捷克国家投资局网站。

4.6　劳动就业规定

4.6.1　雇佣合同

雇佣合同必须以书面形式订立，至少包含以下强制性内容：工作地点、雇佣开始日期和工作类型。如果合同中没有规定，则必须在签订雇佣合同后一个月内书面通知员工其职责和权利，如假期权利、工资和付款日期、工作时间、工作说明、通知期限、集体协议信息等。

雇佣合同可通过以下方式终止：双方协议，即雇佣合同在双方约定日期终止；雇佣合同到期，即如果雇佣合同是在有限期限内签订的，那么雇佣合同在到期日终止；试用期内的终止，前提是双方同意；发出终止通知；立即终止。

雇主只能根据劳动法第 52 a）至 c）条法律规定的原因之一，或根据协议发出通知或协议终止雇佣关系，被解雇的雇员有权根据雇佣期限获得遣散费。遣散费金额可能为一个月、两个月或三个月的平均月收入，这取决于就业持续时间是否少于 1 年、从 1 年到 2 年还是超过 2 年。因劳动法第 52 d）节所述原因，其雇主发出通知或通过协议终止雇佣关系的雇员有权获得至少为其平均月收入 12 倍的遣散费。

4.6.2　工作时长

每周最长工作时间为 40 小时（无加班）。

在地下工作、三班制工作，或不间断作业的员工每周最长工作时间为 37.5 小时（无加班）。

两班制作业的员工每周最长工作时间为 38.75 小时（无加班）。

在所有劳动法关系中，18 岁以下员工的每周最长工作时间为 40 小时，每天最长工作时间为 8 小时。

雇主在咨询主管工会组织后决定工作时间表。

一个班次（无加班）的时间不应超过 12 小时，这同样适用于弹性工作制。

雇主可以引入工作时间账户，根据季节变化和合同数量分配工作时间。员工连续工作最多 6 小时后，其雇主有义务为其提供至少 30 分钟的工作休息时间（可分为几个部分，其中至少一部分应持续 15 分钟及以上）。对于 18 岁以下的员工，连续工作的最长时间为 4.5 小时。提供食物和休息的时间不被视为工作时间。

雇主有义务安排工作时间，以便员工在一个班次结束到下一个班次开始的期间，在连续 24 小时内至少连续休息 11 小时（18 岁以下的员工至少休息 12 小时）。对于 18 岁以上的员工，其休息时间可减少至 24 小时内至少连续休息 8 小时，但前提是他们在不间断或计划不均衡的作业或加班中工作，并且休息时间可累计。

雇主应使雇员每周至少有 35 小时的不间断休息时间（18 岁以下的雇员至少有 48 小时的休息时间）。对于 18 岁以上的员工，在 2 周内的总休息时间为 70 小时的情况下，休息时间可以减少到至少 24 小时。

如果运营允许，雇主应为所有员工安排每周不间断休息时间，且应包括周日。

在实践中，雇主往往通过引入灵活的工作时间形式，让员工在安排自己的工作时间方面有更大的灵活性。弹性工作时间可以设置为弹性工作日、每周或最多 26 周的平衡期（在此期间，员工应达到其标准每周工作时间，例如平均 40 小时）。只有相关集体协议才能将该期限延长至最长连续 52 周。

4.6.3 加班规定

在特殊情况下，雇主只有在有严重运营原因的情况下才能要求加班。雇主要求的加班总时间每周不得超过 8 小时，每自然年不得超过 150 小时。在超出此范围的情况下，雇主只有在与雇员达成协议后才能要求进一步加班。在连续 26 周的时间内，平均每周加班总时间不得超过 8 小时。只有相关集体协议才能将该期限延长至最长连续 52 周。

4.6.4 薪酬规定

员工有权获得其工资和加班收入。劳动法允许在谈判工资时考虑所有员工商定的加班范围。

雇员有权因其在公共假日的加班工作获得工资和带薪休假。如果雇员及其雇主同意，则该雇员可获得至少为其平均收入等额的公共假日加班工作奖金。捷克共和国目前有13个公共假日，如果公共假日为工作日，则员工不工作，且雇主需以标准工资支付。

除非另有约定，否则周六和周日工作及夜间工作的奖金为其平均收入的10%。

在艰苦和危险条件下工作的奖金为最低工资费率的10%。政府法令规定的最低工资费率为：每周40小时、每月13 350捷克克朗（520欧元）；或最简单工作每小时79.8捷克克朗（约3.11欧元）；更复杂和/或困难的工作，最低保障工资水平取决于工作类型，范围从13 350捷克克朗到26 700捷克克朗不等。

工资费率不得低于政府法令规定的最低工资费率，工资不应包括加班费、节假日加班工作奖金等任何奖金。

病假工资。自2019年7月1日起，前14个工作日的病假工资由雇主支付，雇主需要支付正常工作时间工资的60%。如果病假较长（即从生病的第15个自然日起），社会保险办公室将承担缺勤费用。

4.6.5 工会

捷克共和国遵循自由建立工会的原则。不强制企业成立工会。成立工会所需的最低员工人数为三人。

捷克共和国历史上没有大规模罢工或停工。目前捷克共和国工会会员超过五十万名，注册工会会员的数量正在稳步下降。

捷克共和国最大的工会联盟是ČMKOS，2018年有292525名会员。ČMKOS的前身是捷克和斯洛伐克联盟ČSKOS，ČSKOS联盟于1990年3月成立。1993年，ČSKOS联盟分裂为捷克ČMKOS和斯洛伐克KOZSR。

第二大联盟是ASOČR，成立于1995年，其前身为ČMKOS联盟和农业和食品工人工会OSPZV。由于希望ČMKOS联盟采取更有力的行动，反对当时政府减少农业补贴的政策，农业和食品工人工会OSPZV脱离ČMKOS组建了ASOČR。2017年ASOČR的会员人数为78 000人。

另一个工会组织是KUK，它是成立于1990年的工会联合会，有约31 500名会员。还有两个较小的工会组织，分别约有 10 000 名会员的 OSČMS 和约有 5 000 名会员的基督教工会联盟 KOK。此外还有一些独立的工会，例如火车司机工会 FSČR、陶瓷工会 OSSKBP、媒体工会和警察工会 NOSPČR 等。

4.6.6 外国人在当地工作的规定

涉及外国人在捷克工作的法律主要是《外国人居留法》（第 326/1999 Coll 号法案）和《劳动法》（第 262/2006 Coll 号法案）。根据规定，欧盟成员国、挪威、冰岛、列支敦士登和瑞士等国公民及其家庭成员在捷克工作无须申请工作许可或绿卡，其他国家公民在捷克工作必须先向捷克当地劳动局申请工作许可，再凭工作许可和其他相关文件去捷克驻申请人所在国使领馆申办签证。只有获得有效工作许可和工作居留签证者才可在捷克工作。

工作许可分为常规工作许可和工作绿卡两种。担任公司股东、商业合伙人或法人代表职务，或者外国企业根据与捷克企业或自然人协议派到捷克短期工作人员均须办理工作许可。从事多个工作的，必须为每个工作单独申请工作许可。从事贸易或投资活动的外籍人不属于办理劳动许可范围。

2011 年 1 月 1 日起，捷克政府对《外国人居留法》进行修订，其中一项为“蓝卡”计划，即针对高素质外国员工的居住及工作双重许可。此举主要是吸引高技能、高素质的外国人才来捷克工作，简化了申请长期居留许可的程序。

2014 年 6 月 24 日起，捷克实行新的《外国人居留法》，取消了面向一般工作的外国人工作绿卡和工作签证，以一种新的外国员工卡代替，具备工作许可和工作居留的双重性质。新的《外国人居留法》实施后，雇主必须在县级劳动局岗位系统公布新的招聘岗位，30 日后自动转到国际岗位系统后，外国人才可以在该系统选择岗位并进行登记。申请员工卡须提交申请表、护照、在捷克住房证明、照片、劳动合同、毕业证和文凭（须捷方认证）、健康证明等，审批过程至少需要 2 个月。员工卡被批准后，使领馆为外国员工办理长期工作签证。新员工抵达捷克后，应在 3 个工作日内到地方移民局采集指纹登记。已在捷克持有工作签证的外国员工应在有效期内转为外国员工卡。面向高端技术人才的蓝卡制度仍将继续实行。此外，捷克政府进一步简化了工作签证办理程序。赴捷克投资的外资公司，在捷克雇员超过 250 人的，其来自非欧盟地区的高技术雇员可通过简易程序办理工作签证，所需时间将从原来的 4～6 个月缩短至 1～2 个月。关于外国人可申请就业的岗位，可在捷克劳动和社会事务部下的网站查询。

4.7 中捷投资合作情况

4.7.1 中捷双向投资

自 2013 年以来，中捷两国关系快速发展，带动双向投资迅猛增长。2013 年，捷克共和国对中国直接投资实现了 2 410 万美元，此后年份投资情况波动明显。存量情况则是明显上升，2019 年，捷克共和国对中国直接投资存量达到 4.09 亿美元。中国对捷克投资的流量情况也是多有波动，2018 年实现了 1.1 亿美元的峰值，存量情况则稳定在 2 亿美元左右。2019 年，中国对捷克直接投资流量 6 053 万美元，截至 2019 年末，中国对捷克直接投资存量达到 2.88 亿美元（如表 4.28、图 4.10、图 4.11 所示）。

表 4.28　　2013—2019 年中捷双向投资情况　　单位：百万美元

年份	捷克对中国直接投资流量	捷克对中国直接投资存量	中国对捷克直接投资流量	中国对捷克直接投资存量
2013 年	24.1	63.5	17.8	204.7
2014 年	48.1	91.8	2.5	242.7
2015 年	0.1	85.3	−17.4	224.3
2016 年	−45.4	64.0	1.9	227.8
2017 年	−32.8	39.2	73.0	164.9
2018 年	14.0	424.5	113.0	279.2
2019 年	−20.7	409.1	60.5	287.5

资料来源：UNCTAD 数据库及中国商务部。

目前，在捷克投资的中国企业超过 50 家，涵盖制造业、交通运输业、服务业等多个领域，且高科技领域投资稳步增长。主要投资行业的代表企业为：电器制造业领域包括四川长虹电器股份有限公司、青岛海信欧洲控股有限公司、浙江正泰电器股份有限公司等；汽车制造业领域包括亚普汽车部件股份有限公司、宁波继峰汽车零部件股份有限公司、北京京西重工有限公司、延峰汽车内饰系统有

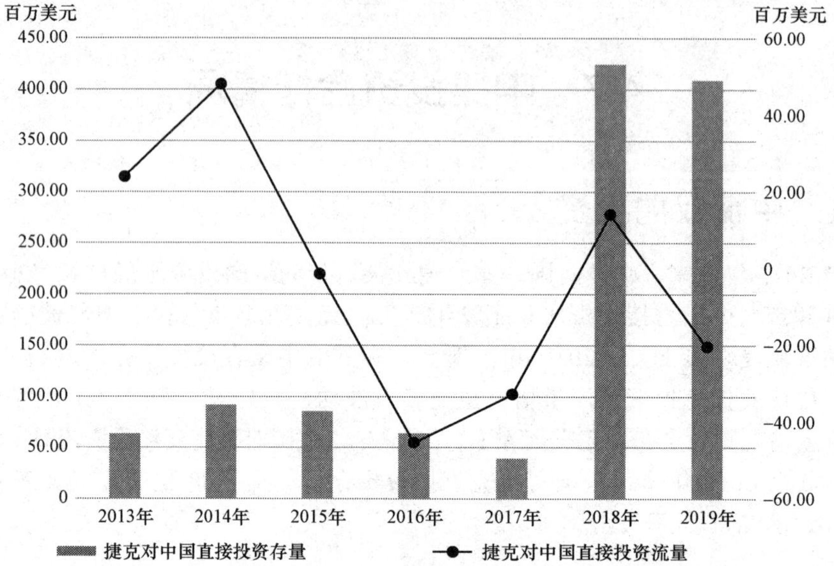

图 4.10 2013—2019 年捷克对中国直接投资情况

资料来源：UNCTAD 数据库及中国商务部。

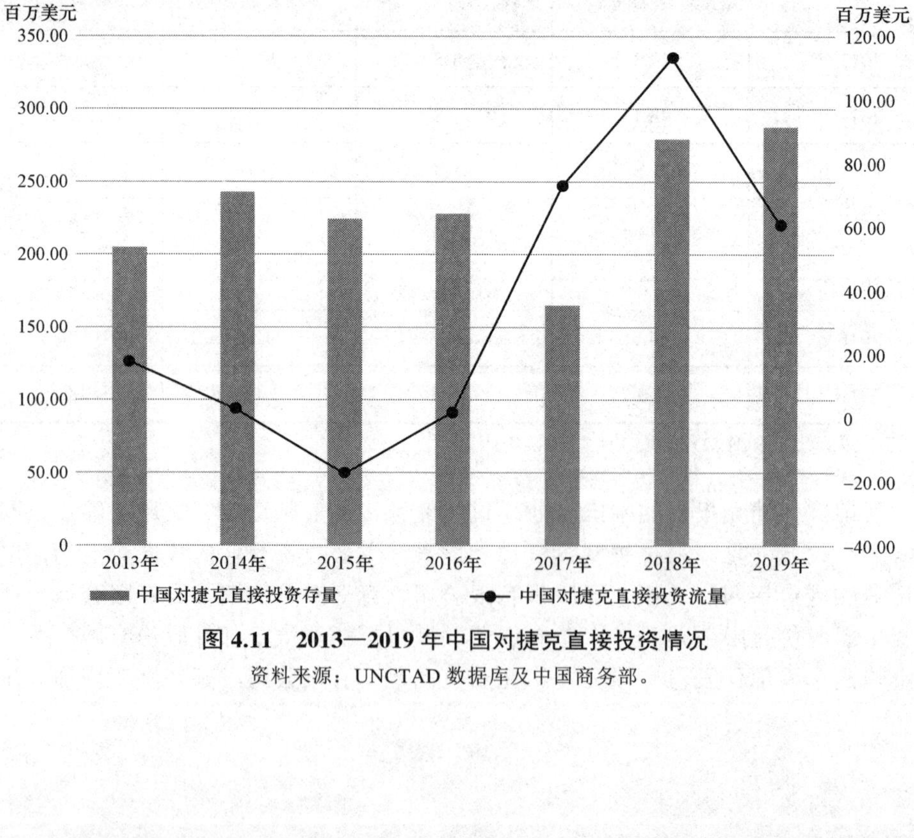

图 4.11 2013—2019 年中国对捷克直接投资情况

资料来源：UNCTAD 数据库及中国商务部。

限公司等；其他制造业领域包括西安陕鼓动力股份有限公司、大连橡胶塑料机械股份有限公司、万丰航空工业有限公司、万向集团、山西运城制版集团股份有限公司、瑞声科技控股有限公司等；信息技术领域包括华为技术有限公司、中兴通讯股份有限公司、联洲技术有限公司（TP－LINK）等；交通运输及仓储行业领域包括中远集装箱运输有限公司、深圳市递四方科技有限公司、海南航空、中国东方航空、四川航空等；金融业领域包括中国中信集团、中国进出口银行、中国银行、工商银行、交通银行等；房地产及娱乐业领域包括中国中信集团、河北荣盛康旅集团等。

4.7.2 其他经贸合作

据中国商务部统计，2019 年中国企业在捷克新签承包工程合同 11 份，新签合同额 5 907.29 万美元，完成营业额 5 880.21 万美元。累计派出各类劳务人员 5 人，年末在捷克劳务人员 5 人。

工业园区方面。2016 年 3 月，在习近平主席对捷克进行国事访问期间，中国商务部部长高虎城与捷克工业和贸易部部长姆拉代克在捷克首都布拉格共同签署了《中华人民共和国商务部和捷克共和国工业和贸易部关于工业园区合作的谅解备忘录》（以下简称《备忘录》）。根据《备忘录》，双方将就相关法律法规、政策措施和经验做法的信息进行交流，并鼓励两国有意愿的企业在捷克工业园区内开展经营。工业园区的合作重点包括汽车、机械、化工和制药等领域。2016 年 3 月，中国国家主席习近平同捷克总统泽曼在布拉格共同出席中捷经贸合作圆桌会议。在两国元首的见证下，中捷双方企业签署了总计 60 亿美元的合作协议，涉及能源、金融、核电、航空、酿酒、化工等多个领域。

中欧班列方面。捷克与中国的首趟中欧班列于 2017 年 7 月 19 日开通。此趟班列从布拉格的麦特拉茨货运站出发，途经波兰、白俄罗斯、俄罗斯和哈萨克斯坦，由中国新疆阿拉山口入境，最终抵达中国小商品之都浙江义乌。首趟班列开行后，中捷在“一带一路”倡议背景下继续深化中欧班列的经贸合作。2018 年 6 月 11 日，上海圆通蛟龙参与投资的“一带一路”捷克站平台公司浙江华捷，与捷克铁路货运公司签署合作协议，意将捷克洛沃西采（Lovosice）站作为“一带一路”捷克站货运场合作站点，并进行场站的共建。在该协议下，捷克洛沃西采站将为中欧班列提供停靠、装卸、仓储、清关、中转、配送等集成服务。欧洲发往中国的货物将采用海铁联运等方式在该站转运，为中国进出口贸易提供物流集散和贸易中转等配套服务，旨在打造“义新欧”中欧班列在欧洲的枢纽站点、多式联运中枢和中欧进出口商品双向流通的集散中心。在此基础上，双方将共同投资建设班列专用铁路货运场、铁路专用线以及集装箱堆场等基础设施。2020 年 1 月，首趟中欧班列公共班列（西安—布拉格）启航，此趟班列由西安港出发，从霍尔果斯口岸出境，经哈萨克斯坦、俄罗斯、白俄罗斯、波兰，最终抵达捷克布拉格，全程 9 623 公里，用时 12 天。此后该班列计划开始每周两去两回的常态化运营。2021 年 1 月 31 日，中欧班列合肥—捷克布拉格首班开行。此趟班列从合肥北站物流基地驶出，经霍尔果斯口岸，开往捷克布拉格。此趟列车的成功发运，标志着合肥中欧班列开辟了一条全新线路：合肥北—霍尔果斯—捷克布拉格，极大促进了中捷两国贸易往来、优势互补，推动了沿线国家及地区共建“一带一路”，共促经济繁荣。

第 5 章
捷克共和国金融环境

5.1 当地货币

捷克共和国的官方货币是捷克克朗（CZK），在捷克语中称为 Česká（Kč）。

捷克共和国使用的纸币的面值为 100 克朗、200 克朗、500 克朗、1 000 克朗、2 000 克朗和 5 000 克朗。流通的硬币有 1 克朗、2 克朗、5 克朗、10 克朗、20 克朗和 50 克朗。

作为欧盟成员国，捷克共和国本计划在 2010 年采用欧元，但其政府在 2005 年无限期暂停了该计划。尽管该国在经济上具备采用欧元的有利条件，但在捷克共和国内部却存在相当大的反对意见。2014 年 4 月的一项民调显示，只有 16%的捷克人赞成用欧元取代克朗。

从汇率来看，美元兑捷克克朗汇率经历了较大波动。1993—2000 年出现了上升，从 1 美元兑 28.56 克朗上升至 40.93 克朗，此后一直波动下滑，在 2008 年国际金融危机时期，达到了 1 美元兑 15.16 克朗的谷值。此后，美元兑捷克克朗汇率波动上升，在 2017 年前后拉升至 1 美元兑 25.64 克朗的峰值，但此后又下滑，并在 2019 年维持在 1 美元兑 23 克朗左右的水平。欧元兑捷克克朗汇率也是经历了明显下滑趋势后，近年来汇率走势保持在较平稳水平。从 1999 年 1 欧元兑 38.42 克朗的峰值，一直波动下降至 2008 年 24.23 克朗的谷值，此后略有攀升，并在 2013 年突破 1 欧元兑 25 克朗关口。近年来一直保持在 1 欧元兑 23～24 克朗的水平（如图 5.1 所示）。

目前，人民币与捷克克朗不可直接结算。

图 5.1　欧元、美元兑捷克共和国克朗的汇率情况

资料来源：捷克共和国国家银行。

5.2 外汇管理

根据关于捷克国家银行的第 6/1993 Coll 号法案第 35 条，捷克国家银行负责宣布捷克货币对外币的汇率。

捷克外汇管理政策相对宽松。在捷克注册企业和拥有长期居留许可的个人均可开立外汇账户，来源合法的外汇资金可自由进出。外资企业在捷克投资收益只要来源合法，其汇出不受限制。

但是，捷克政府对外汇资金流动实行严格监控。捷克银行对外汇流动有一套完整的监管制度，外汇汇出到国外要写明具体用途；个人出入捷克边境携带超过 1 万欧元现金，须向捷克海关申报。

5.3 银　　行

5.3.1 捷克国家银行

捷克国家银行（CNB）是捷克的中央银行，是捷克金融市场的监管机构和决议机构。它是根据捷克共和国宪法成立的，并根据经修订的捷克国家银行第 6/1993 Coll 号法案和其他法规开展活动。它是公法下的法人实体，注册地址位于布拉格。

捷克国家银行

捷克国家银行通过其位于布拉格的总部，以及位于拉贝姆、比尔森、布杰约维采、赫拉德茨克拉洛维、布尔诺和俄斯特拉发的地区办事处开展活动。捷克国家银行也是欧洲中央银行体系的一部分，帮助其实现政策目标和任务。捷克国家银行也是欧洲金融监管体系的一部分，并与欧洲系统性风险委员会和欧洲监管机构合作。

捷克国家银行的最高管理机构是银行董事会，由行长、两名副行长和其他四名银行董事会成员组成。所有银行董事会成员均由捷克共和国总统任命，每届任期为 6 年，最长任期为两届。

根据捷克共和国宪法第 98 条和欧盟基本法，捷克国家银行的主要目标是维持物价稳定，即为可持续的经济增长创造低通胀环境。捷克国家银行还以促进金融稳定，确保捷克共和国金融体系的稳健运行为目标。为此，捷克国家银行致力于识别并分析金融体系稳定性风险因素，并增强金融体系韧性，制定宏观审慎政策。在不影响其主要目标的情况下，捷克国家银行还支持政府的总体经济政策和欧盟的总体经济政策。

捷克国家银行还根据其主要目标制定货币政策，发行纸币和硬币，管理和监督货币流通、支付系统和银行之间的结算。它还对银行业、资本市场、保险业、养老基金、信用合作社、电子货币机构和外汇局进行监管。此外，作为中央银行，捷克国家银行还为国家和公共部门提供银行服务，维护国家预算账户，根据预算规则与财政部达成协议，开展与政府债券发行和金融市场投资有关的交易。

5.3.2 其他商业银行

本土银行业主要为捷克储蓄银行（Česká Spořitelna）、捷克商业银行（Komerční Bank）和捷克斯洛伐克商业银行（Československá Obchodní Banka），这些银行的大股东均是外资金融集团，由外国银行金融集团所有。

捷克储蓄银行（Česká Spořitelna）是捷克历史最悠久的银行，拥有 196 年的历史。为境内的零售客户、中小企业、大公司、市政当局及境外客户提供服务。该银行拥有最广泛的分行网络以及 ATM 机器分布，在抵押贷款、信用卡等消费贷款以及存款储蓄市场上处于领先地位。截至 2022 年 5 月 31 日，捷克储蓄银行总资产达到 18 718 亿捷克克朗，客户数量 450 万，网上银行和商业活跃客户数量为 190 万，员工人数为 9 746 人，分支机构数量达到 415 个，ATM 机数量为 1 780 个，发行银行卡 320 万张。

捷克商业银行（Komerční Banka）是一家综合性商业银行，成立于 1990 年，在零售、企业和投资银行业务方面提供服务。捷克商业银行也是法国兴业银行集团的成员。捷克商业银行在捷克共和国开展业务，也为斯洛伐克的企业客户提供服务。它拥有 399 个分支机构，客户人数超过 160 万，客户可通过其分行网络、直接银行渠道和子公司销售网络获得服务。捷克商业银行还为客户提供额外的专业金融服务，包括养老基金、社会保障计划、消费贷款、保险等。2019 年，该银行净收入达到 325 亿捷克克朗，总资产达到 1 077 亿捷克克朗，员工人数为 7 210 人，分支机构数量达到 343 个，客户数量 166 万，ATM 机数量为 796 个。

捷克斯洛伐克商业银行（Československá Obchodní Banka，简称 ČSOB）成立于 1964 年，在当时的捷克斯洛伐克市场提供外贸融资和可兑换货币业务服务，后于 1999 年完成私有化。比利时 KBC 银行集团（KredietBank and CERA Group）

是其大股东，后于2007年起成为唯一股东。作为一家综合性商业银行，捷克斯洛伐克商业银行为所有客户群体提供服务，即零售（个人）以及中小企业、企业和机构客户。在零售银行业务中，ČSOB以ČSOB分支机构和邮政储蓄银行（Poštovní spořitelna）的形式进行运营。ČSOB集团的银行服务包括：为住房需求融资（抵押贷款和建筑储蓄贷款）、保险产品、养老基金、集体投资产品和资产管理以及与股票交易相关的服务。2021年，ČSOB集团的净利润达到162亿捷克克朗，总资产达到18 055亿捷克克朗，员工人数为8 087人，分支机构数量达到208个，客户数量422万，ATM机数量为1 017个。

外资银行主要有法国巴黎富通银行（BNP Paribas Fortis）、奥合银行（Raiffeisen）、裕信银行（Unicredit）、花旗银行（Citibank）和汇丰银行（HSBC Bank）等。

5.3.3 在捷中资银行

2015年8月，中国银行（匈牙利）有限公司布拉格分行成立。中国银行是在捷克成立的第一家中资银行。中国银行在捷克分行成立前就已在捷克开展业务，一直致力于促进中捷经贸交流，并为中捷经贸合作提供专业、快速、便捷的多元化服务，满足中资及本地客户的金融需求。中国银行布拉格分行将主要参与捷克的基础建设和科技研发项目，承销人民币债券，还为两国中小企业提供资金支持和风险防范等服务。

2017年4月，中国工商银行布拉格分行成立，成为捷克首家获得外资银行分行牌照的非欧盟银行。布拉格分行作为工行在中东欧服务网络中的重要机构之一，依托集团的全球化经验和资源支持，与捷克金融同业开展合作，为中资企业在捷克及中东欧地区提供综合金融服务，为捷克当地企业提供更多金融服务选择，积极服务捷克经济社会发展。并且，依托“一带一路”建设，在基础设施升级、可再生能源开发、工业园区建设、制造业、物流和研发等领域提供项目投融资支持，并配套存款、结算、账户监管等本地化服务。

2019年5月，中国交通银行在布拉格设立分行，该分行是交通银行在中东欧地区设立的首家分行，该分行的设立也是交通银行服务中东欧地区的重要里程碑。分行立足于捷克，辐射中东欧地区，在环保、能源、物流、新材料、食品加工、生物医药、基础设施建设、高端工业制造和先进服务业等行业和领域，为客户提供投融资及结算等综合金融服务，致力于推动两地企业双向投资、经贸合作，为两国客户提供更为全面、便捷和优质的金融服务，助力两国企业实现共赢。

此外，中国进出口银行与捷克出口银行签署了《促进中捷企业双向投资银行间合作协议》。根据协议，两行拟合作对中捷两国基础设施建设项目及中捷投资及贸易往来提供融资支持及政策建议。

5.4 融资服务

在融资服务方面，外资企业与捷克本地企业享受同等待遇，融资形式取决于该企业资信情况。捷克银行对企业信用要求较高，对中国在捷克投资企业一般以抵押贷款为主。在捷克开展基础设施建设投资，可能涉及的融资方式主要包括出口信贷、银行贷款、项目融资、信用保险项下融资、内保外贷等，此外还可利用欧盟财政资金等。

存款利率方面，2021 年 12 月，对于家庭和为家庭服务的非营利机构而言，其新增业务的隔夜存款利率为 0.29%，约期存款利率为 2.32%，通知存款利率为 1.30%；对于非金融企业而言，其新增业务的隔夜存款利率为 0.22%，约期存款利率为 2.47%，通知存款利率为 1.75%（如表 5.1 所示）。

表 5.1　　捷克共和国存款利率情况（新增业务）　　单位：%

存款利率	2019 年 12 月	2020 年 12 月	2021 年 12 月
家庭隔夜存款利率	0.24	0.10	0.29
家庭约期存款利率	1.52	0.59	2.32
家庭约期存款利率——1 年及以下	1.48	0.28	2.32
家庭约期存款利率——1 年以上至 2 年	2.11	1.56	2.33
家庭约期存款利率——2 年以上	1.78	1.39	2.15
家庭通知存款利率	1.24	1.19	1.30
家庭通知存款利率——3 个月及以下	1.36	1.30	1.40
家庭通知存款利率——3 个月以上至 1 年	0.32	0.21	0.20
非金融企业隔夜存款利率	0.24	0.03	0.22
非金融企业约期存款利率	1.52	0.16	2.47
非金融企业约期存款利率——1 年及以下	1.52	0.16	2.47
非金融企业通知存款利率	1.34	0.66	1.75

资料来源：捷克国家银行。

贷款利率方面，2021 年 12 月，对于家庭和为家庭服务的非营利机构而言，其新增消费贷款利率为 7.91%，房屋购买的贷款利率为 2.92%，其他贷款利率为 3.62%；对于非金融企业而言，其新增业务的浮动贷款利率为 5.00%，贷款额为 750 万克朗及以下的贷款利率为 5.75%，贷款额为 750 万克朗以上至 3 000 万克朗的贷款利率为 5.19%，贷款额为 3 000 万克朗以上的贷款利率为 4.93%（如表 5.2 所示）。

表 5.2　　捷克共和国贷款利率情况（新增业务）　　单位：%

贷款利率	2019 年 12 月	2020 年 12 月	2021 年 12 月
家庭贷款利率——消费信贷	8.28	7.72	7.91
家庭贷款利率——房屋购买	2.48	2.10	2.92
家庭贷款利率——其他贷款	3.44	2.85	3.62
非金融企业贷款利率——浮动利率且最长 3 个月	3.48	1.65	5.00
非金融企业贷款利率——750 万克朗及以下	4.52	2.97	5.75
非金融企业贷款利率——750 万以上至 3 000 万克朗	3.65	2.37	5.19
非金融企业贷款利率——3 000 万克朗以上	3.40	1.54	4.93

资料来源：捷克国家银行。

5.5 保　险

5.5.1 保险监管

捷克国家银行根据国家银行法、保险法对保险业进行监管，捷克共和国保险公司、再保险公司、保险中介机构和独立损失理算师的活动受法律法规约束，从而维护保险人和再保险人的财务稳定，保护投保人、被保险人和受益人，促进保险市场的健康发展及竞争有序，预防系统性危机，并增强公众对保险业的信心。

根据捷克国家银行法、保险法，捷克国家银行对保险业的监督包括：根据特殊法律规则，就许可证、注册申请、事先批准等作出决定；检查是否遵守许可证和授权中规定的条件；检查是否遵守捷克国家银行发布的法令和规定；收集实施监督和执法所需的信息，并核实其是否真实、完整和最新；实施补救措施和处罚；以及提起有关行政犯罪的诉讼等。

捷克国家银行对保险业的监管还包括：为保险人谨慎开展保险活动、为保险人和再保险人谨慎开展再保险活动、为保险中介开展业务制定监管框架。保险人和再保险人的活动主要受第 277/2009 Coll 号法案的管辖。此外，保险中介机构和独立损失理算师的活动也受到监管。保险中介机构和独立损失理算人的活动主要受第 38/2004 Coll 号法案管辖。

5.5.2 保险市场发展

捷克的主要保险公司包括：VZP、Slavia、Maxima、Victoria 和 Volkbank 等，能提供各类个人及商业保险。另外，捷克出口担保和保险公司（EGAP）是官方保险机构，主要侧重于一般商业保险所不予承保的政治和商业风险，为捷克出口企业提供融资。部分主要保险公司如表 5.3 所示。

表 5.3　　捷克部分保险公司

公司名称	地址	联系方式
AEGON Pojišťovna，a.s.	Na Pankráci 26/322，140 00 Praha 4	Tel：+420 244 090 800
		Fax：+420 244 090 390
		E－mail：dotazy@aegon.cz
		www.aegon.cz
Allianz pojišťovna，a.s.	Ke Štvanici 656/3，186 00 Praha 8	Tel：+420 241 170 000
		Fax：+420 242 455 555
		E－mail：info@allianz.cz
		www.allianz.cz
BNP Paribas Cardif Pojišťovna，a.s.	Plzeňská 3217/16，150 00 Praha 5	Tel customer service：+420 234 240 234 secretariat：+240 234 240 221
		E－mail： customer service：czinfo@cardif.com secretariat：zuzana.igriniova@cardif.com
		www.cardif.cz
Colonnade Insurance S. A.，organizační složka	Na Pankráci 1683/127，140 00 Praha 4	Tel：+420 234 108 311
		E－mail：info@colonnade.cz
		www.colonnade.cz

续表

公司名称	地址	联系方式
Česká podnikatelská pojišťovna，a.s.，Vienna Insurance Group	Pobřežní 665/23，186 00 Praha 8	Tel：+420 957 444 555
		E－mail：info@cpp.cz
		www.cpp.cz
ERGO pojišťovna，a.s.	BB Centrum – budova BETA，Vyskočilova 1481/4，140 00 Praha 4	Tel：+420 221 585 111
		E－mail：info@ergo.cz
		www.ergo.cz
HALALI，všeobecná pojišťovna a.s.	Lešanská 1176/2a，141 00 Praha 4	Tel：+420 224 948 473
		E－mail：info@halali.cz
		www.halali.cz
MAXIMA pojišťovna，a.s.	Italská 1583/24，120 00 Praha 2	Tel：+420 273 190 400
		Fax：+420 273 190 412
		E－mail：info@maxima－as.cz
		www.maximapojistovna.cz
Slavia pojišťovna a.s.	Revoluční 1/655，110 00 Praha 1	Tel：+420 255 790 111
		Fax：+420 255 790 199
		E－mail：sekretariat@slavia－pojistovna.cz
		www.slavia－pojistovna.cz
UNIQA pojišťovna，a.s.	Evropská 136/810，160 12 Praha 6	Tel：+420 225 393 456
		Fax：+420 225 393 777
		E－mail：info@uniqa.cz
		www.uniqa.cz

资料来源：捷克保险业协会 2018 年度报告。

截至 2018 年底，捷克共有 48 家保险公司，其中 28 家是国内保险公司。外国保险公司的子公司数量从 21 家下降到 20 家。在捷克市场上，只有一家再保险公司，即 VIG RE zajiťovna。20 家国内保险公司在欧盟托管成员国提供服务，但未设立子公司。其他欧盟国家子公司可根据跨境服务条款在捷克市场运营，运营的保险公司数量已从 890 家增至 966 家。这些公司主要销售保费不超过 10 亿捷克克朗的非人寿保险。2018 年，捷克国家银行共发放了 185 000 多个中介许可证，包括独立的损失理算师。2018 年，总书面保费达到 1 556 亿捷克克朗，比 2017

年的 1 508 亿捷克克朗增长了 3.2%。其中，非人寿保险的书面保费从 93.2 亿捷克克朗增长到 99.4 亿捷克克朗，同比增长 6.7%；人寿保险书面保费达到 56.26 亿捷克克朗，其增幅进一步放缓，从 2017 年的 3.4%降至 2.4%。

人寿保险的书面保费在总书面保费中的份额由 2017 年的 38.2%下降至 36.1%。相比较而言，西欧发达国家保险市场结构比例通常相反，例如英国、法国和意大利，其人寿保险保费比例更高，这是由于在这些国家中，商业保险公司在一定程度上参与了社会保障和养老金制度。人寿保险中，与投资基金相关的产品（单位挂钩保险）占据主导地位，其保费所占份额约为 50.4%，2017 年为 51.1%；生存/死亡保险（也称为传统养老保险）的保费所占份额继续下降，从 2017 年的 12%下降到 2018 年的 11%；意外或疾病补充保险的保费所占份额为 28.3%，比 2017 年的 26.8%略有上升；死亡保险的比例也略有增长，从 2017 年的 5.8%增至 2018 年的 6.3%；剩余的人寿保险产品中，如养老保险、嫁妆保险和儿童抚养保险的份额仍在下降，合计占书面保费总额的 4%左右（如图 5.2 所示）。非人寿保险中，汽车保险是非人寿保险的最大组成部分，其保费份额从 2017 年的 44.24%略微增长至 44.8%；财产保险份额从 2017 年的 23.6%小幅下降至 23.3%；包括强制性雇主责任险在内的一般责任险的保费份额从 2017 年的 16.4%增加至 16.7%（如图 5.3 所示）。

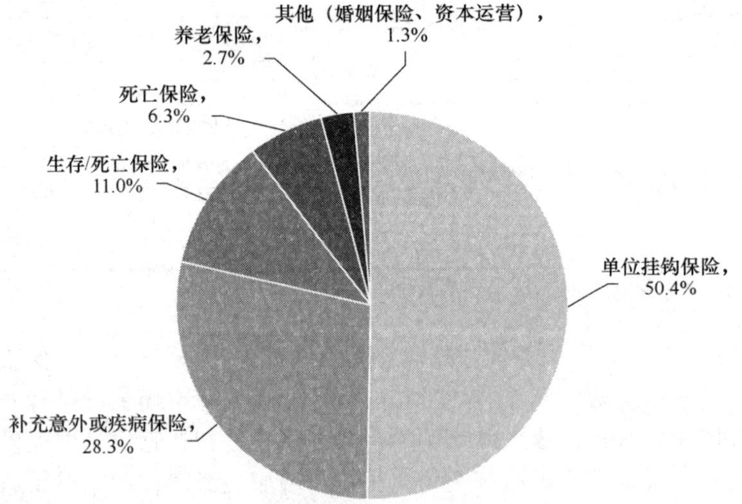

图 5.2　2018 年捷克人寿保险市场结构

资料来源：捷克保险业协会 2018 年度报告。

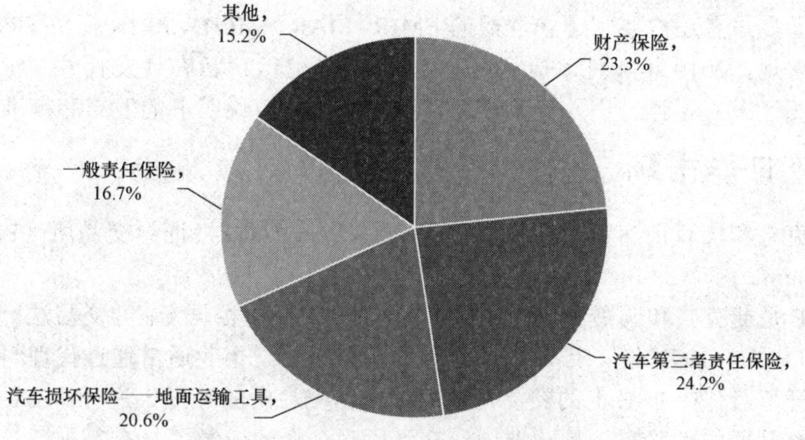

图 5.3　2018 年捷克非人寿保险市场结构

资料来源：捷克保险业协会 2018 年度报告。

2018 年，总保险索赔成本略微增长了 1.6%，达到 93.2 亿捷克克朗。非寿险索赔同比增长 1%，总额达到 446 亿捷克克朗，占总保险索赔的 52.4%。人寿保险支付的索赔额增长了 1.6%，达到 405 亿捷克克朗，占总保险索赔的 47.6%。

保险渗透率方面，捷克共和国书面保费总额占 GDP 的比重从 2017 年的 2.9% 略微增长到 2018 年的 3%，其中人寿保险的保险渗透率为 1.1%，非人寿保险的保险渗透率为 1.9%。在发达国家，由于商业保险公司参与医疗或养老保险，其人寿保险的保险渗透率约为捷克水平的两倍。

5.6　资本及证券市场

5.6.1　资本市场监管

捷克资本市场有两个主要的监管机构，分别是财政部和捷克国家银行。其中，财政部负责创建并完善捷克资本市场法律框架，包括将欧盟指令和法规转换为捷克国内法律法规。捷克国家银行则处于监管机构的主导地位，负责资本市场监管法律法规和政策文件的执行实施。

捷克资本市场立法在各个方面都与欧洲法律保持一致，资本市场监管的基本立法是《资本市场商业经营法》（CMA）。与捷克资本市场相关的其他法律法规包括《债券法》《商业公司法》《管理公司和投资基金法》以及《民法典》等。捷克金融市场参与者还被要求遵守欧盟的 EMIR、MAR、MiFID、PRIIPs、SFTR、CSDR 等法律法规。2019 年 4 月，捷克对 CMA 进行了修改，旨在使发行人（特别是中小企业发行人）更容易进入资本市场，同时简化招股说明书的发布和批准条件。

5.6.2 证券市场

捷克共和国目前有两个主要的证券交易所——布拉格证券交易所（PSE）和 RM System。

PSE 是捷克共和国最大、历史最悠久的证券市场，根据《证券交易法》于 1992 年 11 月成立，1993 年 4 月开始进行有价证券交易。企业通常通过代理组织进行首次公开募股，在 PSE 上的交易只能通过证券交易所的经纪人进行。PSE 是维也纳证券交易所的大股东，是欧洲证券交易所联合会的成员，具有美国证券交易委员会认定的指定境外证券市场资格。PSE 经营以下市场：Prime Market、Standard Market、Free Market、Start Market、Official Market、Regulated Market。此外，债券也可以在 PSE 进行交易。2018 年 PSE 的股票交易总量达到约 57 亿欧元，债券交易量为 3.7 亿欧元。目前约有 55 家公司在 PSE 上市，PSE 以欧元进行交易结算，并采用 PX50 交易指数，还公布了 19 种按照行业划分的行业指数，如金融类、电力类、化工类等。

Prime Market 主要负责大额股票发行和交易，在 Prime Market 交易股票的公司必须满足以下标准：发行的股票市值为 1 000 000 欧元，至少有 25%的自由流通量，发行人经营期至少 3 年。

Standard Market 也主要负责大额股票发行和交易，还可以接受符合官方证券市场法定要求或受监管市场法定要求的股票发行，并允许在未经发行人同意的情况下获准上市。在 Standard Market 交易股票的公司必须符合以下标准：发行的市值为 1 000 000 欧元，至少 25%的自由流通量，发行人经营期至少 3 年。

Free Market 是多边交易设施（MTF）的一部分，对根据发行人请求获准交易的投资工具，以及在其他全球证券交易所交易但未经发行人同意的获准交易的投资工具开放。以下类型的投资工具可在 Free Market 上交易：股票、债券、封闭的开放式基金（ETF）、投资证明、认股权证。

Start Market 是一个不受监管的多边交易机构，适用于估值在 100 万欧元至 8 000 万欧元之间、希望筹集新资金，或其所有者希望部分或全部退出当前业务的小型创新企业。它成立于 2018 年，市场允许的最低投资金额约为 4 000 欧元。与欧洲其他类似市场相比，Start Market 的优势在于发行人的成本最低。在 Start Market 上市的要求为：总价值在 2 500 万克朗到 20 亿克朗之间，简化招股说明书、捷克会计准则、独立分析等。迄今为止，有6家公司在Start Market上市。

Official Market 专门用于交易由公共行政部门、公司和金融部门实体发行的债券。其最低发行量为20万欧元。

Regulated Market 专门用于交易来自公共行政部门、公司和金融部门实体发行的主要债券和其他债务证券，可以接受对监管市场要求较低的股票的发行。

RM System 主要面向中小型投资者，且其交易量远低于PSE，2018年交易量仅为1.12亿欧元。在RM System交易的最大优势是可以捷克克朗交易股票证券，以及交易期限可延长。RM System有两个市场——官方监管市场和公开市场。在RM System官方监管市场上交易的证券必须满足法律规定的有关资本市场业务的特定条件，主要涉及接受交易的条件和股东披露义务、接受收购要约的义务。公开市场是一个多边交易系统（MOS），以更开放的条件接受证券，无须披露法律规定的有关资本市场业务。

5.7 信用卡使用

在捷克共和国，信用卡使用比较普遍。中国发行的VISA卡和万事达卡在当地可以使用。捷克共和国的自动取款机接受由Visa、Mastercard/Eurocard、Maestro和American Express支持的信用卡和借记卡。大多数酒店、国际商店和高档餐厅都接受信用卡。

第 6 章
捷克共和国社会文化环境

6.1 文 化

6.1.1 文学

捷克文学的起源与古斯拉夫语有关，这是由圣西里尔（Saints Cyril）和美多迪乌斯（Methodius）在 9 世纪为对抗法兰克（德国）的影响而创建的。1097 年，拉丁语被确立为波希米亚国家的礼拜语言，其字母表被后来的捷克语所采用。最早保存下来的捷克语文本主要是赞美诗，于 13 世纪后期在波希米亚普热米斯利德国王的宫廷中写作而成。14 世纪，捷克文学作品得到发展，在圣徒传记、传说、史诗和编年史中被广泛使用。从 14 世纪下半叶开始，斯米尔·弗拉什卡（Smil Flaška）为捍卫波希米亚贵族反对王室的权利，撰写了一组讽刺诗句和说教诗，以及政治寓言《新委员会》（Nová Rada）。15 世纪初，扬·胡斯开始的宗教改革推动了胡斯运动，在此后的两个世纪，捷克改革者（新教徒）与神圣罗马帝国的罗马天主教统治者展开了对抗。这一时期的宗教争议和内乱促进了捷克文字在实际和辩论中的使用。胡斯本人用捷克语撰写了强有力的布道。他的继任者之一，彼得·切尔奇基（Petr Chelčický）撰写了激进社会思想的论文，在此后也成为捷克文学的重要来源。16 世纪的捷克文学主要是说教和学术，反映了欧洲文艺复兴时期的人文主义。摩拉维亚主教扬·布拉霍斯拉夫（Jan Blahoslav）完成了《新约》的早期翻译，韦莱斯拉文（Veleslavín）的词典编纂者丹尼尔·亚当（Daniel Adam）进一步丰富了人文主义捷克语的词汇，但这一时期最重要的里程碑是安盟兄弟会学者将《圣经》翻译成捷克语，被称为《克拉利茨圣经》（1579—1593），这个版本的语言成为古典捷克语的模型。1620年，奥地利哈布斯堡人打败了波希米亚的新教徒，之后新教被铲除，波希米亚贵族（主要是新教徒）日渐衰败。在哈布斯堡王朝统治下，过去近两个世纪的传统文学被禁止，捷克文学在政治流亡者中得以幸存。在这些流亡者中，扬·莫斯·科明斯克（Jan Ámos Komenský）是最为杰出的代表人物。作为一位在欧洲享有盛名的作家和思想家，他的拉丁文教育、神学作品以及捷克语作品广为流传。他的《世界的迷宫和心灵的天堂》（Labyrint světa a ráj srdce，1631）是捷克文学散文的伟大成就之一。18世纪末的历史主义和古文主义促使许多捷克学者开始研究捷克早期的文学和历史。此外，波希米亚爱国主义在反对玛丽亚·特里萨皇后领导下的哈布斯堡政府的集权倾向时复辟。这两种现象与浪漫主义运动的潮流相结合，开创了19世纪上半叶捷克民族文学的复兴。与此同时，社会和经济发展也使创造捷克文学的新中产阶级受益。

捷克浪漫主义文学受到学者和文学艺术家的推动。学者约瑟夫·多布罗夫斯克（Josef Dobrovský）研究并编纂了复兴的捷克文学语言。约瑟夫·荣格曼（Josef Jungmann）通过他翻译的《失乐园》（1811）和他的巨著《捷克德语词典》（1835—1839）来扩展捷克词汇，并使其现代化。摩拉维亚历史学家弗兰基谢克·帕拉茨基（František Palacký）和斯洛伐克考古学家沙法日克（Pavel Josef Šafařk）也进一步推动了复兴运动。斯洛伐克人扬·科尔拉尔（Jan Kollár）用捷克语写作的寓言十四行诗《斯拉夫的女儿》成为第一部用复兴语言创作的重要作品，这些作品被视为浪漫主义诗歌的典范。捷克浪漫主义最伟大的诗人是卡雷尔·海内克·马查（Karel Hynek Mácha）。他的歌词、散文片段和抒情史诗《Máj》（1836）受到了拜伦勋爵、沃尔特·斯科特爵士和波兰浪漫主义者的影响。

19世纪40年代，有人开始反对浪漫主义，更关注实际问题。政治记者卡雷尔·哈夫利切克·布若维斯基（Karel Havlíček Borovský）和小说家波热娜·涅姆科娃（Božena Němcová）是主要的代表人物，他们为将捷克散文从旧古典风格中解放出来做了大量工作。涅姆科娃最著名的作品是《祖母》（Babička，1855），该作品是对乡村生活的理想化描绘，其精确、现实的描述和坚定的个人语言特色在捷克散文中别具一格。19世纪70年代，捷克文学已经在世界诗歌和小说领域中确立了自己的地位。《鲁米尔》和《鲁奇》是重要的期刊代表。前者强调了捷克文学欧洲化的必要性，后者则更加关注本土传统。19世纪末，捷克小说向现实主义创作转型的倾向，在历史小说家阿洛伊斯·吉拉塞克和齐克蒙德·温特的作品中体现得尤为显著。在20世纪的最后十年，约瑟夫·斯瓦托普卢克·马查尔、安东宁·索娃、奥塔卡·贝齐纳（Václav Jebavý的笔名）和彼得·贝兹鲁奇（Vladimír

Vašek 的笔名）的作品开始出现新的诗歌趋势。19 世纪最后一代文学家标志着与过去的决裂和现代主义的到来。20 世纪初，法国大革命开创了乐观主义浪潮，但由于实施自由理想缺乏进展，人们开始对其持怀疑态度。这一代作者之间的共同点在于，他们坚持自己的特定风格，并对前几代作品持批判性观点。因此，这一时期文学评论家也成为一个新的独立职业。

随着 1918 年捷克斯洛伐克独立，捷克戏剧蓬勃发展。在捷克戏剧中，卡雷尔・查佩克和弗兰蒂克・兰格的理想主义和讽刺戏剧独树一帜，他们用系列作品歌颂了工人阶级的团结战斗，表现了反法西斯的战斗精神。乔・阿佩克优秀的戏剧作品揭示了 20 世纪中央集权社会的威胁。随着恰佩克（Čapek）、雅洛斯拉夫・哈谢克（Jaroslav Hašek）、弗拉季斯拉夫・万裘拉（Vladislav Vančura）、伊凡・奥勃拉赫特（Ivan Olbracht）和恰彼克・哈谢克（Jaroslav Havlček）等作家的出现，叙事散文达到了一个新的高峰。

1918 年至 1945 年期间，雅库布・德梅尔、约瑟夫・霍拉、弗朗蒂克・哈拉斯、维茨拉夫・奈兹瓦尔和雅罗斯拉夫・塞弗特的抒情诗表现出强大的生命力和多样性。20 世纪 60 年代初，约瑟夫・什科沃雷克和米兰・昆德拉的小说、博胡米尔・赫拉巴尔和阿诺・特・卢斯蒂格的短篇小说、米罗斯拉夫・霍卢布的诗歌以及瓦茨拉夫・哈维尔的戏剧开始引起国际关注。1968 年苏联入侵之后，部分作家移民到西方国家，其中以昆德拉、卢斯蒂格、什克沃雷克和帕维尔・科霍特最为著名。在同一时期，国外对捷克两次世界大战期间抒情诗的成就表现出高度认可，塞弗特于 1984 年获得了诺贝尔文学奖。1989 年民主革命后，自由主义文学蓬勃发展，“持不同政见”的剧作家瓦茨拉夫・哈维尔成为捷克斯洛伐克总统。

6.1.2 音乐

捷克音乐起源于一千年前的宗教音乐。该地区有记载的最古老歌曲是赞美诗《主，怜悯我们》（Hospodine，pomiluj ny），可追溯到 11 世纪之交。

文艺复兴时期，印刷技术蓬勃发展，捷克作曲家的作品得以更广泛地传播，更多的公众能够欣赏并研究音乐。随着新乐器的发明与旧乐器的改进，曲目、器乐更加丰富多彩。在许多地方都记录了新乐器的制造，其中最著名的是 1567 年由布拉格圣维特大教堂的作家、朝臣、战士和外交官克里斯托夫・哈兰特（Kryštof Harant）所设计，由来自布杰约维采的管风琴制造商贾奇姆・鲁德纳（Jáchym Rudner）制造的乐器。捷克最大的音乐机构是宫廷乐团，由斐迪南一世（1526—1564）创立，并在鲁道夫二世统治期间达到发展顶峰。该组织成员中的捷克人很少，主要由荷兰人、西班牙人、德国人和意大利人组成。在 16 世纪下半叶，克鲁姆洛夫的罗森伯格乐团在罗森伯格家族的最后两位领袖——威廉和彼得沃克的带领下声名鹊起。

17世纪下半叶，贵族乐团成为捷克音乐的新焦点。特别值得注意的是两个乐团，即由奥洛穆茨主教卡雷尔·利希滕斯坦·卡斯特尔科恩（Karel Lichtenstein Kastelkorn，1664—1695）创立的乐团，以及由施拉滕巴赫（Schrattenbach，1711—1738）创立的乐团。1627年，歌剧在斐迪南二世加冕期间首次进入波希米亚，此后在波希米亚多次巡回演出。18世纪初，意大利歌剧团斯塔吉奥尼曾多次造访布拉格和布尔诺。1723年，在查理六世的加冕典礼上，约翰·约瑟夫·福克斯（Johann Joseph Fux）的歌剧《恒心与坚韧》（Constanza e fortezza）得以演出。

早期捷克巴洛克风格中最具辨识度的人物是来自因德日赫赫拉德茨（Jindřichův Hradec）的作曲家、管风琴家和诗人阿达姆·瓦茨拉夫·米赫纳（Adam Vaclav Michna，1600—1676），他的歌曲《想让他入睡》（Chtíc，aby spal）在今天仍在演唱。捷克巴洛克风格的顶尖人物是泽伦卡和切诺霍尔斯基。扬·迪斯马斯·泽伦卡（Jan Dismas Zelenka，1679—1745）出生于布拉格西南部的一个小镇，曾在维也纳和意大利学习音乐。他的作品的旋律与节奏尤为出众，这使他得到巴赫等同时代人的称赞。博胡斯拉夫·马泰·切诺霍尔斯基（Bohuslav Matěj Černohorský，1684—1742）出生于宁布尔克。尽管他享有盛名，但保存下来的作品很少。其中包括颂歌《庄严晚祷》（Vesperae Minus Solenne）、《赞美耶稣基督》（Laudetur Jesus Christus）等。

18世纪，欧洲社会和音乐演变趋势与捷克流行音乐的传统特征完美融合。捷克最重要的古典主义创作人物是弗朗蒂舍克·克萨韦尔·布里克西（František Xaver Brixi，1732—1771）。1759年，年仅27岁的他受托担任该国最重要的音乐职务，成为布拉格圣维特大教堂的音乐大师。他成为18世纪最为著名的捷克作曲家。他留下了约500部作品，其中大部分是教堂作品。扬·安东·科泽鲁奇（Jan Antonín Koželuh，1738—1814）曾在维也纳学习，并在圣维特大教堂担任了30年的音乐会大师，他的作品包括教堂和音乐会作品。他还创作了意大利歌剧，例如于1769年上演的《亚历山德罗·内尔》（Allesandro nell' Indie），以及于1772年上演的《德摩方特》（Demofoonte）。他还在斯特拉霍夫修道院担任了近40年的管风琴师。

古典时期的音乐以结构清晰和情绪克制为导向。这一时期见证了捷克的民族复兴运动，浪漫主义精神也出现在捷克歌剧中。1823年，魏格尔的《辛斯皮尔瑞士家族》（Singspiel Swiss Family）取得了巨大成功，这激发了约瑟夫·克拉索斯拉夫·奇梅伦斯克（Josef Krasoslav Chmelenský，1800—1839）和弗朗蒂克·什克罗普（FrantišekŠkroup，1801—1862）的灵感，两人合作创作了捷克歌剧《奥尔德里希和博泽纳》(Oldřich a Božena，1826)和《利布沙的婚姻》(Libušin sňatek，1835)。这一时期最重要的作曲家之一是贝德里希·斯美塔那(Bedřich Smetana，1824—1884)。斯美塔那是捷克民族歌剧的开路先锋，捷克民族乐派的创始人。1824年，斯美塔那出生于莱托米希尔，他一生致力于复兴民族文化，积极从事民族歌剧创作，先后写了歌剧《被出卖的新娘》(ProdanaNevesta)、《达里波尔》(Dalibor)、《里布舍》(Libuse)等作品。1874年，他不幸耳聋，但仍继续坚持创作，其中最著名的有由六部独立交响诗组成的交响诗套曲《我的祖国》(1874—1879)和第一弦乐四重奏《我的生活》(Zmehozvota，1876)。斯美塔那从50岁起饱受耳聋折磨，1884年5月12日于布拉格附近的精神病院逝世，终年60岁。

捷克浪漫主义音乐的另一位伟大人物是安东尼·德沃夏克(Antonín Dvořák)。他于1841年9月出生于布拉格内拉霍奇夫斯镇。他早年进入布拉格音乐学校学习，毕业后进行音乐创作，1890年受聘为布拉格音乐学院教授。在此期间他受到民族文化复兴的思潮影响，接触了西欧古典乐派、浪漫乐派的作品。1892—1895年，他任纽约市国家音乐学院艺术总监，后任布拉格音乐学院艺术总监。1904年5月，德沃夏克在布拉格去世。德沃夏克的主要作品有《第九交响曲》《b小调大提琴协奏曲》《第4交响曲》《第7交响曲》《狂欢节序曲》《奥赛罗序曲》《胡教徒序曲》《随想谐谑曲》《幽默曲》《斯拉夫舞曲》，歌剧《水仙女》《阿米达》，以及交响诗《水妖》《午时女妖》《金纺车》《野鸽》等。

捷克现代主义音乐的爆发始于维捷兹斯拉夫·诺瓦克(Vítězslav Novák，1870—1949)，他在布拉格音乐学院师从德沃夏克学习作曲。1909年起，他在布拉格音乐学院任教，并成为捷克音乐界现代主义运动的中心人物。从1897年开始，他的作品以民歌为基础，以斯拉夫语和斯洛伐克语为主。这种影响尤其体现在他的《斯拉夫组曲》(Slovácká svita，1903)中。他的作品有较强的现代性，但晚期作品又趋于保守。他在创作中始终坚持捷克民族风格，运用丰富优美的配乐，在国内受到广泛推崇。

约瑟夫·苏克(Josef Suk，1874—1935)是捷克作曲家，小提琴、中提琴演奏家。他是安东·德沃夏克的学生和女婿。1874年1月4日，他生于捷克的克来科维斯。早年从其父学习音乐，1885年进入布拉格音乐学院学习小提琴和作曲，1892年夏毕业后又在学院进修多年，随德沃夏克学习室内乐和作曲，并成为其最得意的门生。苏克的创作与捷克古典音乐传统有紧密联系，同时又常从捷克民间歌曲和舞曲中汲取灵感，也带有一些后期浪漫主义格调。他的作品还表现出鲜明的个性，有着深刻的自我内在情感和想象的表达。其作品以《爱之歌》最具代表性。其他作品包括：管弦乐《戏剧配乐》《杜拉兹与马胡列那》，戏剧配乐《戏剧序曲》《幻想谐谑曲》，弦乐《小夜曲》，交响诗《布拉格》，弦乐四重奏两部，钢琴五重奏 1 部和钢琴套曲《小品 6 首》等。

莱奥什·亚纳切克（Leoš Janáček，1854—1928）也是该时期具有代表性的作曲家，1854 年 7 月 3 日他出生于摩拉维亚东部的胡克瓦尔迪。亚纳切克的声乐作品主要是歌剧，其一生共作有 9 部歌剧，最具代表性的是《耶奴发》（又译作《养女》，1894—1903）、《卡佳·卡巴诺娃》（1921）、《死屋》（1928），其中康塔塔《阿马鲁斯》（1897）是其大型声乐、器乐的代表作。在创作风格上，亚纳切克是一位彻底的民族主义者，他全身心地投入到民族音乐，特别是摩拉维亚音乐的开掘与扬弃中。亚纳切克是捷克第一位用散文体而不是诗歌创作歌剧的作曲家。这些都构成了亚纳切克最基本、最鲜明的创作特征。

第一次世界大战后，具有政治意识、反浪漫风格的代表人物是博胡斯拉夫·马丁努（Bohuslav Martinů，1890—1959）。他是约瑟夫·苏克的学生。他于 1906 年进入布拉格音乐院，后又转入管风琴学校。第一次世界大战期间，他避居乡下，开始作曲。1923 年，他前往法国向作曲家阿尔伯特·鲁塞尔学习作曲。1940 年离开法国，1941 年到美国纽约，在美国期间写下 6 部交响曲及其他乐曲。他先后在多所大学任教，霍夫哈奈斯、诺瓦克、周文中等都曾是他的学生。1953 年，他回到欧洲，定居法国尼斯。他的作品一方面继承了捷克民族音乐的传统，另一方面，体现了创新的精神。他的作品总数近 400 部，《弦乐六重奏》（1931）、《利迪采的纪念》（1943）和《第六“幻想”交响曲》（1955）最具代表性。

6.1.3 舞蹈

捷克著名的舞蹈是波尔卡舞，起源于波希米亚，至今仍是民俗传统不可分割的一部分。自 19 世纪以来，这种舞蹈已经从波希米亚传播到许多邻近的欧洲国家以及海外。

“波尔卡”一词在捷克语中为“半步”，是指一只脚与另一脚之间按 2/4 拍子飞快交替。波尔卡是一种轻快活泼的舞蹈，舞者面对面站立，男伴的右手抱着女伴的腰部，左手向旁伸开握住女伴的右手，按这种姿势，男女舞者成对地在舞厅逆时针方向旋转行进。主要的舞步有两种：一种是单足弹跳步，可以前进、后退或旋转，称为波尔卡步；另一种是脚跟、脚尖轮流击地的动作。

波卡尔起源于捷克农民舞蹈，发展于捷克斯洛伐克境内的东波希米亚。1840 年，波尔卡由专业舞蹈家带到巴黎，在奥德翁剧院表演；巴黎的舞蹈大师们又把它改编成一种有 5 个花样的舞蹈，深受公众喜爱。1944 年，巴黎的舞蹈教师采拉里乌斯把它带到伦敦，又传遍英国。作曲家斯美塔纳的《被出卖的新娘》和魏恩贝格尔的《风笛手什万达》等歌剧中也都运用了波尔卡舞。19 世纪中叶，波尔卡传到英美，与华尔兹一道取代了乡村舞和科蒂林舞。

波尔卡舞在二战后重新流行起来，当时许多波兰难民移居美国，将这种波希米亚风格舞蹈带入。如今，在美国许多地区，每周仍然有波尔卡舞会举行，位于芝加哥的国际波尔卡协会致力于保护波尔卡音乐舞蹈的文化遗产。

6.1.4 电影

捷克电影的历史可追溯至奥匈帝国。1896 年，第一部故事片在波希米亚拍摄。捷克电影业受好莱坞影响，在第一次世界大战后蓬勃发展。由加斯塔夫·马合蒂（Gustav Machatý）执导的《入迷》（Extase，1933）和由约瑟夫·罗文斯基（Josef Rovenský）执导的《河流》（Řeka，1933）是捷克斯洛伐克成功吸引海外观众的电影代表作。由米洛什和瓦茨拉夫·哈维尔（前总统瓦茨拉夫·哈维尔的父亲）创立的巴兰多夫制片厂于 1933 年竣工。不久之后，制片厂就将年产量提高到 80 部电影。

捷克斯洛伐克电影的黄金时代始于 20 世纪 60 年代，当时政治和文化自由度不断提高，著名导演包括米洛什·福尔曼、吉日·门泽尔、扬·卡达尔、埃尔玛·克洛斯等。他们中的大多数人就读于布拉格的表演艺术学院电影电视学院（FAMU），这是欧洲最古老的电影学院之一。杨·卡达尔（Ján Kadár）和艾克玛·克洛斯（Elmar Klos）的《大街上的商店》（1965 年）和门泽尔（Menzel）的《密切关注的火车》（1966）都获得了奥斯卡最佳外语片奖。

1989 年所谓“天鹅绒革命”之后，巴兰多夫制片厂被私有化，捷克电影业发生了巨大变化。捷克因其优美景色、保存完好的历史建筑、较低的拍摄成本等因素，吸引了大量外国电影前来制作与拍摄。为了支持越来越多的外国电影项目，当地的制作公司以及提供选角、灯光、剪辑和特效服务的公司纷纷成立。20 世纪 90 年代见证了新一代捷克电影制作人的崛起，包括杨·斯维拉克（Jan Svěrák）、杨·霍尔雷克（Jan Hřebejk）、萨沙·吉迪恩（Saša Gedeon）、皮特·泽伦卡（Petr Zelenka）和大卫·昂德利克（David Ondříček）。杨·斯维拉克的《小学》获得奥斯卡最佳外语片提名，他的电影《Kolya》获得了奥斯卡最佳外语片奖项。杨·霍布雷克的《分道不扬镳》也获得了奥斯卡提名。

2004 年，捷克电影委员会成立，旨在支持捷克共和国的电影制作。该委员会是捷克电影基金会的一个部门，也是欧洲电影委员会网络（EUFCN）和国际电影专员协会（AFCI）的成员。捷克还根据第 496/2012 号关于支持视听作品和电影摄影的法案推出了电影奖励计划，提出由捷克电影基金会为符合条件的捷克和国际电影制作人提供 20%的现金回扣。自 2010 年返利政策推出以来，截至 2021 年底，捷克已支持了 386 个影视项目，支付了 70.3 亿捷克克朗（折合 3.294 亿美元、2.874 亿欧元）。

6.1.5 艺术

捷克共和国出土的史前艺术发现中，最为著名的是下维斯特尼采的维纳斯（Venus of Dolní Věstonice）。它是一尊裸体维纳斯雕像，出土于捷克布尔诺南部摩拉维亚盆地下维斯特尼采村的旧石器时代遗址，烧制于公元前 29000 年—公元前 25000 年（旧石器时代晚期格拉维特文化时期）。

捷克雕塑作品

在之后的大部分时期中，捷克艺术风格与奥地利和德国的艺术风格十分相近。在神圣罗马帝国时期，布拉格也成为当代艺术风格的中心。三十年战争之后，当大部分非天主教的捷克领土重新被天主教哈布斯堡王朝控制时，丰富的巴洛克艺术和建筑遗迹得以保留。从 19 世纪开始，捷克民族主义对其艺术产生了强烈影响，捷克创建了许多民族主义的文化机构，包括国家博物馆、国家剧院和马内斯艺术家协会等。

19 世纪的民族复兴时期，捷克的视觉艺术蓬勃发展，并在 19 世纪下半叶达到顶峰。这一时期的艺术家为国家大剧院的设计做出了贡献。其中最为著名的是米克罗斯·阿莱斯（Mikoláš Aleš，1852—1913），他与弗朗基谢克·耶尼谢克

（František Ženíšek）一起设计了国家大剧院门厅。阿莱斯在捷克被认为是最伟大的艺术家之一。

国家博物馆

国家大剧院

19世纪末，最著名的艺术家是阿方斯·穆夏（Alfons Mucha，1860—1939）。作为新艺术运动大师，他最著名的作品是描绘东欧斯拉夫民族历史的系列画作《斯拉夫史诗》。马内斯艺术家协会是19世纪末的一个重要艺术机构，以画家约瑟夫·马内斯的名字命名。它于1887年在布拉格成立，促进了捷克艺术家与国际艺术界的联系，后来与捷克立体主义运动联系在一起。

进入20世纪，1905年在布拉格举行的爱德华蒙克展览激发了新一代捷克艺术家的灵感，他们倾向于以新的方式表达自己，同时注重加强与国际艺术界的沟通交流，特别是加强与法国艺术界的联系。马克斯·什瓦宾斯基（Max Švabinský，1873—1962）是这一时期最著名的艺术家之一，他的作品涵盖了多种风格，早期的艺术作品表现出现实主义、象征主义和新艺术倾向。20世纪初，他在帕尔杜比采州杰斯卡特里波瓦附近的柯兹洛夫开始系统性的作画。他为布拉格的圣维特大教堂设计了窗户，生前广受赞誉。1945年他被授予"民族艺术家"称号。1962年2月，他于柯兹洛夫逝世。

20世纪捷克艺术的另一个重要特征是建筑的立体主义。艺术史学家米罗斯拉夫·拉马克（Miroslav Lamac）认为："布拉格成为立体主义之城"。博胡米尔·库比斯塔（Bohumil Kubišta，1884—1918）是立体主义运动的代表艺术家，其作品受到法国艺术的影响。弗兰提斯克·库普卡（Frantisek Kupka，1871—1957）是这一时期最受国际认可的捷克艺术家，其作品继续超越立体主义，最终确立了作为抽象艺术早期先驱的地位。

在当代艺术时期，为纪念2009年捷克担任欧盟轮值主席，由大卫·切尔尼（David Černý）创作的作品《Entropa》引发了国际争议，由于其展示了欧盟成员国的刻板印象而被观众诟病。

捷克国家美术馆是展示艺术创作作品的主要机构，前身为布拉格国家美术馆（Národní galerie v Praze）。其收藏的藏品分布在布拉格市以及其他地方的历史建筑中。最大的画廊是交易会宫（Veletržní Palác），用于收藏现代艺术收藏品。其他重要的展览馆分别位于波希米亚的圣艾格尼丝修道院、金斯基宫、萨尔姆宫、施瓦岑贝格宫、斯腾伯格宫和华伦斯坦骑术学校等。捷克国家美术馆成立于1796年，是世界上最古老的公共艺术画廊之一，也是中欧最大的博物馆之一。布尔诺的摩拉维亚画廊是捷克共和国第二大艺术画廊，它的现代艺术收藏聚焦于捷克本土艺术家的作品。

捷克国家美术馆

6.2 节日民俗

6.2.1 节日

捷克共和国全年举办多场节日活动，它们展示了丰富的捷克传统和多彩的民间传说。在节日中，表演者身着捷克共和国不同地区特有的传统民族服饰，表演民间舞蹈、传统民歌和演奏乐器。此外，节日不仅是音乐和舞蹈的展示，还有传统的美食分享和手工艺制作活动等。捷克共有 13 个法定假日，其中比较著名的民俗活动如下。

1. 圣诞节

捷克共和国的圣诞节是每年的 12 月 24 日至 26 日。12 月 24 日（Štědrý den）是圣诞节假期中最愉快的一天。它的捷克名字字面意思是“慷慨的日子”，这是因为人们往往在这一天为圣诞大餐准备丰富的食物。即使是贫穷的家庭也会确保他们的盘子在这一天是装满的。25 日和 26 日也被称为第一个和第二个圣诞假期，或圣诞盛宴（Boží hod vánoční）和圣斯蒂芬节（Sv. Štěpán）。在圣史蒂芬节，人们过去常常在家中唱圣诞颂歌。

2. 巴博基或圣巴巴拉盛宴（Barborky or Feast of Saint Barbara）

巴博基或圣巴巴拉盛宴是每年的 12 月 4 日。按照传统，捷克人必须砍下 10

年以上的樱桃树的枝条，放在单身女子家中的花瓶里。据说，如果在平安夜之前树枝开花，则意味着女人将在第二年结婚。同时，人们还在年末吃小扁豆祈求好运，或吃 4 个坚果祈求身体健康。

3. 复活节

捷克人过复活节来迎接春天，而不是将其作为一个严肃的宗教节日。在复活节，人们出售五颜六色的复活节彩蛋，还会有唱诗班唱歌。人们还会吃上面画有十字架的 Mazanec（杏仁和柠檬蛋糕）。

4. 燃烧女巫节（Paleni Carodejnic）

燃烧女巫节是捷克最奇特、最神奇的民间节日之一，是每年的 4 月 30 日。早在基督教时代，人们认为女巫躲在山里与魔鬼一起练习黑魔法，因此人们会用护身符来保护自己免受诅咒，并点燃篝火以驱除邪灵。如今，人们在燃烧女巫节当天晚上燃烧代表女巫的稻草娃娃，同时还会有放烟花、美食分享等活动。

5. 恋人节

恋人节于每年的 5 月 1 日举行，是捷克共和国最受欢迎的节日之一。情侣们前往布拉格的佩特任公园，在樱桃树下亲吻。之所以在五月庆祝情人节，是因为卡雷尔・海尼克・马查（Karel Hynek Mácha）的一首著名的诗叫 Maj，其意思是五月。

6. 五瓣玫瑰盛宴节

五瓣玫瑰盛宴节是捷克共和国最美丽的活动之一。它于每年 6 月在捷克克鲁姆洛夫市举办，是对统治这座城市 300 多年的罗森伯格家族的致敬。五瓣玫瑰是 1302—1602 年统治克鲁姆洛夫市的罗森伯格家族的象征。届时会有击剑和骑士锦标赛、中世纪户外集市、音乐舞蹈戏剧表演、杂耍、古装游行等庆祝活动。

7. 万灵节

万灵节于每年的 11 月 2 日举行。捷克语为 Památka zesnulých（对逝去者的纪念），但每个人都称这一天为 dušičky（小灵魂）或 všech svatých（所有圣徒）。届时人们前往亲人的墓地祭拜，点燃蜡烛并献花。

除此之外，以下活动也较为著名。

1. 布拉格之春国际音乐节

为纪念捷克斯洛伐克脱离苏联，每年 5 月 15 日举办布拉格之春国际音乐节。该节日起源于 1946 年，直到今天还在举办。

2. 国际民俗节

国际民俗节于每年 6—7 月在摩拉维亚的斯特拉日尼采（Straznice）举行。届时，成千上万的人聚集在一起观看或参加捷克共和国传统舞蹈军人舞（Verbunk）比赛。

6.2.2 民俗

捷克每个地区甚至每个村庄都有精心制作的传统民族服饰。传统服饰的颜色、刺绣、主题等因其社会、地理因素以及使用目的而异。在特殊场合穿着的服装通常装饰华丽、色彩鲜艳，并配有各种配饰（围巾、缎带、头饰、帽子、腰带等），而日常服装则往往简单实用。每个地区的传统民族服饰都有其特点，例如：比尔森地区的女性穿着多达 24 条衬裙；摩拉维亚地区的哈纳基亚（Hanakia）民族已婚妇女穿着色彩绚丽的便服，将头发藏在帽子和头饰下，甚至不让自己的丈夫看到，而男人们则可以展示长发。如今，捷克共和国大部分地区的人们不再在日常生活中穿着传统服饰，但在传统民俗活动或节日期间，人们依旧会穿上民族服装进行庆祝。

饮食方面，捷克的大多数菜肴以肉类和淀粉为主，脂肪和热量都比较高。主菜通常由肉和配菜组成。最受欢迎的肉类是鸡肉和猪肉，其次是牛肉、鸭肉和火鸡。肉通常搭配某种酱汁。虽然有时会供应鳟鱼或鳕鱼，但鱼并不常见。非肉食的主菜，包括捷克特产的炸奶酪、炸花椰菜、卷心菜土豆煎饼、甜果馅饺子等。一些著名的捷克主菜包括：炖牛肉配饺子、烤猪肉、饺子和酸菜、烤鸭配酸菜和饺子、炸奶酪配炸薯条和塔塔酱、水果馅饺子等。最常见的捷克配菜是土豆，例如煮土豆、烤土豆、土豆泥、炸薯条、酸菜或卷心菜等。甜点有很多种，较受欢迎的甜点是：果酱薄饼、坚果蜂蜜蛋糕等。就饮料而言，捷克的民族饮料是啤酒。捷克人还喜欢喝加了糖和柠檬的茶以及咖啡。

烤土豆

捷克果酱薄饼

捷克啤酒

民间工艺品方面，玉米壳娃娃、木偶、陶器、筒子花边等都是捷克最受欢迎的民间手工艺品。玉米壳娃娃是由玉米壳和绳子制成的娃娃，过去孩子们将它们作为玩具，现在主要被用作装饰品。陶器是另一种捷克传统艺术品，以波希米亚

捷克陶器

玉米壳娃娃

捷克木偶

和摩拉维亚陶器最为著名，陶器上面绘有各种民间传说图案、花卉装饰品，现在大多用于装饰。线轴花边也是流行的传统手工艺品之一。最著名的捷克线轴花边产品产自东波希米亚的瓦贝尔克市。捷克共和国还以生产玻璃而闻名，在波希米亚和西里西亚地区，玻璃制造工艺拥有悠久历史，因产品工艺精湛、造型新颖而蜚声国际。捷克最著名的玻璃生产商包括：Moser（被认为是捷克最奢侈的品牌）、Rückl（其玻璃制品被英国女王伊丽莎白二世收藏）和 Crystalex（是捷克最大的玻璃水杯生产商）。

6.3 教　育

6.3.1 教育概况

捷克教育体系包括学前教育、小学、中学、大学和研究生教育。其中，九年义务教育包括小学和初中，6 岁至 15 岁的儿童必须接受义务教育。捷克的学年一般从 9 月的第一个工作日开始，到 6 月的最后一个工作日结束。每学年分为两个学期，每个学期结束时都有考试。实际日期以及假期和休息时间由每所学校单独公布，可能略有不同。

捷克政府十分注重国民教育。政府教育支出占 GDP 的比重一直稳定在 4%左右，在 2015 年还达到了 5.75%的峰值。2016 年捷克 15 岁以上居民识字率达到 99.83%，居于世界前列（如图 6.1 所示）。

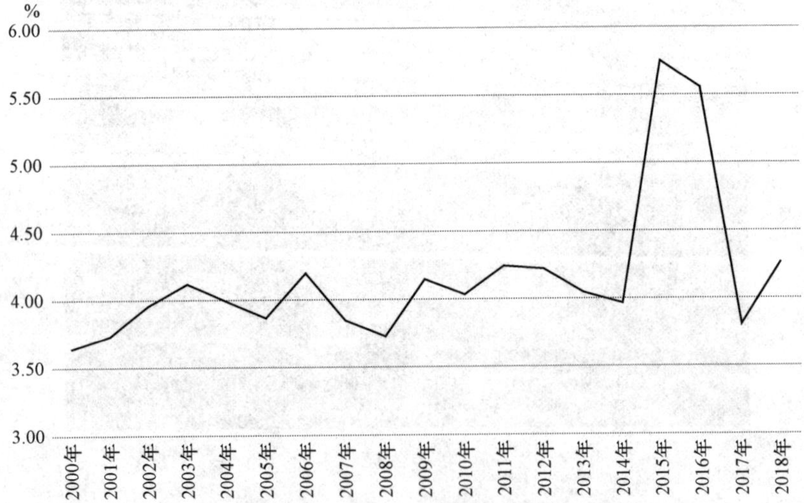

图 6.1　2000—2018 年捷克政府教育支出占 GDP 比重

资料来源：Eurostat。

从学生结构来看，接受小学教育人数比重一直最高，且在 2013—2018 年呈现缓慢增长态势，所占比重也稳定在 27%～28%左右。接受学前教育、初中教育的学生人数也呈现增长趋势，由 2013 年的 358 104 人和 365 165 人增长到 2020 年的 369 482 人和 439 486 人。但接受大专非高等教育、高中教育、本科教育、硕士教育、博士教育的学生人数在 2013—2020 年出现下降趋势。特别是接受大专非高等教育的学生人数下降幅度最大，由 2013 年的 59 505 人下降到 2020 年的 20 294 人。接受高中教育人数由 436 149 人下降到 394 406 人，接受本科、硕士及博士教育的人数也分别从 267 731 人、133 524 人和 25 194 人下降到 190 673 人、105 834 人和 21 161 人。2020 年，接受小学教育学生比重为 27.06%，其次是接受初中、高中以及学前教育的学生比重，分别为 20.8%、18.66%和 17.48%。接受大专非高等教育和博士教育的人数最少，分别为 0.96%和 1%（如表 6.1、图 6.2、图 6.3 所示）。

表 6.1　　2013—2020 年捷克各阶段学生人数　　单位：人

年份	学前教育	小学教育	初中教育	高中教育	大专非高等教育	本科或同等学历教育	硕士或同等学历教育	博士或同等学历教育
2013 年	358 104	491 828	365 165	436 149	59 505	267 731	133 524	25 194
2014 年	367 352	510 613	367 021	414 371	62 303	256 329	136 207	25 090
2015 年	371 690	534 932	370 387	400 050	66 418	236 887	133 066	24 582
2016 年	372 137	557 455	374 922	390 580	59 068	221 198	125 634	24 154
2017 年	367 453	575 980	384 317	388 140	53 419	206 068	122 252	23 538
2018 年	366 391	583 522	398 436	388 678	17 180	193 614	111 986	22 457
2019 年	367 094	581 823	416 382	391 120	17 288	187 830	108 881	21 637
2020 年	369 482	571 922	439 486	394 406	20 294	190 673	105 834	21 161

资料来源：Eurostat。

师资力量方面，近年来捷克教师数量呈现稳步增长态势，由 2013 年的 137 918 人增长到 2020 年的 151 808 人。其中，学前教育、小学教育、初中教育以及高等教育教师人数持续增长，分别由 2013 年的 25 779 人、25 979 人、32 403 人和 16 426 人增长至 2020 年的 30 080 人、31 634 人、35 081 人和 19 088 人。但高中教育和大专非高等教育教师数量略有下降，分别由 36 984 人和 347 人下降至 35 698 人和 227 人。就其比重来看，2020 年高中教育教师人数所占比重最高达到 23.52%，其次是初中教育教师，达到 23.11%，小学教育和学前教育教师所占比重相近，分别为 20.84%和 19.81%，其后是高等教育教师，所占比重为 12.57%。大专非高等教育教师所占份额最小，仅为 0.15%（如表 6.2、图 6.4、图 6.5 所示）。

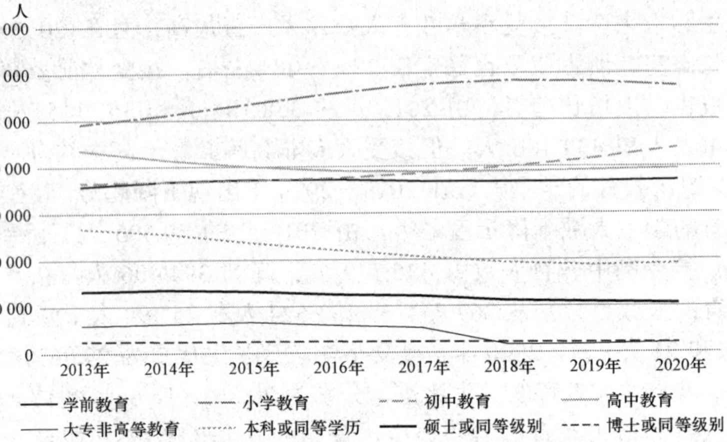

图 6.2　2013—2020 年捷克各阶段学生人数

资料来源：Eurostat。

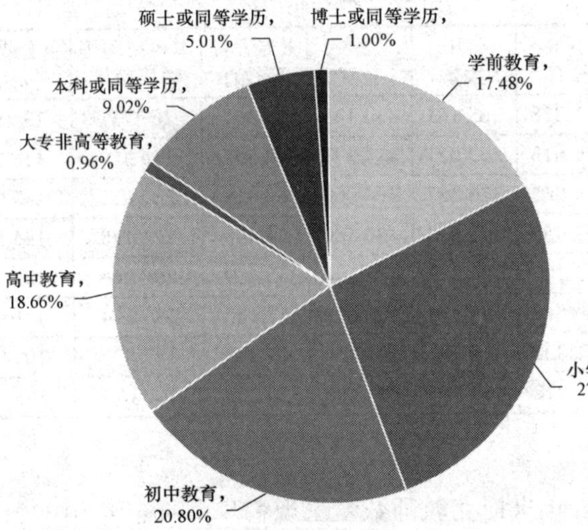

图 6.3　2020 年捷克学生结构

资料来源：Eurostat。

表 6.2　　2013—2020 年捷克各阶段教师人数　　单位：人

年份	学前教育	小学教育	初中教育	高中教育	大专非高等教育	高等教育	总数
2013 年	25 779	25 979	32 403	36 984	347	16 426	137 918
2014 年	26 881	27 339	30 857	35 204	549	16 869	137 699
2015 年	27 624	28 192	31 233	35 622	469	16 515	139 655

续表

年份	学前教育	小学教育	初中教育	高中教育	大专非高等教育	高等教育	总数
2016 年	27 765	29 107	31 199	35 187	606	18 844	142 708
2017 年	27 904	30 075	31 742	34 730	614	18 685	143 750
2018 年	28 033	30 335	32 079	33 006	495	18 794	142 742
2019 年	28 302	30 988	33 105	34 708	193	18 985	146 281
2020 年	30 080	31 634	35 081	35 698	227	19 088	151 808

资料来源：Eurostat。

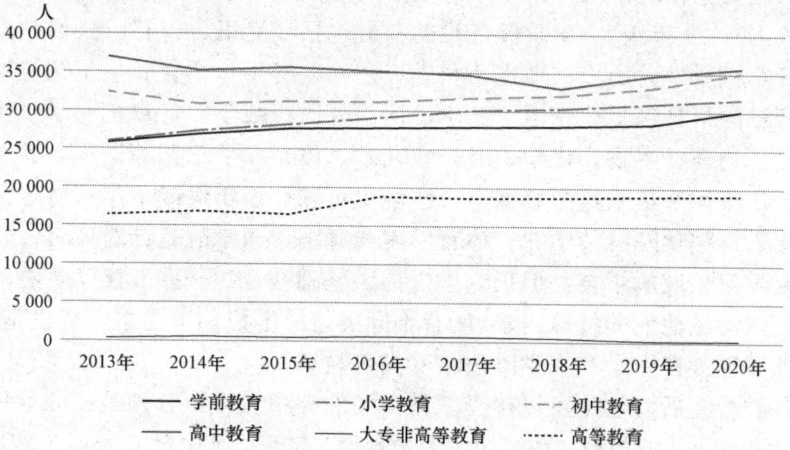

图 6.4　2013—2020 年捷克各阶段教师人数

资料来源：Eurostat。

图 6.5　2020 年捷克教师结构

资料来源：Eurostat。

6.3.2 基础及中等教育

捷克共和国的孩子可以在开始义务教育之前进入学前班，接受学前教育。学前教育由市政当局负责建立的幼儿园（Mateřske Skoly）提供。3～6 岁的孩子可以上幼儿园，但学前教育不是强制性的。孩子在进入小学前的最后一年应接受学前教育。学前教育旨在鼓励儿童培养早期学习习惯，并促进同龄人之间的社交联系，帮助孩子顺利过渡到小学。

义务教育包括两个阶段：小学和初中阶段，其中小学阶段为 1～5 年级，而初中阶段为 6～9 年级。小学阶段开设的科目包括捷克语、一门外语（通常是英语）、数学、计算机科学、历史、地理、科学、艺术、音乐、体育和手工艺等课程。初中阶段开设的科目包括捷克语、文学、两门外语、数学、计算机科学、历史、地理、公民、物理、生物、化学、音乐、艺术、体育和手工艺等课程。其中一些科目仅在 8 年级和 9 年级是必修课。一些学生可以在 5 年级或 7 年级时申请到体育学院或音乐舞蹈学院继续学业。体育学院或舞蹈音乐学院是针对体育、音乐、舞蹈等特定学习领域的学校，但仍为学生提供基础教育。一些残疾学生将被安置在特殊学校以满足他们的特殊需求。所有不同类型的学校都可为学生提供基础教育，使他们能够继续在中学和大学阶段接受高等教育。

义务教育之后，学生可以接受三种类型的高中教育，分别是：职业培训中心教育、中等专业学校教育，和高中（大学预科）教育。高中教育一般为四年（10～13 年级），不属于义务教育范畴。

职业教育比普通中等教育更加普遍，学生在职业培训中心获得职业教育，学习特定的专业技能。通常在 3～4 年后获得职业证书。获得职业证书后，学生通常会在他们选择的学习领域从事相关职业。高中（大学预科）教育则是为了接受大学教育做准备。高中（大学预科）教育包括文法学校、Lyceum 专业学校等。其中，四年制文法学校一般以体育或音乐教育为主，为大学学习做准备；四年制 Lyceum 专业学校涵盖的工业和技术技能种类繁多，包括技术化学、电气工程、农业、互联网技术、商业、科学和军事（与国防部合作运营）等。中等专业学校教育即为普通高中教育，为学生的大学学习做准备。

Maturita 考试是四年制中学的毕业考试，是进入大学学习和高等专业学校学习的基本要求。Maturita 考试由许多科目组成，必考科目包括捷克语言和世界文学科目的考试，包括阅读和语法考试、写作考试和文学口语考试。必考科目还包括数学，以及一门外语（可以是英语、德语、法语、西班牙语、俄语中的任一语种，包括写作、阅读、口语和听力，达到欧洲语言共同参考框架的 B1 级水平）。

其他考试科目则由学校规定。

捷克的高中教育在教育体系中占据主导地位，高中教育不仅是进行高等学习和培训的基础，也是直接进入劳动力市场的必须环节。在24～64岁的捷克人口中，近70%至少完成了高中教育，远超出经合组织国家的平均水平42.83%。此外，捷克的职业教育和培训完全融入中等和高等教育机构中，职业教育入学率极高。

6.3.3 高等教育

捷克共和国提供三种类型的高等教育机构，分别是高等职业学校、提供本科课程的非大学高等教育机构，以及研究型大学。其中，高等职业学校（Vyšší Odborná Škola，简称VOŠ）提供专业的高等教育，通常与职业培训中心相连，毕业前学生必须参加期末考试并撰写期末论文。后两种高等教育机构提供三个周期的学位课程分别是学士学位课程、硕士学位课程和博士学位课程。捷克的公立大学提供涵盖信息通信技术、电子技术、生命科学、人文科学等各领域课程，部分私立大学机构主要提供工商管理或经济研究。

学士学位课程的学制为3～4年，毕业考试通常包括论文写作与答辩，学士学位毕业生可以进入劳动力市场就业或继续攻读相关领域的硕士学位课程。硕士学位课程的学制为1～3年（学士学位同等学力的课程学制则为4～6年），课程侧重于理论知识学习和应用，以及创造力培育。硕士学位课程的毕业生必须参加期末考试，公开发表论文并进行答辩。医学、兽医学和卫生学的硕士学位考核须通过严格的国家考试。博士学位课程的学制为3～4年，其申请仅面向硕士学位课程的毕业生，专注于研究、开发或艺术方面的独立创造性工作。博士研究是通过国家博士考试和基于原创的博士学位论文的公开发表和答辩完成的，该论文必须已发表或获准发表。捷克共和国还有几所公立和私立大学提供工商管理硕士（MBA）课程。MBA课程的核心课程涵盖商业的各个领域，如会计、金融、市场营销、人力资源、运营和统计。

此外，捷克高等教育机构还提供其他形式的教育，包括成人再培训学习、老年大学等。在捷克公立大学学习是免费的，前提是学生通过入学考试。但是，在26岁之后，申请人不再有资格获得学生身份，并且在其学习期间将不会获得包括健康保险在内的学生福利。

捷克共和国比较著名的公立、州立、私立和营利性大学主要包括：布拉格查理大学、奥洛穆茨帕拉茨基大学、布拉格捷克技术大学、布尔诺理工大学、布尔诺孟德尔大学、布拉格经济与商业大学、帕尔杜比采大学、西波希米亚大学、利贝雷茨技术大学、布拉格表演艺术学院、布拉格美术学院、赫拉德茨克拉洛韦大学、布尔诺国防大学、布拉格纽约大学、布拉格城市大学、布拉格酒店管理学院、布拉格国际与公共关系大学等。

布拉格查理大学

根据捷克教育、青年和体育部发表的数据显示，2020—2021 学年，捷克各大学有 299 396 名在校大学生和 62 914 名毕业生。具体专业分布如表 6.3 所示。

表 6.3　2020—2021 学年捷克各大学的在校本科生和研究生人数（按研究领域划分）

单位：人

专业	本科生	研究生
信息与通信技术（ICT）	26 296	5 039
工商管理（包括人力资源）	50 335	14 617
国防和安全	30 278	5 802
汽车	22 220	5 647
机械工程	26 072	6 809
创意产业	15 105	4 072
文化、文化产业	12 926	2 659
化学/生物化学	19 935	4 725
药学	4 009	802

续表

专业	本科生	研究生
医学	30 713	5 372
生命科学（化学、药学、医学）	56 976	11 468
生态技术	24 315	5 714
法学	10 310	1 940
外语	11 293	2 545

资料来源：捷克投资促进局网站。

6.3.4 外语教育

根据2020年英孚英语熟练度指标显示，捷克共和国在英语熟练程度较高的100个国家中名列第19。捷克人口的语言技能每年在不断增长，外语教学从幼儿园开始。但是，第一外语的强制性教学从小学三年级（八岁）开始，第二外语的强制性教学从小学八年级（十三岁）开始。之后，继续在中学和大学进行外语教学。最普遍的外语是英语和德语。俄语在老一辈捷克人中也非常普遍。2020年捷克熟练掌握外语的人在18～59岁人口中的百分比情况如图6.6所示。

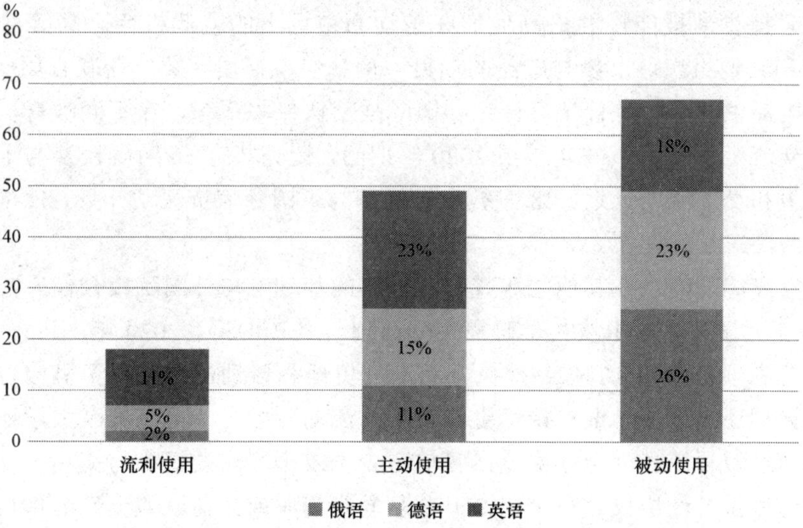

图6.6　2020年捷克掌握外语熟练程度（在18～59岁人口中的百分比）

资料来源：捷克投资促进局网站。

6.3.5 国际交流

捷克的高等教育系统与全球各国，尤其是欧洲国家的高等教育机构交流频繁。捷克的大学努力发展国际合作，支持国际学生和员工流动。国际学位学生可以从 1 000 多个不同的认证学士、硕士或博士课程中选择英语授课或其他外语授课。捷克提供的 100 多个课程是联合或双学位。捷克的大学还提供许多冬季或夏季学校以及语言和预科课程。

实力雄厚的大学、可负担的学费和生活成本，以及充满活力和丰富多彩的文化生活，都对国际学生来捷学习具有巨大吸引力。对国际学生而言，只要国际学生攻读以捷克语授课的学位，就可以在捷克公立大学免费学习。但如果选择以英语或其他外语授课的课程，将须支付每学年高达 18 500 欧元的学费，私立大学学费更加昂贵。大多数国际学生每月的生活成本约为 300～650 欧元。学生宿舍费用约为每月 125 欧元，公寓内的独立房间约为每月 205 欧元，私人公寓房租约为每月 370 欧元，此外还须支付每月 120～170 欧元的水电费。食品和杂货上花费大约每月 150～250 欧元。此外，国际学生还可以申请奖学金，国际奖学金由国家政府、公立大学、私人组织等提供。不同奖学金有不同的申请标准。

捷克于 1998 年加入了伊拉斯谟计划。2014 年的新伊拉斯谟+计划的重点是为参与者提供新技能，并提高他们在劳动力市场上的就业机会。高等教育机构（HEI）和其他组织可以参与广泛的项目，例如伊拉斯谟·蒙杜斯联合硕士学位、大学联盟提供的国际综合学习计划、国际战略伙伴关系等，在不同教育机构和组织之间交流经验知识。2014 年至 2020 年期间，捷克共有 66 所院校参与了欧盟内部的学生和员工流动计划，28 家教育机构参与了国际信贷流动计划，使学生能够在非欧盟国家学习交流。

捷克高等院校也在其他区域或双边方案的基础上与外国院校合作。2020 年，23 所捷克大学参加了中欧大学研究交流计划（CEEPUS）。2020 年，共有 29 个捷克—奥地利项目由 AKTION 捷克共和国—奥地利计划资助，除了机构合作项目外，该计划还通过奖学金支持学生和员工的流动。此外，捷克各个大学还与其他国家和地区签署了各种合作协议，目前至少 121 个国家的机构与捷克公立高等教育机构达成了合作协议。在 CEEPUS、伊拉斯谟+或其他欧盟支持的项目范围之外，大多数捷克公立高等教育机构选择与美国、波兰、斯洛伐克、俄罗斯、中国、乌克兰和我国台湾地区的机构合作。

6.4 科　　技

6.4.1 科技概况

捷克一直十分重视科技与创新发展。就其国内研发支出情况来看，从 2000 年到 2020 年，捷克共和国的国内研发支出从 7.44 亿欧元增长至 42.86 亿欧元，实现了大幅跃升。尽管 2016 年出现小幅下降，从 2015 年的 32.5 亿欧元下降至 29.63 亿欧元，但此后又稳步增长，并于 2019 年达到 43.48 亿欧元的峰值。国内研发支出占 GDP 的比重也呈现了波动增长的趋势。从 2000 年的 1.11%，增长至 2014 年的 1.96%，尽管在 2016 年下滑至 1.67%，但此后又继续攀升，近年来达到 1.99%的最高水平（如图 6.7 所示）。

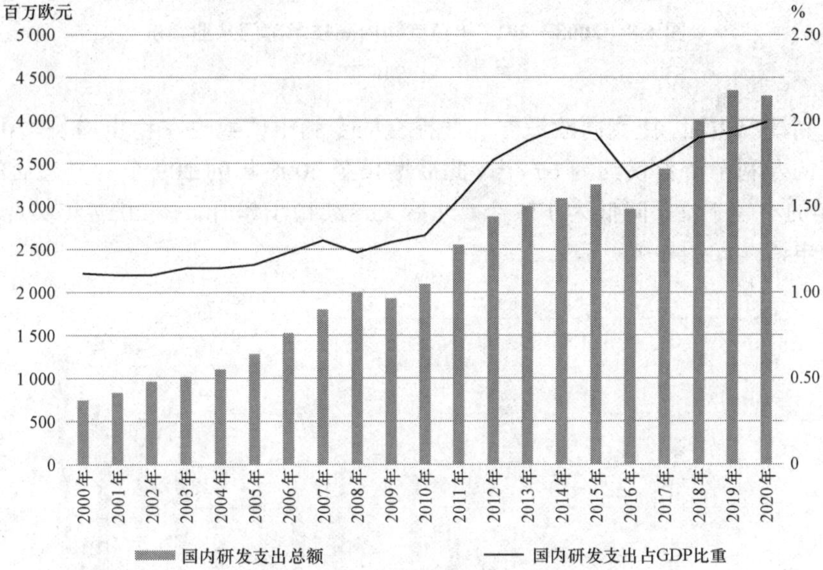

图 6.7　2000—2020 年捷克国内研发支出情况

资料来源：Eurostat。

就国内高技术制造业和知识密集型高技术服务业的从业人数来看，自 2008 年以来，捷克国内高技术部门从业人员数量一直稳步攀升，自 2008 年的 19.12 万人增长至 2021 年的 29.75 万人。且高技术部门从业人员所占比重也呈现了持续增长趋势，由 2008 年的 3.8%增长至 2021 年的 5.7%（如图 6.8 所示）。

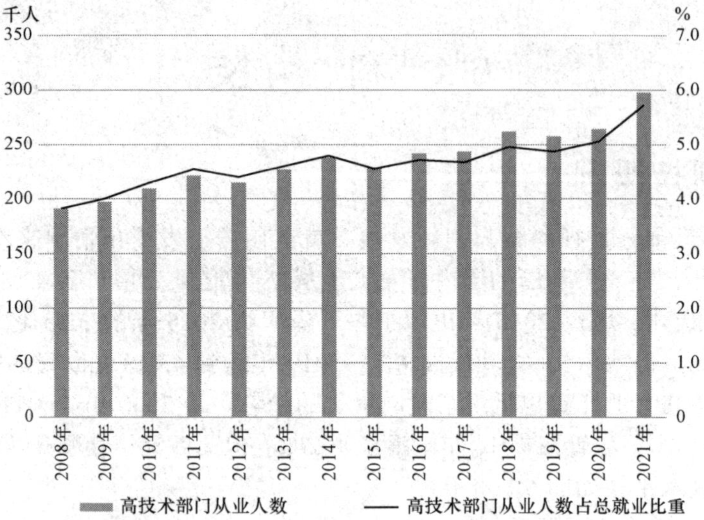

图 6.8　2008—2021 年捷克国内高技术部门从业情况

资料来源：Eurostat。

专利情况方面，捷克向欧洲专利局提交的专利申请数也在稳步增长。2000 年，其提交的专利申请数仅约为 67 个，此后增长至 2008 年的 209 个，再之后经历了 2009 年的小幅下滑，降低为 176 个，此后又继续稳步攀升，在 2017 年实现了 357 个专利申请（如图 6.9 所示）。

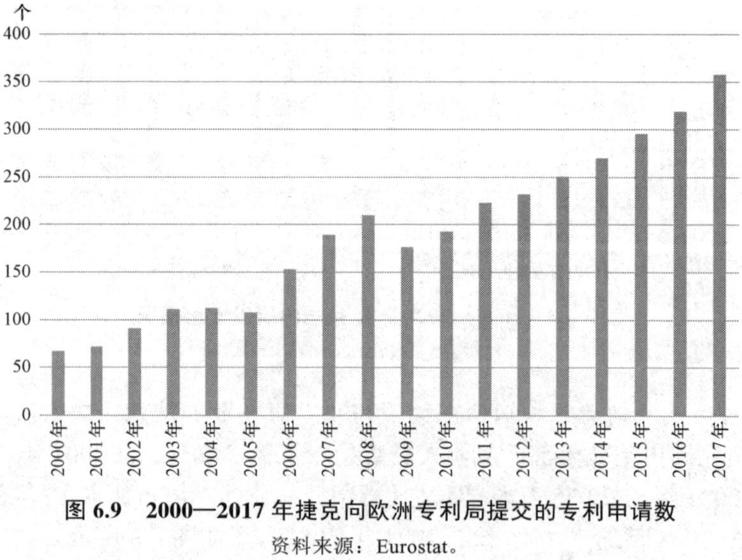

图 6.9　2000—2017 年捷克向欧洲专利局提交的专利申请数

资料来源：Eurostat。

6.4.2 科学成就

捷克在世界科学界一直都占有一席之地，在高科技技术、生物医疗、历史文明等研究领域均赢得了巨大国际声誉。目前捷克拥有 9 个英才中心和 40 多个区域研究中心。

捷克负责资助和管理研发创新活动的国家机构是教育、青年和体育部，研究、发展和创新委员会（R&D&I 委员会）负责规划创新的战略愿景并估算研发创新投入预算。

捷克科学院（CAS）根据第 283/1992 Coll 号法案成立，其前身为捷克斯洛伐克科学院。其下设由 54 个公共研究机构组成的综合体，拥有 8 000 多名员工，其中一半以上是拥有大学学位的研究人员。捷克科学院及其下设研究所的主要任务是在自然、技术和社会科学等广泛领域开展研究。其研究人员也参与高等教育教学，例如通过硕士及博士研究计划在大学任教。捷克科学院还大力促进基础科研与应用研究和工业企业界的合作。捷克科学院还通过众多国际交流和国际科研合作项目，与国外高等科研院所的学者专家进行交流，促进捷克的科学研究更好地融入国际环境。

捷克科学院的技术中心于 1994 年根据第 283/1992 Coll 号法案成立，是一个非营利性法人协会。其下设机构为捷克科学院的研究所，包括物理研究所、微生物研究所、化学过程基础研究所、等离子体物理研究所、分子遗传学和技术管理有限公司研究所。同时，技术中心还支持捷克共和国参与欧洲研究区（European Research Area），提供有关欧洲研究、开发和创新框架计划的信息和咨询服务，进行国际技术转让，在科学、技术和创新领域开展定向研究，并支持小型创新公司的发展。技术中心不受捷克科学院预算资助，其成果是独立专家的意见，不代表捷克科学院或协会个别成员的官方立场。

捷克共和国技术局于 2009 年根据第 130/2002 Coll 号法案成立，主要针对应用研究领域，负责促进研发投入并支持实验推广。捷克技术局简化了国家支持应用创新的流程手续，直接从国家财政预算中对应用研究给予财政支持。

捷克科学基金会于 1993 年根据第 130/2002 Coll 号法案成立，是捷克共和国唯一一家专门为基础研究项目提供公共资金的公共机构。捷克科学基金会直接从国家财政预算中分配预算和资源，从而为基础研究领域的科研人员提供公共资金支持。此外，捷克科学基金会还负责扩大和促进基础研究领域的国际科学合作。

捷克政府于 2019 年宣布了 2019—2030 年新创新战略，即“捷克共和国：未来之国”的创新战略。该战略设定了科学、研究和创新成为该国绝对优先事项的战略目标，重点关注知识生产及技术解决方案和服务。该战略由安德烈·巴比什总理领导的研究、发展和创新委员会（R&D&I 委员会），与企业家、科学家、学者和公共行政部门代表合作制定，旨在促进捷克共和国成为欧洲创新的引领者。该战略由九大战略支柱组成，分别是未来之国、研发资金与评估、职业技术教育、创新企业、数字化发展、杰出创新、智慧投资、专利保护和智慧人力。

捷克还建立了科学扩展平台 Czexpats In Science，平台旨在帮助国外科学家了解捷克科学研究环境，同时支持捷克科学家的国际交流和经验及信息分享，包括在外国机构中的捷克科学家（或已经返回捷克共和国的科学家），以及准备在捷克共和国以外进行长时间科研工作的科学家。

此外，捷克建立了欧洲科研人员网络中心 EURAXESS，为科研人员提供信息支持和服务，例如关于工作和日常生活的实用信息、资金支持信息等等。EURAXESS 中心还为科研人员的家人出国提供协助和支持。EURAXESS 网络中心提供的所有服务都是免费的。

目前，捷克的科研机构已经取得了突出的科研成就。一些著名的科研成果如下。

1. 纳米纤维

2003 年，利贝雷茨工业大学的 Oldřich Jirsák 教授与利贝雷茨的 Elmarco 公司合作，发明了聚合物纳米纤维工业生产的工艺流程，以及纳米蜘蛛的独特生产技术。这种纤维只能在显微镜下才能观察到，可用于医学（人造血管材料、烧伤治疗等）、航空、汽车和服装等行业领域。

2. 血型

扬斯基（Jan Janský，1873—1921）是捷克重要的神经学家和精神病学家，也是布拉格查尔斯大学的教授。1906 年，他因发现人体血液可根据血细胞特性的差异分为四个基本组，并为其分配罗马数字Ⅰ、Ⅱ、Ⅲ和Ⅳ而获得国际认可。维也纳生物学家和病理学家卡尔·兰德施泰纳（Karl Landsteiner，1868—1943）也有类似的发现，并早在 1900 年就描述了三种血型。虽然兰德施泰纳于 1930 年被授予诺贝尔奖，但扬斯基的贡献也被高度赞扬。

3. 极谱法

1924 年，物理化学家雅罗斯拉夫·海罗夫斯基（Jaroslav Heyrovský，1890—1967）与他的学生在使用滴电极对样品进行电气分析时，制造了一种记录电流与电压关系的装置，并在这一过程中发明了极谱法。极谱法可提供溶液中所含物质类型和数量的相关信息，可用于测量大气中的氧气含量、烟道气中的二氧化硫或水中的有毒金属等。海罗夫斯基教授也于 1959 年获得诺贝尔化学奖，是第一个获得诺贝尔化学奖的捷克人。

4. 消灭天花

卡雷尔·拉什卡（Karel Raška，1909—1987）是现代捷克斯洛伐克流行病学学校的创始人，他曾是一名卫生学教授，1963年担任世界卫生组织日内瓦传染病控制司司长。他提出了疾病监测的概念，为如今预防流行病奠定了基础。他还为全球彻底根除天花做出了贡献。

5. 隐形眼镜

捷克化学家奥托·威特勒（Otto Wichterle）被称为“软性隐形眼镜之父”，作为大分子化学的创始人，他主要从事高分子有机化学工作。他致力于开发合适的合成高分子材料用于生物医学领域，并在顶级学术期刊《自然》上发表《用于生物用途的亲水性凝胶》论文，从此高分子水凝胶这种独特的材料开始被人们重视，良好的生物相容性使它们在生物医学领域得到广泛应用。在此基础上，威特勒很快试制出使用聚甲基丙烯酸羟乙酯水凝胶的隐形眼镜，在开发软性隐形眼镜中取得了巨大成功。

6. 人造血管

捷克外科医生米兰·克拉切克（Milan Krajíček，1933—2016）带领其团队发明了人造血管，为治疗血管疾病奠定了基础。人造血管是克拉切克在利伯雷克技术大学开发的，该领域的许多专利都属于他。

7. 抗病毒药物

安东宁·霍尔教授（Antonín Holý，1936—2012）是捷克最伟大的科学家之一。他与他的团队一起开发了治疗几种病毒性疾病的药物，如治疗天花、带状疱疹、眼黏膜病毒性炎症和乙型病毒性肝炎的药物。他与美国制药公司吉利德科学公司合作，用于治疗艾滋病毒/艾滋病的制剂已成功转化为药物。吉利德科学公司每年向有机化学和生物化学研究所支付约20亿捷克克朗的许可费和专利费。

6.5 旅　游

6.5.1 旅游概况

捷克共和国是欧洲的主要旅游胜地之一，每年接待超过2 000万游客。首都布拉格是最受欢迎的目的地，每年接待超过800万游客，其中近700万是外国游客，主要来自德国、俄罗斯、波兰、美国、以色列和英国。

近年来，捷克共和国的旅游业发展相对稳定且呈增长趋势。2017 年，旅游业增加值占 GDP 的比重为 2.9%，旅游业从业人员总数为 23.88 万人，占总就业人数的 4.5%。2018 年，捷克共和国共接待了约 3 630 万国际游客，旅游出口占服务出口总额的 24.5%。其中，约 39.4%为过夜游客，60.6%为当日游客。2018 年，捷克共和国的国际旅游住宿接待人次为 1 060 万人，高于 2017 年的 1 020 万，增长约 4.4%。2018 年，国际旅游总收入为 63 亿欧元，比 2017 年增长 1.6%。2018 年，捷克居民的出境旅行支出达到 50 亿欧元，增长了 3.7%。旅游账户的国际收支为 13 亿欧元盈余。2018 年，捷克居民国内旅游共 8 260 万人次，其中 36.9%为过夜旅游出行。此外，对捷克居民而言，较为热门的旅游目的地包括斯洛伐克、克罗地亚、奥地利、意大利和希腊，且其游客人数近年来呈不断上升趋势（如表 6.4 至表 6.5 所示）。

表 6.4　　2014—2018 年捷克共和国的旅游人数情况　　单位：千人

		2014 年	2015 年	2016 年	2017 年	2018 年
国内旅游	总人数	76 058	77 817	85 375	90 165	82 611
	过夜游客人数	29 412	28 325	30 691	32 562	30 476
	当日游客人数	46 646	49 492	54 684	57 603	52 135
出境旅游	总人数	10 141	10 383	10 827	11 431	12 380
	过夜游客人数	7 393	7 654	7 923	8 893	9 700
	当日游客人数	2 748	2 729	2 904	2 538	2 680

资料来源：OECD 旅游统计数据库。

表 6.5　　2014—2018 年捷克居民旅游热门目的地的游客人数情况　　单位：千人

	2014 年	2015 年	2016 年	2017 年	2018 年
斯洛伐克	941	1 386	1 151	1 271	1 504
克罗地亚	785	721	828	850	813
奥地利	570	492	589	657	676
意大利	553	497	552	636	607
希腊	291	253	265	371	472

资料来源：OECD 旅游统计数据库。

捷克的区域发展部负责协调和制定旅游业发展的指导方针。其下设的旅游司负责制定和实施相关政策举措，监测和收集旅游统计数据，并促进捷克旅游业的国际合作。捷克国家旅游局负责与私营部门进行合作推广，并加强旅游产品在国内和国际市场的营销。其主要合作伙伴是区域旅游组织、市政当局和私营部门。捷克旅游局还与地方和旅游组织等加强合作，负责监督各地区展开旅游产品开发和营销等活动。每个地区都任命了一名协调员来协调该地区旅游组织的营销活动。国家旅游学院是捷克旅游局的咨询机构，它促进了国家部门和机构、专业协会、学术界、工会和其他利益相关者之间的合作。国家旅游学院成立了特设工作组，以支持旅游业的政策和规划的制定。

2014—2020 年，捷克国家旅游政策的总体目标是提高旅游业在国家和地区层面的竞争力，提升其经济绩效，同时实现经济、社会文化和环境因素之间的平衡。该政策的具体目标包括：建立健全制度结构，有效落实政策；提升旅游产品的供给质量，优化营商环境、提高劳动力技能；改善服务提供商进入旅游市场的机会；加强旅游业在其他经济和部门政策中的作用等。

2013—2020 年，捷克旅游营销战略旨在扩大国家旅游产品主题并更好地反映区域旅游发展潜力，推广区域产品、美食、生态和农业旅游以及健康旅游。当前的高优先级挑战包括提高服务质量、改进统计数据和制定支持区域旅游业发展的计划。应对这些挑战的行动包括：实施捷克服务质量体系、加强旅游数据统计、开发旅游配套基础设施建设。

6.5.2 主要旅游景点

1. 中波希米亚地区

中波希米亚地区离布拉格仅一个小时，其周边森林遍布，围绕山谷的河流蜿蜒绵长，沿岸有着形形色色的风景。最受欢迎的旅游景点为卡尔什特因城堡、列入世界文化遗产名录的库特纳霍拉城、哈布斯堡王朝家族末期的科诺皮什切城堡、娄切尼城堡等等。

（1）卡尔什特因城堡

卡尔什特因城堡位于中波希米亚州卡尔什特因村，是一座巨大的哥特式城堡。该城堡由神圣罗马帝国皇帝和波希米亚国王查理四世创建于 1348 年。这座城堡是陈列皇室宝藏的地方，包括神圣的遗物和皇权加冕珠宝等奇珍异宝。

（2）库特纳霍拉城

库特纳霍拉城是捷克西部城市，在布拉格东南约 72 公里处。因其中世纪银矿开采驰名欧洲，也被称为白银之城。1300 年因币制改革，瓦兹拉夫二世在此建

卡尔什特因城堡

立了统一王朝和造币厂。该城有 14 世纪的哥特式建筑、17 世纪的巴洛克式建筑和博物馆，还有 14 至 15 世纪的王宫和造币厂。古城的中心坐落着宏伟的圣芭芭拉大教堂，及圣母玛利亚升天教堂，这两个教堂均被列入了联合国教科文组织的世界文化遗产名录。

库特拉霍拉城

（3）克诺皮士杰宫

克诺皮士杰宫（Konopiště Chateau）位于捷克共和国的贝内绍夫（Benešov），有“王子猎宫”的别称，它曾为奥匈帝国皇储和哈布斯堡王室后裔弗朗茨·斐迪南大公所有。弗朗茨·斐迪南大公是打猎爱好者，这座宫殿藏有许多斐迪南大公的猎物标本，这里的武器藏品也驰名欧洲。克诺皮士杰宫的历史可以追溯到1294年，但最初的建造者不得而知。该城堡初建时为哥特式的防御工事，其建筑灵感来自法国双塔对称的防御工事，并且拥有许多入口和起落链桥，后逐步修建为罗马式宫殿。

克诺皮士杰宫

（4）娄切尼城堡

娄切尼城堡（Loučeň Chateau）位于中波希米亚州，布拉格东北约30公里处。它是捷克为数不多的全年开放的城堡之一，19世纪初至20世纪，该城堡为Thurn-Taxis贵族所有，他们主要参与运营意大利和中欧的运输和邮政业。

2. 南波希米亚地区

南波希米亚地区是度假天堂，其自然美景、历史古迹数不胜数，利普诺水库是自行车和水上运动者的理想度假地点。克鲁姆洛夫和霍拉索维采村庄是比较有代表性的古城村落，它们都被列入了世界文化遗产名录。

（1）克鲁姆洛夫

克鲁姆洛夫（Krumlov）是南波希米亚城市，该城位于伏尔塔瓦河的上游，距捷克首都布拉格约160公里。该城市于1992年被联合国教科文组织列为世界文化遗产。克鲁姆洛夫始于 13 世纪南波希米亚豪族维特克家族在此建造的城堡，1374 年时这里只有 96 幢房子。公元 14 世纪，维特克家族消亡，罗热姆韦尔克家族成为当地的统治者。16 世纪时，城市发展一度繁荣至极点。18 世纪，施瓦岑贝格家族开始统治该地区。这些家族在当地产生了巨大的影响。该城大部分建筑多为哥特式和巴洛克式风格。

克鲁姆洛夫城

（2）霍拉索维采村庄

霍拉索维采（Holašovice）位于捷克南波希米亚州，是 19 世纪南波希米亚历史村落的遗存典范，堪称全捷克最美的村落。美丽的巴洛克式农庄环绕村庄排开，点缀在广阔的绿色田野之间，这样的乡村美景也使该村落荣登联合国教科文组织的世界文化遗产名录。

霍拉索维采村庄

（3）利普诺水库

利普诺水库（Lipno Dam）是捷克共和国最大的水库。这座巨大的水库镶嵌在美丽的舒马瓦（Šumava）乡村中，是所有喜爱运动度假的人们所青睐的地方。夏季，游客们在此进行骑自行车、轮滑、游泳、帆板、游艇等运动。

利普诺水库

3. 西波希米亚地区

西波希米亚地区的啤酒酿造博物馆及皮尔森啤酒厂、温泉镇等景点有着百年声望，其健康疗法远近闻名。

（1）皮尔森啤酒博物馆

皮尔森啤酒博物馆位于皮尔森啤酒厂旧址，是皮尔森的历史文化中心。博物馆致力于收集有关啤酒的藏品和珍品，还有一个酿造车间的运作模型，一次可以

皮尔森啤酒厂

酿造出 30 升啤酒。在这里，游客们可以了解啤酒的发展历程和啤酒制作的方法流程，还可以享用美味啤酒。

（2）卡罗维发利

卡罗维发利（Karlovy Vary）是捷克西端城市，旧称“卡尔斯巴德”，位于奥赫热河畔，布拉格以西 120 公里。该城建于 1349 年，是著名矿泉疗养地，当地矿泉水温 41.2℃～72.2℃，含多种化学元素，可供饮用和沐浴、治病。独特的水疗建筑、雄伟的柱廊温泉布局、树木茂盛的山谷围绕等，使得卡罗维发利成为捷克最有名的温泉疗养胜地，是欧洲最美丽的温泉城市之一。当地最著名的酒店是普普大酒店（Grand Hotel Pupp），还有新文艺复兴式酒店帝国大酒店（Hotel Imperial）、温泉中心无忧宫温泉度假酒店（Spa Resort Sanssouci）、康体酒店（Carlsbad Plaza Medical Spa & Wellness hotel）等。

卡罗维发利小镇

卡罗维发利温泉

4. 东波希米亚地区

东波希米亚地区密布城堡和宫殿，在这里可以看到世界文化遗产、文艺复兴时期风格的利托米什尔城堡，还有鬼斧神工的安德尔施帕赫—特普利采岩石林和克尔科诺谢国家公园。

（1）利托米什尔城堡

利托米什尔城堡（Litomyšl Castle）位于捷克中部的帕尔杜比采州，始建于10世纪末。1568—1581年，贵族Pernstejn家族将这座原有的中世纪城堡改建成了意大利文艺复兴时期建筑风格的城堡。利托米什尔城堡承袭了欧洲文艺复兴时期的拱廊式城堡建筑风格。如今，这座拱廊风貌的贵族宅邸及其附属建筑都原封不动地保留了下来，并于1999年被联合国教科文组织列为世界文化遗产。

（2）安德尔施帕赫—特普利采岩石林

安德尔施帕赫—特普利采岩石林是捷克波希米亚东北部的一组砂岩地层，占地17平方公里。安德尔施帕赫—特普利采岩石林坐落在由特普利采市周边的美杜耶镇、安德尔施帕赫镇和斯卡利镇上的恰普山所围成的三角区域内。自1933年起，安德尔施帕赫—特普利采岩石林被列为捷克国家级自然保护区。

（3）克尔科诺谢国家公园

克尔科诺谢国家公园是中欧地区最有价值的自然保护区之一。这里山脉绵延，有着陡峭的山峰，平缓的山脊，开满鲜花的阿尔卑斯草场，以及布满了苔藓的神秘沼泽。其中最为著名的就是素有“马特峰”之称的捷克最高峰——斯涅日

克尔科诺谢国家公园

卡峰。克尔科诺谢国家公园在 1963 年被定为捷克国家公园，也被记入了联合国教科文组织的世界文化遗产生态自然保护区名录。

5. 摩拉维亚地区

摩拉维亚地区具有许多列入世界文化遗产名录的名胜古迹。最受瞩目的世界文化遗产包括克罗姆涅日什城堡及花园、巴洛克式的奥洛穆茨三圣柱等。

（1）克罗姆涅日什城堡及花园

克罗姆涅日什城堡及花园位于捷克东部摩拉维亚中心的赫日比山山脚下，是欧洲的巴洛克式王族宅邸及其配套花园。其原为文艺复兴时期的大城堡，于 1686—1698 年建成。在城堡围墙外，还建有巴洛克风格的克韦特纳·扎赫拉达花园。登上城堡高塔可以俯瞰独特的田园风光。从 1998 年起，克罗姆涅日什城堡与花园被联合国教科文组织列为世界文化遗产。

克罗姆涅日什城堡

（2）奥洛穆茨三圣柱

奥洛穆茨三圣柱（Sloup Nejsvětější Trojice）位于捷克东部城市奥洛穆茨，始建于 1716 年，是中欧地区同类建筑中最杰出的典范。这座具有巴洛克式风格的圣柱高 35 米，柱体上装饰着许多精美的宗教雕刻，这些雕刻出自捷克著名艺术家瓦茨拉夫·伦德尔（1669—1773）等人之手。1754 年，特蕾丝德皇后曾出席圣柱的竣工典礼。2000 年，奥洛穆茨三圣柱被列为世界文化遗产。

奥洛穆茨城

奥洛穆茨三圣柱

6. 布拉格地区

布拉格是一座著名的旅游城市，市内拥有各个历史时期、各种风格的建筑，多处世界文化遗产，其中特别以巴洛克风格和哥特式风格而闻名。游客们可以徜徉在著名的老城广场，乘坐伏尔塔瓦河上的游船，欣赏哥特式的查理大桥及小城区的圣尼古拉教堂。各种美景名胜风情迥异、魅力无穷。

（1）布拉格老城广场

布拉格老城中心的老城广场已有900多年历史，历史上是群众集会的场所。广场上的老市政厅，建于1338年，是一座哥特式建筑。广场南面有著名的卡罗利努姆宫，它是查理大学最古老的建筑物。卡罗利努姆宫附近有著名的伯利恒教堂。广场上还有一座建于1410年的钟楼，以精美别致的自鸣钟而闻名于世。

布拉格老城广场

布拉格老城广场钟楼

（2）布拉格城堡

布拉格城堡位于伏尔塔瓦河的丘陵上，已有 1 000 多年历史。城堡的画廊收藏了许多 16—18 世纪来自意大利、德国、荷兰等国艺术家的 4 000 余幅作品。

布拉格城堡

（3）查理大桥

查理大桥是布拉格人在伏尔塔瓦河上修建的第一座桥梁，距今已有 650 年历史。查理桥以罗马天使桥为样板，是典型的哥特式建桥艺术与巴洛克雕塑艺术的完美结合。桥的一端入口处耸立着查理四世的全身雕像，两侧是带有巴洛克式浮雕的哥特式门楼。桥两侧石栏杆上有 30 座雕像，为天主教圣徒和保护神，造型有女神、武士、人面兽身和兽面人身像等。

查理大桥

（4）圣维塔大教堂

圣维塔大教堂是布拉格最重要的地标之一，这里也是布拉格王室加冕与辞世后长眠之所。圣维塔大教堂历经 3 次扩建，著名的参观景点包括 20 世纪的彩色玻璃窗、圣约翰之墓和圣温塞斯拉斯礼拜堂。

圣维塔大教堂

（5）跳舞的房子

跳舞的房子，又名“弗莱德与琴吉的房子”（Fred and Ginger），暗喻一对舞者。跳舞的房子是荷兰国民人寿保险公司大楼的绰号，位于捷克共和国布拉格闹市区，脱颖于新巴洛克、新哥特与新艺术运动的建筑之间，是布拉格十分驰名并具代表性的建筑。

跳舞的房子